U0137531

周易原解

朱东——著

（下）

团结出版社

目 录

鼎——自我更新

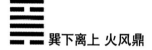

巽下离上 火风鼎

无论从哪个角度来看,《周易》都是一部内容非常抽象的书,因此其卦名的选择,也大多从抽象取义。在六十四卦中,只有井、鼎两卦是以实物取名,其中又以鼎卦最为形象生动。卦中最下一个阴爻,像鼎之足;中间三个阳爻,像鼎之腹;最上两爻,阴爻像鼎之耳,阳爻像鼎之铉——扛鼎所用的杠子(参见下图)。因此,鼎卦卦义与鼎这种器物之间,有着紧密的联系,已经确定无疑。

所以,在解读鼎卦之前,有必要对鼎,这种在中国文化中有着特殊的地位和象征意义的器物,作一个较为深入的了解。

最初"鼎"就是原始人类,用来烹煮食物的锅,与现代的锅有所不同的是,其下有起支撑作用的足。这主要是解决,在没有炉灶的情况下,如何用火来加热锅体的问题。后来随着时代的发展,鼎的作用发生了巨大的转变,逐渐由一种家家必备的实用器,发展成"别上下,明贵贱"的礼器。伴随着这一过程,鼎的形制也发生了显著的变化。

　　早期的鼎，出于生产力发展水平的限制，和实际应用的需求，大多是体型较小的陶鼎，与后来的铜鼎相比，存在两个显著的不同之处：

　　首先是早期的陶鼎是大多无"耳"。这种特点直到青铜器鼎盛的商朝，仍旧存在，比如当时主要用于实际烹饪的鬲（lì），就与鼎的形状基本相似，但是大多无耳。随着青铜逐渐成为制鼎的主要原料，鼎的体型和重量逐渐增大，用来穿铉扛鼎的"耳"，就成为鼎一个必要组成部分了，所以青铜鼎，绝大多数都有耳。与此同时，鼎在实际烹饪中的应用则在下降，在祭祀中的应用却在显著提高的事实，使得具有强烈装饰作用的"耳"，得到前所未有的重视，这一点可以从一些出土的青铜鼎所具有的近似夸张的"耳"上，窥见一斑。

　　其次是早期的陶鼎的腿部大多较长。这也是出于实际应用的选择，后来随着鼎越来越多地被用于祭祀礼仪，被摆放在高台之上，供人观瞻。所以出于审美，和实际应用的需要，鼎腿的长度逐渐缩短。在考古发现中，从商到周，再到战国，随着鼎的实际烹饪作用的递减，鼎腿的长度也在明显地缩短。

　　综上所述，鼎的发展历程，就是一个耳变长，腿变短，实用性不断退化，装饰性不断增强的过程。回到鼎卦之中，如下图所示，我们会发现，鼎卦的卦变过程，竟然与上述鼎的演变过程，是如此惊人地相似。

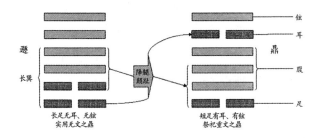

鼎是由遯经由六二和九五的交换，演变而来的。

由上图可见，如果我们按照鼎卦中，"鼎"的取象方式，来看待其卦变之前的遯卦，那么遯卦呈现出来的正是一个，长足、无耳、无铉（即使有也是平淡无奇的陶耳木铉）的，毫无文饰的，纯粹实用主义的，用来烹煮食物的鼎；卦变之后的鼎卦，所呈现的则是一个短足、有耳、有铉的，文饰华丽的，用于祭祀的鼎。

笔者认为，这一转变正是鼎卦所要诠释的精髓所在，也是解开鼎卦的关键之所在。

鼎 元吉，亨。

【译文】大吉，亨通。

【解读】关于鼎卦的卦辞，自古有不少学者，认为其中的"吉"字是衍文，即卦辞就是"元亨"，而没有"吉"字。原则上说，这是可通的，但是笔者认为"吉"字的存在，还是有意义的。

因为鼎卦的卦变结果是，九五下六二上，由阴柔占据尊位，如果此时卦辞直言"元亨"，难免会造成为求亨通，不惜任阴柔当道，置道义于不顾的误解。中间加一个"吉"字，就变成了以"元吉"，为"亨"的前提条件。卦辞中的吉凶，往往都是针对天下整体而言的，所以"元吉"就意味着，对天下来说大吉。以此而亨通，当然可不失大道。

至于，为什么由阴柔升居尊位的鼎卦，却可以有"元吉，亨"的卦辞。就需要回到卦变前后的时势中，去寻找答案。

"遯"的时局，表面上是阴柔已经占据最下的民位，已经具备了相当的生存空间，和继续升进的力量，因此阳刚应当考虑以自身之退，而求大道之存。但是再进一步深入就会发现，"遯"是由六爻皆阳的乾卦发展而来，因此所面临的问题，就其实质而言，是因为过刚不柔、过质不文，最终导致淫邪慵懒之情滋生于下，而且渐成声势的局面。

这就如同清末民初，人们言必西洋，行必激扬，方显其与老旧迂腐之传统的决裂，致五千年之大道如危卵摇于飞檐。究其根本，不过是与铁器时代相对应的价值观念，无法应对、解释蒸汽时代的社会现实的问题；是对思想的长期禁锢，一旦被戳破之后，形成的补偿性爆炸与反叛的问题；是当时中国社会的主流思想，应当有所转变，相对刻板的价值观，应当有所文饰的问题。若然无满清之干扰，使阳明之心学得以成熟，使中华之传统得以自我升级，何来列强之嚣张？

即如卦变所示，与其任由阴柔滋蔓于下，成为害阳之敌，不如正而视之，升而进之。使阳刚能通过得其文饰，而成就自新之路，开创一以阳刚为体、以阴柔为用的全新局面。如此，岂能不"元吉,亨"。反之,若惜尊而不舍位,一任以阳刚之清,正对阴柔之浊。结果必然是继之而否,继之而观,再继之而剥,终究难免去位失尊,仓皇于群小之前,弃天下于昏暗之中。

一正一反,即如秦汉之变。秦之所以为暴,不过是过刚不柔、过质不文之病而已,究其质何过之有?究其实则如曝民于烈日之下,光明之余酷热难堪,其过大矣!所以,才有陈吴一呼天下应的溃败。汉室起于市井,初宗黄老,继而独尊儒术,继其质而渐补其文,方才形成天下亨通的盛世。

联系鼎的演变,还可以再见其中一层深意。即随着功用的转变,形式必然要随之而变。鼎用于烹煮之时,足不可不高,耳可有可无;用于祭祀礼仪,足无需太高,耳却必不可少。可叹,当年始皇以扶苏为太子,又何尝不是此意?奈何天不遂人,归命于楚地刘家。

象曰:鼎,象也。以木巽火,烹饪也。圣人亨,以享上帝,而大亨以养圣贤。巽而耳目聪明。柔进而上行,得中而应乎刚,是以元亨。

【译文】鼎卦显示的是物象。将木头放入火中,是烹饪的意思。君王烹饪是为了祭祀天帝,更大规模的烹饪,是为了供养圣贤。顺从则是耳聪目明的表现。阴柔升进,行为适度而且应于阳刚,所以能够大亨通。

【解读】"鼎,象也"解释了鼎的卦名,就是直接取自于物象。

"以木巽火, 烹饪也。" "圣人亨, 以享上帝, 而大亨以养圣贤。" 和 "巽而耳目聪明。" 三句, 是相互连贯的。从最初的 "以木巽火, 烹饪也" 解释鼎的基本功用, 逐渐将语义归结到最后的 "巽而耳目聪明", 突出了 "巽" 才是其最终要表达的内容。

卦中下巽为木, 上离为火, "以木巽火" 固然是烹饪的基础, 但同时也是木的归宿, 和维持火的光明的办法。

中间一句 "圣人亨, 以享上帝, 而大亨以养圣贤", 是进一步拓展鼎的功用, 其中 "亨" 通烹。但是从后面的爻辞来看, 无论是 "享上帝", 还是 "养圣贤", 似乎都与卦义关联不大。因此很可能是当时流行于民间的观点, 或者是孔子自身的感想而已。

"巽而耳目聪明" 一句, 与中间的关于烹饪的说辞几乎没有什么关联, 相反直接与 "以木巽火" 相连, 意义会更为通畅和深刻。由于卦中上离为明, 下巽为顺, 因此有顺于光明之象。如前所述, "以木巽火" 也有顺于光明、延续光明的意味, 所以 "巽而耳目聪明" 的意思, 应当是指卦中表现出来的 "巽", 是能够带来光明和维系光明的明智之举。

"柔进而上行, 得中而应乎刚, 是以元亨", 在解释卦辞 "元亨" 的同时, 也是在具体地阐释卦变的过程, 和前一句 "巽而耳目聪明" 的含义。

这是因为表面看来, 卦变的结果是六五占据了尊位, 九二退居下位, 有可能产生阳刚为阴柔所逐的错觉, 所以孔子在彖辞中, 对此加以了解释。

"柔进而上行" 是对卦变过程的描述, 指六五自六二升进而来, 同时也说明了其升进的方式——柔和而进, 与下文的 "得中"相呼应。

"得中而应乎刚"是对卦变结果的定性——阴柔升进的目的，不是驱逐阳刚，而是来应阳刚；其所得也不是位，而仅仅是"中"。六二在下时，对阳刚持有进逼的态势，如今变而为六五，随着位置的转变，其与阳刚关系，也从敌对变成了呼应，这无疑是一种重要的，足以使天下亨通的转变，所以孔子认为，这是卦辞中"元亨"二字的依据。

此外，虽然孔子并没有明确说明，但将"柔进而上行"，"得中而应乎刚"两句连读，就不难感觉到，阴柔升进的背后，似乎存在阳刚的默许甚至是引导；阴柔升进的目的，似乎有为了能够被阳刚所用的味道。即将卦变的主导权，又归结到阳刚的手中，而这才是自遯变鼎，或者说"鼎"作为一种破解，阳刚在"遯"卦中的窘境的策略的关键所在——阳刚通过促其升进的手段，将进逼的阴柔，转换为自我更新的催化剂，和更新后的一个组成部分。

象曰：木上有火，鼎。君子以正位凝命。

【译文】鼎卦有木上有火之象，君子观此象，应当懂得端正位序，确定天命的道理。

【解读】卦中下巽为木，上离为火，因此有木上有火之象。

凝是凝聚确定的意思，"正位凝命"就是端正位置，确定天命的意思，较之于遯卦的以身退求道存，这无疑既是一种转变，也是一种进步。因为身退是以失位为前提的，道存则很可能是以失天命为代价的。

可见"鼎"是先圣提出来的,用以应对"遯"世的一种政治策略。

初六,鼎颠趾,利出否。得妾以其子,无咎。

【译文】鼎腿变短,有利于将残存的污秽之物取出,通过儿子得到了小妾,没有咎害。

象曰:鼎颠趾,未悖也。利出否,以从贵也。

【译文】鼎腿变短,没有悖于常理。有利于将残存的污秽之物取出,是说可以追随于显贵。

【解读】鼎卦虽然卦象鲜活可亲,但是其爻辞,却是六十四卦中,较为难解的。究其根源,还是对自遯变鼎的意图与意义,以及其间的时势转换,认识不足。导致无法准确地判断,卦中各爻与"鼎"的关系,使原本可以对解读爻辞,起重要辅助作用的,位于各爻之首的"鼎"字,形同虚设。

例如,对于初六的"鼎颠趾",先儒通常将"颠"理解为颠倒、倾覆之意,进而将"鼎颠趾"解读为,鼎被颠倒过来。

事实上,通过上图即可一目了然,在经历了卦变之后,原来由两个阴爻组成的鼎的腿部,变成了一个,鼎的腿部缩短了。站在初六的角度上看,仿佛就是鼎向下"陨落"下来。而"颠"就有跌落的含义,所以"鼎颠趾"就是指鼎腿变短的变化。(参

见上图）

"利出否"根据鼎的取象，就是在说，有利于/便于将否——残存的污秽之物取出的意思。这与鼎腿变短的变化，是相符合的。也有学者认为，此处的"否"，是否卦的否，因为如果遯不主动变而为鼎，就会发展为否卦，天下就会进入阴阳不交的闭塞之中。虽然在卦象缺乏依据，但是在义理上，却是可通的。因为对于初六来说，"鼎颠趾"的结果就是，去除了此前横亘于前的六二，使之得以亲比于九二，即象辞所说的"以从贵也"。为六二所阻是"否"，如果阴柔继续升进，卦象成否的同时，其自身升进为六二，变成了前后皆阴，进退不得，则更"否"。

可能是出于儒家的道德观念的约束，先儒将"得妾以其子"解读为，娶妾为了生孩子，然后再因为孩子而得贵云云。事实上，且不论夏商两代，只要翻开春秋战国的历史，就不难发现，父亲将本来为儿子迎娶的媳妇，收为己有的事情，比比皆是。说明这种为后世所蹙眉的行为，在当时来说，还是相当普遍的。原因就在于，当时的婚姻观念，不是两个人的婚姻，而是两个家族的婚姻，而父亲在家族中的地位，显然要高于儿子，所以将为儿子迎娶的媳妇，纳为自己的姬妾，并不会对婚姻本身造成任何损害，相反对于女性一方来说，虽然身份由妻到妾，似乎是如"鼎颠趾"一般降了一格，但却有"从贵"的好处。所以对双方都"无咎"。

象辞说"鼎颠趾，未悖也"，是根据鼎象而来的，因为鼎腿变短，虽然可能对烹饪有所影响，但总的来说，并没有本质性的变化, 所以 "未悖"。结合 "颠趾" 是初六对卦变的感受, 可以推知, 此处的 "未悖", 也是对卦变过程, 尤其是其间阳刚的行为的评断。

如果是将 "鼎颠趾" 解读为, 将鼎倒扣过来, 再来解释 "未悖", 就十分牵强了。

九二, 鼎有实, 我仇有疾, 不我能即, 吉。

【**译文**】鼎中有实物, 我的仇人有疾患, 不能触及我, 吉祥。

象曰: 鼎有实, 慎所之也。我仇有疾, 终无尤也。

【**译文**】"鼎有实", 是说慎重对待所去的地方。"我仇有疾", 是说终将没有忧虑。

【**解读**】如下图所示:

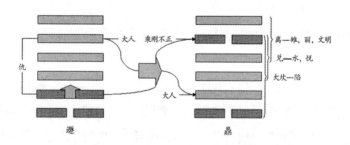

九二来自遯卦的九五, 虽然自上而下, 但始终未改其 "大人" 之性, 未失其承载大道之责, 而且又位于鼎腹的最下, 因此有 "鼎有实" 之象。

"我仇有疾，不我能即"是指九二与六五的关系，所谓
"仇"是针对在遯卦中，二者之间的关系。"有疾"是对当前
六五境遇的描述，六五以柔居尊，以阴居刚，以阴乘阳，因此
"有疾"。"不我能即"是倒装语句，就是不能触及我的意思，是
"有疾"的结果。

由此，可以得出以下结论：阳刚九二明损实得——自上而
下，由尊而卑，但却摆脱了阴爻的影响；阴柔六五明得实损——
自下而上，由卑而尊，但却陷入有疾的状态。所以九二实际上，
就是遯卦中身退道存策略的实际践行者，其通过自上而下，由
尊而卑的运动，最终摆脱了阴爻的影响的行为，就是一种特殊
的身退之法。即大象所说的"正位凝命"。所以，爻辞对其评断
为"吉"。

当然，就其实质而言，九二的"成功"是源于阴阳之间的本
质区别的。

九二有阳刚之质，因此无论在上还是在下，只要居于中
位，就会是德业修成的"大人"，就会具有德化万民的作用。
六五则不同，由于是阴柔，在下可以因为得正，而对其应爻施加
影响，一旦升至五位，虽然身居为尊位，却只能因为中而不正，
而陷入"有疾"的状态，无法继续对其应爻发挥影响，即无法再
触及九二。

这就是鼎可以解遯的理论基础，也是九五在遯世，敢于/应
当"舍身一跃"的理论依据。

九三，鼎耳革，其行塞。雉膏不食，方雨，亏，悔。终吉。

【译文】鼎的耳部发生了变化, 行进的道路被拥塞。(如同) 鸡汤不被食用, 恰好下雨, 亏损, 忧悔, 终将会吉祥。

象曰: 鼎耳革, 失其义也。

【译文】"鼎耳革", 是说失去了其本来的作用。

【解读】"鼎耳革"是指五位的变化, 即由九五变为了六五。这一变化对于九三的影响就是"其行塞", 因为在卦变之前, 九三下临二阴, 上顺于同类, 因此可以随着阴阳消息而运行。卦变之后, 从微观上看, 向下为九二所阻, 向上六五冲断了阳爻的序列, 使其升进又为九四所阻; 从宏观上看, 自初至五是一个巨大的坎卦, 坎为陷, 九三位于此大坎之中, 也有深陷阻塞之象。(参见上图)

九三位于鼎腹之中, 却"其行塞", 因此有食物阻塞于鼎中而不得出之象, 爻辞对此作了形象的描述。"雉膏不食", 上离为雉, 互兑为水, 因此九三有"雉膏"之象, "不食"——不被食, 即为"其行塞"的体现。

"方雨"取象于互兑, "雉膏不食"已然可惜, 再于此时"方雨", 显然是要将这一鼎的美食彻底毁坏, 所以说"亏, 悔", "亏"是亏缺损坏的意思, 悔在此处侧重于心理的悔恨。

"雉膏不食, 方雨, 亏, 悔"原本是正常的心理过程, 但是爻辞最终的断语却是"终吉"——最终会吉祥, 显然是有违常理的。这只能说明一点, 此时用鼎的目的, 并不是为了"食", 其目的就是象辞所说"圣人亨, 以享上帝, 而大亨以养圣贤", 是一种象征意义。

由于"雉膏不食，方雨，亏，悔"是用来进一步解释"其行塞"的，所以整句的爻辞，实际上可以缩略为："鼎耳革，其行塞。终吉。"其中"行塞"而"终吉"的原因就是，象辞所说"鼎耳革，失其义也"——鼎的耳部发生了变化之后，就失去了其本来的作用。

之所以，对九三有如此爻辞，是因为九三阳居刚位得正，又处于下卦之终，虽然有"终日乾乾"之象，但仍旧应当是可以有所作为的一爻，如果不对其的"行塞"受阻有所解说，而且断以"终吉"，则会有正道于"鼎"时，难以伸张之嫌。

九四，鼎折足，覆公餗，其形渥，凶。

【译文】鼎的足折断了，倾覆了王公的粥，其形容龌龊，有凶祸。

象曰：覆公餗，信如何也。

【译文】"覆公餗"，可能会怎么样。

【解读】从卦象上看，首先九四自身阳居阴位不中不正，对于鼎来说，不中不正必是"折足"之象。其次九四与初六正应，初六"颠趾"，九四"折足"，是对同一卦变过程，从不同角度观察的结果。初六自下往上看，鼎腿变短的过程，就如同鼎向下陨落；九四自上向下看，这一过程就是"折足"。

如果结合九二和九三的爻辞，还可以发现九四"折足"的另一个更加深刻的原因。九二"不我能即"是在力求摆脱阴柔六五的影响；九三"其行塞"虽然有欲从之心，但终究因为受阻而无其实；九四则不同，九四上承六五，且与之形成上离、互兑，有悦而附之之象。因此既有从阴之心，又有从阴之实行。在以重阳抑阴为基本原则的《周易》中，这不遑为一种背叛。说其为"鼎"而"折足"不为过。

"覆公餗，其形渥"与前面的"雉膏不食"用法一样，是借用鼎在实际使用中，相应的一些状况，来形象地说明"折足"的后果。餗（sù）指鼎中的食物。

"凶"是对九四"折足"，行而使其倒的评断。

象辞"覆公餗，信如何也"——将公的粥弄翻了，会怎么样呢？是一句启发式的反问，用以解释折足之凶的。

孔子在《系辞传》中，将这一句进一步解读为，九四无能而强行，导致自取其辱的结果。笔者认为，但就静态的九四卦象而言可通，但却无法诠释自遁而鼎的变化过程所蕴含的意义。

六五，鼎黄耳金铉，利贞。

【译文】鼎拥有黄铜制成的耳，和用金子做的铉，有利于正固。

象曰：鼎黄耳，中以为实也。

【译文】"鼎黄耳"，是因为以中为实。

【解读】在卦变之前的遯，是一无耳、无铉、质而不文的陶鼎。六五之卦变前后，两卦之间最显著的区别，是得以突出变化了的鼎耳，是鼎上最具文饰价值的组成部分。

所以，"黄耳金铉"四字，就是在形容六五升进之后，地位之堂皇，文饰之繁盛。上卦为离，有文明之象，因为是六五上而成离，所以虽然六五表面上看，是上离之主。但从主从关系上看，却是柔来文刚，阴为阳用。

"利贞"是诫辞，过刚不柔，质而不文固然有过犹不及、滋生淫邪的可能。但是如果过柔不刚，重文轻质，其带来的危害将是更加巨大的。

象辞"中以为实也"，是以中为实的意思，与彖辞中的"得中而应乎刚"相对应。

上九，鼎玉铉，大吉，无不利。

【译文】鼎拥有玉制的铉，大吉，没有不利因素。

象曰：玉铉在上，刚柔节也。

【译文】玉制的铉在上面，说明刚柔有节。

【解读】上九是宗庙之位，象征着阳刚所代表的大道。如果没有自遯而鼎的变化，那么在继之而来的阳消阴长的过程中，上九始终都是被清除的对象，意味着大道的倾覆。

"鼎玉铉"的"玉"首先就标注了上九的在精神层面的特殊意义，其次则说明了，经过鼎的变化之后，上九得到了极大的文饰。因为即使"玉铉"在现实中真的存在过，其实际的使用价值，也要远远小于其象征意义。

对这样一个没有实际应用价值的"玉铉"，断以"大吉，无不利"，无外乎两点：一是为了强调，在上九这个位置上，"文"是何等的重要；二是因为上九，正是卦变过程中，九二以身退求道存的所存之道。

象辞"刚柔节也"多被解释是，玉的刚柔相济的品质，显然是儒生对玉的崇拜导致的臆想。事实上，就是由刚柔交错的卦象，直接的延伸。仍旧是在强调，由遯而鼎，带来的在"文"上的变化。

震——知敬无惧

震下震上 震为雷

震是所谓的八经卦之一，即上下卦都是由同一个三画卦——震组成。震在八卦中的基本取象是雷，与另外七卦乾为天，坤为地，巽为风，坎为水，离为火，艮为山，兑为泽，所对应的征象有所不同，雷是唯一一个无法通过视觉和触觉感知到的事物，也就是说既看不到，也摸不到。对于基本依靠实际体验来感知和了解事物的先民来说，这无疑增加了对其进行深入而准确地认知的难度。反之，也就增加了雷在人们心目中的神秘性。

因此震卦的取象和取义，都与其他卦有较大的差异。简而言之，六十四卦卦中的绝大多数，都是根据卦象来取象，再根据所取之象来取义的。震卦则是根据先民对雷的形成过程，以及作用方式的认知来取象的，而其义则是根据雷对人的影响，进一步推理而出的。所以，了解先民对雷这种自然现象的认识，是解读震卦的关键所在。

按照现代的科学观念，雷就是天空中带电云层之间，在相互接近的过程中，进行放电活动所发出的声音。其整个过程大致可以分为三个阶段，首先是两个云层开始小范围接触阶段，产生的小范围的放电活动。其表现是，有低沉的、相对微弱的、连续的雷声；随之而来的，才是大规模的放电过程，由于光与声音传播速度的不同，造成在人们的感觉上，被分成了先看到闪电，后听到雷鸣的两个过程。

先民由于不具备对这一过程的正确认识，所以将雷和闪电看作是，虽有联系但又彼此独立的两个事物。这就导致了上述的三个阶段，变成了两个阶段（闪电被排除在外了），即最初低沉的雷声，和后来的震耳的雷鸣。也即雷的酝酿阶段，和雷的炸响阶段。换言之，在古人的心中，一次完整的雷的过程，都同时包括了上述两个阶段，形象地说，就是一个雷两个响。

就常人而言，往往注意到的仅仅是雷的炸响阶段，因为巨大的雷鸣之声，往往使毫无准备的人们，瞬间惊恐万状。这也是古人对雷怀有莫大敬畏的主要原因。但是对于另一小部分人来说，巨大的雷鸣却未必会使其惊慌失措。这并不是因为，他们对雷声免疫，而是他们在雷的酝酿阶段，就已经有所察觉，有所准备，因此当雷真的炸响的时候，反而显得平静如常。比之于人事，就是对周围的事物时常具有敬畏之心，对自己的言行举止，习惯性地有所收敛，就会在危机关头，不致惊慌失措。这与现代所说的，个人的情景思维，或者军事上的演习，具有一定的相似性。

在此基础上，再来看震的卦变过程，和震卦的卦象，就会有更加深刻而生动的理解了。如下图所示，为了增强直观性，我们将卦象旋转90度来看：

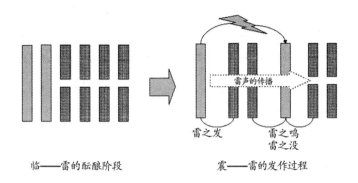

临——雷的酝酿阶段　　　　震——雷的发作过程

卦变之前的临卦，对应于阳刚逐渐积聚，渐成势力的状况，比之于雷的发作过程，就如同雷的酝酿阶段；卦变之后的震卦，则形象生动地刻画出古人心目中的雷的发作过程，以及雷声由近及远的传播过程。

震卦卦辞、爻辞的取象、取义，就是以此图为基础展开的。

震　亨。震来虩虩，笑言哑哑。震惊百里，不丧匕鬯。

【译文】亨通，在雷将来还未来的时候，不苟言笑。声震百里惊雷炸响，主祭人才能够不脱落餐刀和手中的酒杯。

【解读】原则上说，"亨"是震的卦辞的核心，标志着震卦所示的卦象，所能产生的结果。而其后的卦辞，不过是在对其进行进一步的解释而已。

但是，只要稍微客观地观察卦象就会发现，这个"亨"明显地缺乏卦象的支持。因为卦中任何一爻都没有正应，而且阳刚也均为阴柔所乘，无一居有中位。与阴阳相谐而通的常理，完全不符。所以先儒，对这个"亨"的解释，大多以"震"所具有的动、生等意义为基础，基本上是正确的。说明，震卦之亨，并非直接来自卦象，而是来自于"震"——雷的作用效果的推理。因为所谓的动和生，都是雷动之后，对自然万物的影响。

在后面对"亨"其解释作用的文字中，出现了两个"震"，其中一个是"震来"连用，一个是单独的一个"震"字。而且这种用法，在六爻的爻辞中又再次出现，说明应当绝非偶然。结合上述对古人眼中的雷的发作过程的分析，不难看出：

"震来"对应的就是雷的酝酿过程，因此其中的"来"，就雷的运作过程而言，就是将要来、还未来、正在来的意思；就人事而言，就是"如其来"的意思，所要强调的是一种，源于内心的敬畏、谨慎之情。

"震"对应的就是雷的炸响阶段。强调的是人们对雷鸣的不同反应，或者说是雷对人的作用效果。

所以，"震来虩虩（xì）"就是，在雷将来还未来的时候，就已经持有敬畏之心、警惧之态的意思。

"笑言哑哑"通常被解读为，"震来虩虩"的结果，即因为已经有所警惧，因此可以谈笑自若，即将其中的"哑哑"读为（è è），意思是笑的样子。就"震来虩虩，笑言哑哑"两句而言，这种解读确实可取。但是如果将其置于"震来"和"震惊"之间来考虑，就会发现，这是与实际情况不符的。因为"笑言哑哑"实际上，是处于雷的酝酿过程，到雷的炸响过程之间的行为，或者更准确地说，就是"震来虩虩"这种心理状态，在行为上的表现，所以不可能是谈笑自若，而只能是谈笑有度，或者不苟言笑的意思，即其中的"哑哑"应读为（yǎ yǎ）。

总的来说，"震来虩虩，笑言哑哑"是一种基于敬畏心理的，自我行为约束，如果用"亨"来表述的话，应当属于"不亨"。

"震惊百里"是对雷的作用效果的描述。因为"惊"的本意是马受惊，所以对于受"惊"的主体——人而言，有因为被外力、外部因素的影响所致的意思。同时，"震惊百里"也是通过范围的广大，来突出雷声之宏大。由于被雷声所惊，是大多数人的正常反应，所以通过强调雷声的宏大，就可以进一步突出，"不丧匕鬯"这种行为的难得。

"匕"是祭祀时用来将肉，从鼎中取出，奉献于神位的工具。"鬯（chàng）"的本意是一种用郁金草合黑黍酿成的用于祭祀的香酒，因此也被动用为，指向神位进献这种香酒的行为。"匕"与"鬯"这两种行为的特殊之处在于，都必须是有主祭人亲自来完成的。由此可以看出，先圣在卦中所说的那一小部分，能够在"震来"之时就心存敬畏，以致在雷鸣之时处变不惊的人，个是别人，就是在祭祀中主祭君王，或其世子。

天下有这样的君王，或者是未来之君，当然可以亨通。所以说，产生卦辞中的"亨"，是以"震惊百里，不丧匕鬯"这样的君王为基础的，是对在其统治之下的天下的描述。

需要指出的是，这是基于雷的作用对象人，作出的对"震惊百里，不丧匕鬯"一句的解读。如果从雷自身的角度去看，"震

惊百里，不丧匕鬯"一句就又有，强弩之末未能破鲁缟之意了，这一层含义，在爻辞中表现得更为清晰。（详见后）

象曰：震亨。震来虩虩，恐致福也。笑言哑哑，后有则也。震惊百里，惊远而惧近也。出，可以守宗庙社稷，以为祭主也。

【译文】震卦能够亨通。"震来虩虩"，是说会因为恐惧而带来福祉。"笑言哑哑"，是说君王的行为有所节度。"震惊百里"，是说雷鸣能够使远处的人感到惊恐，使近处的人感到惧怕。能出离雷的影响，就可以居守社稷宗庙，成为祭祀的主持者。

【解读】"震亨"置于象辞之首，而没有直接对"亨"进行解释，就是在说后续的所有文字，都是对震之亨的解释。

"震来虩虩，恐致福也"是在解释"震来虩虩"的作用，即在雷正在酝酿的"震来"之时，就懂得敬畏戒惧，会因为恐惧而带来福祉。其实就是在强调，人应当懂得敬畏，应当时常怀有一颗敬畏之心。实际就是"傻大胆"的反语。

"笑言哑哑，后有则也"中的"有则"，有力地证明了，"哑哑"不能读（è è），而只能读（yǎ yǎ）。所以即使在前面将"笑言哑哑"自若的人，至此也只能改口说，因为知道恐惧，之后才能谈笑有度云云。

至于其中的"后"，多被简单地解读为"后来""之后"，进而以此为依据，将"笑言哑哑"解读为是"震来虩虩"导致的结果。虽然在逻辑上勉强可通。但是笔者认为，如果结合卦辞中"匕鬯"，不如直接将此处的"后"解读为君王。即"笑言哑哑，后有则也"解读为, 君王的行为(不同于常人, 应当)是有所节度的, 似乎更能体现卦义。

"震惊百里, 惊远而惧近也"一句的关键是在于, 对"惊远"和"惧近"两个词的理解。"惊"是外部因素的作用效果,"惧"与恐同意, 都是指内心害怕, 是内心的反映, 由此看来也可以视为, 是一种外部因素的作用效果。相对而言,"惊"短促而轻微,"惧"则深远而严重。

因此"惊远"和"惧近", 所反映的是震——雷对人的影响, 随着距离的延伸, 而逐渐减弱的过程。也就是说, 雷的影响是有范围限制的。这在实际上暗示了, 人是可以摆脱雷的影响的。

"出, 可以守宗庙社稷, 以为祭主也"一句, 自古以来受到了莫大的误读, 即先儒普遍认为在"出"字的前面, 遗漏了"不丧匕鬯"一句, 而且将"出"字极为主观地解释为, 君王出巡之时的意思。

事实上, 这个"出"字, 是通篇彖辞的灵魂所在。

所谓"出", 就是说要/能出离震——雷的影响, 就是说要/能出离恐惧的束缚, 所对应的正是从出"震来虩虩, 笑言哑哑"之"不亨", 到入"震惊百里, 不丧匕鬯"之"亨"的过程。其背后蕴含的则是, 卦辞所要强调的, 知敬则无惧, 有备则不惊的内涵。

同时也说明了, 卦辞中的"亨", 并不是卦象所示的直接结果, 而是要通过由知敬到无惧的转化之后, 才能得到的结果。

"出, 可以守宗庙社稷, 以为祭主也"一句中, 明显地以"出"为前提, 为条件, 以"守宗庙社稷""为祭主"为结果的逻辑关系, 就是明证——"不丧匕鬯"之君, 就是天下"亨"的保障; 天下"亨", 是"不丧匕鬯"之君当政的必然结果。

换言之, "可以守宗庙社稷, 以为祭主也"本身就等同于"不丧匕鬯", 都是"出"的结果。所以托辞中, 无需再出现"不丧匕鬯"一句。

象曰: 洊雷, 震。君子以恐惧修省。

【译文】震卦有雷连续而至之象, 君子观此象, 应当懂得以敬畏之心, 反省自身, 提高修养。

【解读】洊 (jiàn) 是重复屡次的意思, 卦中上下皆震, 震为雷, 因此有"洊雷"之象, 但是根据前述的分析可知, 事实上每一次雷的发作, 实际上都可以产生"洊雷"的感觉。

"恐惧修省"就是以敬畏之心, 反省自身, 提高修养的意思。这是因为, 如果人缺乏敬畏之心, 就难免对人对物都陷入自大的心态之中, 在事实上关闭了, 从外界吸取见识的大门。表面看来, 是一种无惧的神态, 实际上却会因为无知, 而在危机来临时, 导致惊恐无措的结果。

最典型的反例, 应当就是满清面对列强的态度, 从先前的无知自大, 到才刚一知半解, 既已慌乱不堪, 以致谈洋色变, 进而崇洋媚外急剧转变。

初九, 震来虩虩, 后笑言哑哑, 吉。

【译文】在雷将来还未来的时候，不苟言笑，吉祥。

象曰：震来虩虩，恐致福也。笑言哑哑，后有则也。

【译文】"震来虩虩"，是说会因为恐惧而带来福祉。"笑言哑哑"，是说君王的行为有所节度。

【解读】初九的爻辞，几乎与卦辞完全一致，重要的是其后的断语"吉"，说明了初九爻辞所示的行为方式，可以获得"吉"的结果。

这是因为，如下图所示：

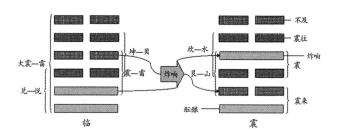

震卦六爻的取象，是以雷的发作过程和作用范围为根据的。两个阳爻，分别对应着雷的两个不同的阶段，四个阴爻则根据亲比关系，而与不同阶段的雷发生关系。并以"震来"和"震"相区分。

由于在常人眼中，轰然的雷鸣才是雷的主体，所以在两个阳爻中，又以象征着雷鸣之时的九四为主。因此，初九在对应于雷的酝酿阶段的同时，又是体现着在此阶段中的作为阳刚之才的反映。

从爻位上看，初九之所以能够"震来虩虩"后"笑言哑哑"，首先是因为其以阳刚居下，是"有龙德而隐者"，具备成为"震惊百里，不丧匕鬯"之君的潜质。其次是因为其阳居阳位得正，因此其行为应当是符合正道的。

同时以其在下的爻位，与"吉"的断语相配合，实际上就将"震来虩虩"后"笑言哑哑"的适用范围，从君王推广到更宽泛的"君子"的范畴，使之成为，对全体民众都有指导意义的行为方式。在卦变之前，初九位于下兑之中，兑为悦，卦变之后兑象消失，因此说"笑言哑哑"。

象辞与彖辞相同，见彖辞中的解读。

六二，震来厉，亿丧贝，跻于九陵，勿逐，七日得。

【译文】在雷将来还未来的时候（感觉到）有危厉，将大量的钱遗失在了高山之上，不用去追，七天后自然就会回来。

象曰：震来厉，乘刚也。

【译文】"震来厉"，是因为乘刚。

【解读】由于六二紧邻初九，而与九四之间有六三阻隔，所以其所感受的雷，也是酝酿阶段的雷，因此爻辞也以"震来"起始。

六二是参与卦变的一爻，临卦本身就是一个巨大的震卦，六二是临卦中的六四，六四在临卦中又处于互震之中，且与和它一并组成互震的九二互换, 而下至居中得正的二位。所以有受"震来"之感, 而下求中道之象——六四也居正。

但是因为六二属性为阴, 所以不具备主动敬畏、有备的能力, 而只能被动地对外界作出反应, 所以说"厉"——有危厉。换言之, 阴柔的敬畏之心, 只有在感到自身安危利益受到威胁之后, 才能够产生。

所以爻辞随后, 用"亿丧贝, 跻于九陵"来加以形象地说明。因为在常人眼中, "贝"——钱是其关注的焦点。"丧贝, 跻于九陵"六二自六四而来, 使临卦中的坤象消失, 因此有"丧贝"之象, 九四上进之后, 与四个阴爻形成正反艮, 艮为高山, 因此有"跻于九陵"。(参见上图)将钱遗失在了高山之上, 是最让人焦急的事情了。本应尽快返回寻找。

"勿逐, 七日得"却说不用去追, 七天后自然就会回来。这是因为, 六二虽然是阴柔之才, 但却行为合于中道, 在"震来"之时有危厉之惧的缘故。

也就是说, 六二的"厉"相似于初九的"虩虩"; "勿逐, 七日得"则是六二作为阴柔所得之"吉"。

象辞将六二之"厉", 归结为"乘刚"的缘故, 虽然在象上可通, 但是在义理上, 却无法与后面的"勿逐, 七日得"相合。

六三, 震苏苏, 震行无眚。

【译文】震惊得苏苏发抖, 雷自其上而过, 没有灾祸。

象曰: 震苏苏, 位不当也。

【译文】"震苏苏", 是因为位置不当。

【解读】参见上两图所示, 自六三以下, 所受之"震"都是来自于九四, 按照象辞中"惊远而惧近"的说法, 所受到的也都来自九四的惊吓, 而不是源于内心的, 对雷的恐惧与敬畏。

初九爻辞几乎完全重复了卦辞, 而六三以下各爻爻辞的内涵, 则与卦辞相去较远, 即不再是强调人对雷的反映, 而是在说明雷对人的影响。

六三"震苏苏"的"苏苏"与初九的"虩虩"相比, 已经从内心的感受, 延伸到了行为上的反映, 因此是受雷鸣之惊的表现。

先儒往往将"震行无眚"一句解释为, 如果六三能够因为雷的震动而行动起来, 就会没有灾祸。笔者认为"震行"和"无眚"是两件事, "震行"是指雷自其上而过的意思; "无眚"是指六三本身没有灾祸, 或者即使有灾祸, 也不是因为自己的缘故, 因为"眚"是自我生灾的意思。

象辞将六三"震苏苏"的原因归结为"位不当", 与六二的象辞一样不当。

九四, 震逐泥。

【译文】雷坠入泥中。

象曰: 震逐泥, 未光也。

【译文】"震逐泥", 影响尚未广大。

【解读】九四是集中体现古人对雷的本质的认识的一爻。

"逐"是"坠"的通假字, 因此"震逐泥"就是雷坠入泥中的意思。从象上说, 如上图所示, 九四入于互坤, 而成互坎, 坤为土, 坎为水, 因此有坠入泥中之象。这是符合古人对雷所持有的朴素的认识的, 对象征雷鸣之时的九四, 不说其鸣, 而说其坠, 说明古人已经充分地认识到, 雷的炸响之时, 即是它的消亡时刻。所以, 在其酝酿的时候, 由于不知道其要坠于何处, 而需要警惧, 一旦炸响之后, 反倒可以等闲视之了。

这就是为什么在"震来"之时, 内心要"虩虩", "笑言"要"哑哑", 而在"震惊百里"之时, 反倒可以"不丧匕鬯"的原因。因为对于不知敬畏, 没有准备的人来说, 雷鸣是使其惊恐的原因, 而对于早有准备的人来说, 雷鸣反倒是危险解除的信号。

象辞说"未光也", 是站在雷的角度上来说的, 因为九四来自于九二, 如果能够与其正应交换升至九五, 则其影响可以波及全卦。如今至九四而至, 其影响范围因此而不够广泛。

六五, 震往来厉, 亿无丧有事。

【译文】雷已经结束, 带来的危厉, 完全不会影响祭祀。

象曰：震往来厉，危行也。其事在中，大无丧也。

【译文】"震往来厉"，是说仍旧在危厉之中。行事持中，因此才能基本上不妨害其事。

【解读】对于爻辞中的"往来"，先儒通常将其解为六五本身的往来。其实自六三以来，震的后面的动词分别是"行""逐""往"，恰恰与九四的运动过程，或者说是与雷的作用效果相对应：六三位于九四之前，所谓被其"行"而经过；九四是雷的炸响之时，也是其坠落之地；六五在九四之后，因此至此雷以为过"往"之事。

此处的"来"是产生、带来的意思。因为虽然雷已坠落，毕竟声及六五，因此有"厉"。六二（临卦的六四）有厉，但因为居中而可以丧币复得，同样由于六五身居中位，而且在客观上雷已成过往，所以可以"无丧有事"。由于六五居于尊位，因此先儒认为"有事"是指祭祀之事的观点，是可取的。

象辞说"震往来厉，危行也"应当是指，虽然已经是"震往"之时，但六五仍旧在危厉之中。"其事在中，大无丧也"是说，六五因为行事持中，因此才能基本上不妨害其事。根据象辞的解释，可以推知"亿"在此卦中，是"大"的意思。

上六，震索索，视矍矍，征凶。震不于其躬于其邻，无咎。婚媾有言。

【译文】被震惊得索索发抖，惊恐地四顾张望，征进则有凶祸。雷没有触及到自身，而是触及到了邻人，没有咎害。婚媾的对象有怨言。

象曰：震索索，中未得也。虽凶无咎，畏邻戒也。

【译文】"震索索"，是因为行为不适当，虽然有凶祸却没有咎害，是因为由于畏惧邻人的遭遇而知戒惧。

【解读】"索索"与"苏苏"相似，都是人受惊之后的样子，"矍矍（jué）"则是因为惊恐而四顾环视的样子。

上六连用"震索索"和"视矍矍"，除了要刻画其惊恐的神情之外，还在暗示"震惊百里"之远。"视矍矍"说明上六已经距离"震逐泥"之地已经较远了，所以才有寻找声音来源的动作。反之，如此之远，尚且有如此惊惧之神情，正是上六阴居柔位，自内而外，从内心到行为完全软弱无能的表现。所以"征凶"——动则有凶，因为上六之动，必是惊恐万状地乱动。

"征凶"就意味着不应当动，"震不于其躬于其邻，无咎"就是在解释，上六为什么可以不动，以及不动的结果。"震不于其躬于其邻"的意思就是，雷没有击中上六，而是击中了它的邻居。所以上六是不要动的，而且不动即可"无咎"。

"其邻"应当就是指六五，结合六二（临卦的六四）与六五的爻辞中都有"厉"这一事实，可以推知，真正被九四击中的是六二和六五两爻，但是由于二者都居中，因此虽有"厉"，但并无害。

"婚媾有言"中的"婚媾"自古解说不一，如果根据象辞

"虽凶无咎，畏邻戒也"来推断，"婚媾"应当就是"其邻"，就是六五。

"震索索，中未得也"一句看似平淡，但却有连贯六爻的重要意义。因为如前所述，初、二两爻体现着对雷的敬畏，而从三至上四爻，则是对雷的作用效果的描述。仿佛有六爻脱节之嫌。但是"震索索，中未得也"点明，上六之所以有"震索索"的惊惧之情，其根源是其不居中。结合其他三个阴爻的爻辞，就会发现，六三因为同样的原因，而"苏苏"。二与五，则因为居中，得以虽为雷击而有厉，却未见惊惧之色。

可见先圣认为：

只有阳刚之才——"有龙德而隐者"，才能真正做到，知敬则无惧，有备而不惊。阴柔虽不及此，但只要行为持中，见厉而知敬，也可以坦然而不受雷鸣之惊。合而言之，则是大象所言的"恐惧修省"。显然震卦是偏重于强调个人修养的一卦。

艮——止之有道

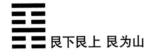 **艮下艮上 艮为山**

艮卦是继震卦之后的又一个八纯卦。虽然艮卦与震卦不同，不是就其基本征象——山来取象，而是直接取义于其卦德——止。但从本质上说，二者都是从阳爻的角度，根据阳爻在卦变中的运动方式，来确定所要表达的卦义的。

震卦是由临卦变来，阳爻在临卦中，处于蓬勃欲发的态势，同时在卦变中自下而上，有雷动而"震惊百里"之象，因此可以根据其雷象取义；艮卦是由观卦演变而来的，如下图所示：

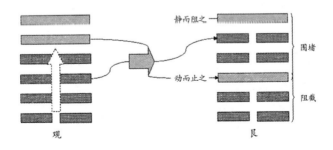

阳爻在观卦中，处于被阴柔紧逼的状态，而且已经到了不

止其进，就行将崩溃的地步，因此其在卦变中自上而下的运动，有出而阻之之象，所以直接就其卦德——"止"来取义。

与震卦的雷相比，艮卦的止似乎平淡无奇，何以在《周易》中占有一卦之地呢？这是因为，"止"普遍存在于人类的社会行为之中，无论是君王政治，还是百姓生活，都将随时随地遇到劝阻、制止、防止等等有关"止"的问题。但是在现实中却是，一方面任何人都或多或少存在着，去"止"他人的愿望；另一方面，绝大多数人又都不愿意被他人所止。所以，真正能够有效地实现"止"的目的，是非常困难的。换言之，"止"本身意义重大，"止"的技巧又十分重要。

在上图中，同时存在着，上九表现出来的"静而阻之"，和九三表现出来的"动而止之"，两种经过高度概括的最基本的"止"的方式。这是从"止"的实施者——阳爻角度来看的，如果换成被"止"的对象来看，就是一个是"止"于事发之前，另一个则是"止"于事发之后、不可挽救之前。

这是贯穿于艮卦卦辞和爻辞始终的核心内容。

艮其背，不获其身。行其庭，不见其人。无咎。

【译文】只能止住其背，而不能获其全身。行走在其庭院上，看不到他人。没有咎害。

【解读】关于艮卦所阐释的核心内容，是"止"的方式与技巧这一点，自古诸家均无异议。异议产生于对技巧本身，具体地说就是"艮其背"这一句，尤其是其中的"背"所指为何的理解上。

由于在儒学经典，所谓四书之一的《中庸》中有"喜怒哀乐之未发谓之中，艮之为止，其在兹时。"一句。意思是说，艮所说的止，是在"喜怒哀乐之未发"的时候实施的。也就是，要止喜怒哀乐各种情绪的爆发。导致后世的儒者们，纷纷设法将"背"的概念向"未发之时"靠拢，认为所谓的"背"就是"不见"的意思，"不见"的对象是人内心的种种欲望，因此在"背"——不见/未见之时止之，就可以事半功倍云云。

笔者认为《中庸》所言，作为由研读艮卦衍生出来的，对如何提高个人修养的感悟，是完全可取的，但是如果以此为依据，或说被其所引导，回过头来解读艮卦本身，就难免会有本末倒置之嫌了。

事实上，卦辞的前半段——"艮其背，不获其身。行其庭，不见其人。"，所言无他，不过是上述两种止的方式而已，如图：

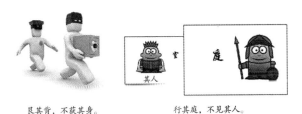

艮其背，不获其身。　　　　　　行其庭，不见其人。

"艮其背，不获其身"是止其于必止之时，此时不止则再无可止，所以只能止住其背，而不能/未能获其全身。因此是最低限度的控制。

"行其庭，不见其人"是阻其未现之时，此时人未必已动，甚至未必欲动,来阻之人却已"行其庭"上,可见防范之甚、之早。因此是最高限度的预防。

验证笔者与先儒的观点,孰是孰非的关键,就在于卦辞最后的断语"无咎"。

"无咎"具有虽有过但可不究之意。如果按照先儒的观点(诸家虽有差异,但大致相当),既然"艮其背"是止于欲望未现之时,已然属于"止"的至高境界,又何过之有,又何出"无咎"之辞?

同时,沿着先儒"止于欲望未现之时"的说法,很容易就会推演出老子的"无欲"的观点。如前所述,虽然孔子和老子的思想,都是源于或者说都受到了《周易》的巨大影响,但是老子所得是其中"静"的相对永恒的一面。这一面可以视为是道之存,但却不是道之用。用现代的话说就是,是原则而不是方法,应当坚持,却不能以之来约束实践。因为原则就如同理想状态下的物理定律,虽然是亘古不变的真理,却不可能出现在现实之中,因为现实永远不能满足"理想状态"。所以,如果将一切都"止"于未现之时,那么也就同时放弃了发展与创新的可能。这又岂能"无咎"?

因此,先儒们的观点,在逻辑上是站不住脚的。

天下最善于"止",常于"止"的人,应当就是所谓的捕快了。如果用他们的眼光,来看"艮其背,不获其身"和"行其庭,不见其人",这两种"止"方法,得出的结论一定是非常拙劣的"止"。前者有"止"之不得的可能,后者则有"止"之太过,其形不现的可能。即都是存在相当程度的不足,但是好在都达成了

"止"的基本目的，所以才可以"无咎"。

此外，从"艮其背，不获其身"是最低限度的控制，"行其庭，不见其人"是最高限度的预防，但却同时都得到了"无咎"的断语，这一点来看，还可以得出更进一步的结论：

在"止"的问题上，应当侧重于事先的预防，而尽量放宽事后的控制。

对于君王政治和组织管理来说，就是要投注精力于政策的制定阶段，应当尽量缜密周详，避免草率带来的隐患。对于政策的执行，则应当给予最大限度的宽松，以激发臣民/员工的创造性。

彖曰：艮，止也。时止则止，时行则行，动静不失其时，其道光明。艮其止，止其所也。上下敌应，不相与也，是以不获其身，行其庭不见其人，无咎也。

【译文】艮是止的意思。时势停止则随之停止，时势发动则随之发动，动静都与时势发生偏差，则其所行之道即为光明。艮的止，是止其当止。卦中上下敌应，不相互应与，所以说"不获其身，行其庭，不见其人"没有咎害。

【解读】"艮，止也"解释了卦名艮的基本意义，就是止。

"时止则止，时行则行，动静不失其时，其道光明"，是对止的进一步说明。主要是因为，在常人眼中所谓"止"，容易被简单武断地理解为静止、停止，但通过这一句彖辞可知，"止"是随时而变的，是对前一个运动状态的终止，改变之后的状态既可以是静，也可以是动。

"时止则止"是说，（动之）时已止，或者说时势对应的是停止，那么就应当停下来。"时行则行"是说，（动之）时还在行，或者说时势对应的是行动，那么就应当行动。这两句事实上是对"艮其背"的完美诠释——如果阻于其前，那么从"时"的角度上看，就有可能在"时行"的时候，提前阻止了它的运动；如果未能止其背，那么就是在"时止"的时候，未能阻止它。都与"时"不符。只有"艮其背"，才是既最大限度地兑现了"时行"之行，又及时做到了"时止"则止。可见其在把握时机上的精准和行为方式上的得当。由此可以看出，孔子对"艮其背"在诠释"止"的时机与方式这一点上的理解，可谓深刻至极。

"动静不失其时"是说，无论动静都不是出于某人的主观愿望，而是要客观地依时而行。相当对前两句的总结和重申。"其道光明"可以视为是一句赞语。

前面一句是借用"时"的概念，来阐释"艮其背"在时机和方式上的精准，"艮其止，止其所也"则是将这种精准，延伸到了"艮"——"止"本身，"止其所"就是止得其所、止得其法、止得其时的意思。实际上是将"艮其背"，视为了卦辞的核心。

"上下敌应，不相与也，是以不获其身，行其庭不见其人，无咎也"一句，解决了两个问题：

首先是将"无咎"的原因，归结为卦中各爻敌应——不成正应。其次是将"不获其身，行其庭不见其人"视为，导致"艮其背"而"无咎"的不足之处。进一步明确了"艮其背"在卦辞中的核心地位,从而将艮卦的卦义框定在"止"的方式方法、时机技巧上。

通过上述分析可知,象辞对卦辞的解读,虽然在原则上是正确的,但却在事实上,忽视了两种"止"的基本方式中的另一种,即"行其庭,不见其人"所示的阻其于未现之时的预防。势必会造成卦义的内涵的大幅度缩减。

象曰: 兼山艮,君子以思不出其位。

【译文】艮有两山相连之象,君子观此象,应当懂得思想不脱离本位的道理。

【解读】卦中上下皆艮,艮为山,因此有兼山之象。

"思不出其位"就是思考的范围不出离自己的本位、本分的意思。这是将"艮其背"中蕴含的"时止则止,时行则行"的思想,应用于个人行为的表现。"位"就相当于"时",在其位(相当于在其时)则思其事,是"时行则行";不在其位(相当于不在其时)则不思其事,是"时止则止"。

虽然按照后世的观点来看,似乎有些世故气,然而在事实上却对促使社会稳定,具有重大意义。同时也蕴含着重要的政治、管理思想,用现代的话说,就将话语权和执行权,交给受过专业训练,具有专业技能的人。当这种思想运用于政治,就是设计官员的诠选制度的基础,最典型的正例,就是中国古代的科举制度。最典型的反例,就是现代西方的所谓民选制度。

初六, 艮其趾, 无咎, 利永贞。

【译文】止其脚趾, 没有咎害, 有利于永远正固。

象曰: 艮其趾, 未失正也。

【译文】止其脚趾, 未失正道。

【解读】艮卦六爻, 除了上九以外, 是自下而上对应于人体的不同部位来取象的, 是以阻止某人的行动为例, 来诠释"止"的得失技巧的。初六位于全卦的最下, 因此取"趾"象。

人的运动(行走), 首先起自于足, 在足的各个组成部分中, 又首先起自于趾, 所以"艮其趾"——止住了脚趾的活动, 就是从根本上杜绝了人体运动的可能。相当于卦辞中的"行其庭, 不见其人", 是最高限度的预防。由于与卦辞同意, 因此所得断语也相同, 都是"无咎"。从卦象上看, 如下图所示:

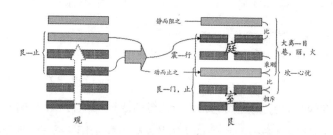

初六之上既受阻于六二的同性相斥, 又受阻于九三的艮止之义, 有重重受阻之象。同时艮又为门, 卦中上下皆艮, 因此有九三以下为"室", 九三以上为庭之象; 而三四五成互震, 震为

行; 三至上成大离, 离为目, "目" 在 "室" 之外, 初六在 "室" 之内, 因此在事实上有 "行其庭, 不见其人" 之象。

"利永贞" 是对 "无咎" 进一步补充, 即有利于永远正固不变, 这是脚趾被止住的必然结果。此前曾有许多学者将此句解读为, 是对初六的诫语, 虽然勉强可通, 但是与自初至五, 被作为一个整体取象的事实, 有所冲突。

象辞 "未失正也", 实际上是说 "艮其趾" 这种最高限度的预防, 未失正道。

六二, 艮其腓, 不拯其随, 其心不快。

【译文】止住其小腿, 使之不能随而上举, 其心中不快。

象曰: 不拯其随, 未退听也。

【译文】使之不能随而上举, 未能退而倾听。

【解读】初六为趾为足, 六二在初六之上, 因此取 "腓" 象, 腓就是俗称的腿肚子, 即小腿部位。小腿位于大腿和足部之间的部位, 在人体的运动过程中, 主要是随从这两个运动的发动者而运动的。也就是说, "腓" 并不是运动的主导者, 而仅仅是随从者, 所以仅仅 "艮其腓" 是不能从根本上阻止运动的。

从象上看, 六二与初六最显著的区别就是, 与九三发生了直接的接触, 比照卦辞的内容就是, 就控制、制止而言, 是未等

见其背，就直接获其身；就预防而言，则是直接见其人。因此必然会有咎。（参见上图）

这个"咎"就是爻辞所说的"其心不快"，"不拯其随"则是六二"不快"原因。"拯"是上举的意思，"不拯其随"的直解，就是使之不能随而上举的意思。这就说明，六二动的不在己而在于人，不在内而在外。仅仅止住其本身，并没有抓住问题的关键，因此也就不可能从根本上解决问题。

先儒往往将六二被动的原因，解读为欲望的诱惑，可通，但是不够深刻。

首先，六二是阴柔，阴随阳动是《周易》中的基本原则，所以既然其动不在己而在人，导致其动，带动其动的就一定是阳刚。换言之，如果六二之动，是阳刚激发的，就是曾经得到了阳刚允许的。

其次，就爻位而言，六二虽是阴柔，但是居中得正，因此其行为应当是适度而合理的。换言之，即使六二之动有不当之处，责任也不在六二，而在阳刚。

因此六二的遭遇，实际上是作为运动的策动者——阳刚，将自身在决策阶段的草率，所导致的问题，转嫁到了行动的随从者六二身上。这就是卦辞所诠释的——在"止"的问题上，应当侧重事先的预防，而尽量放宽事后的控制——的意义所在：六二是柔顺中正之民，是国家的基石，六二不快，国将危矣。

象辞中的"未退听也"的主语是指阳刚，是说阳刚未能退而倾听的意思。这是绝大多数决策者，都容易犯的一个通病。

九三，艮其限，列其夤，厉熏心。

【译文】止住了它的腰部，拉伤了它脊背两侧的肌肉，恐惧感烧灼于胸。

象曰：艮其限，危熏心也。

【译文】止住了它的腰部，威胁感烧灼于胸。

【解读】九三是参与卦变的一爻，通过上述分析可知，其自上而下的目的，就是要来阻止阴柔的升进，就是要实现对阴柔的围堵、阻截。所以是"止"的直接执行者。

从卦象上看，九三以刚居刚，虽正但有过刚过躁之象，所以其采取的"止"的手段，也是最直接、最有效，同时又是最缺乏技术含量的一种。

"限"是腰的意思，九三位于下五爻之中，因此取此象。"其"并不是指九三本身，而是指隐于九三背后的阴爻。直接搂抱腰部，这是最常见的一种阻止别人活动的手段。表面看来直接而有效，但是在实际操作中，却是一种非常"无效"的方式，因为运动的发起部位——足和大腿都没有受到控制，所以人的挣扎是必然的，而且往往还是猛烈的。

爻辞"列其夤（yín）"就形象地说明了这种反抗的猛烈程度，"列"同裂，"夤"是指脊柱两侧的肉，"列其夤"就是拉伤了被止者脊背两侧的肌肉。

如此激烈的行为，换来的是被止者的顺从吗？爻辞"厉熏心"回答了这个问题。"熏"是炙烤、烧灼的意思，"厉熏心"就是恐惧、不安感烧灼于胸的意思。卦中互坎为心忧，大离为火，因此有"厉熏心"之象。说明九三强而止之的行为，换来的不过是恐惧、不安而已，绝对不是心悦诚服的顺从。正所谓"民不畏死，奈何以死惧之？"

而且，阴爻未现于卦而其"厉熏心"，那么对于现于卦上的九三来说，能够真的没有恐惧和不安吗？所以，完全可以将"厉熏心"看作双关之语。

象辞"危熏心也"是爻辞"厉熏心"的更为通俗的说法。

六四，艮其身，无咎。

【译文】止住了其身体，没有咎害。

象曰：艮其身，止诸躬也。

【译文】"艮其身"，就是止在其身体上的意思。

【解读】六四位于九三腰部之上，因此取身象。卦辞说"艮其背，不获其身"而"无咎"，此处却说"艮其身，无咎"并不矛盾，因为"艮其身"仅仅是说止住了其身体的运动，并不等于"获其身"。

在卦象上，九三位于六四之下，又同在互震之中，因此有六四行于九三之前，九三位于六四背后，且为六四所乘之象，因此九三与六四的关系，正符合卦辞的"艮其背，不获其身"。所

以，可以"无咎"。（参见上图）

同时，由上述卦象可知，六四之所以能够被"艮"——"止"，并非出自九三的一己之力，在相当程度上是得益于上九的"静而阻之"的预防。虽然六四已经进入大离之中，属于上九的可见范围，但是此时六四的"艮"，恰恰体现出"行其庭，不见其人"的价值所在——否则六四定然脱缰而去，这也是"行其庭，不见其人"这种"过度预防"行为，可以"无咎"的原因所在。因此六四一爻中，实际上同时演绎了两种"止"的方式。

象辞"止诸躬也"用"躬"代替了"身"，实际上就是强调，应当区别对待此处的"身"，与卦辞中的"身"。"诸"是之于的意思，因此"止诸躬也"是在强调，止的动作作用到了身上，而"背"也属"身"的范畴。

六五，艮其辅，言有序，悔亡。

【译文】止住其牙床，保持言语有伦次规矩，没有忧悔。

象曰：艮其辅，以中正也。

【译文】止住其牙床，是因（头部）能够实现中正。

【解读】"辅"是上牙床，因为六五已是下五爻之首，所以在头部取象。"辅"本身是没有运动功能的，其动静是由头部决定的，因此"艮其辅"的前提，或者说实质就是"艮其头"。所以，六五用"辅"而不直接用"头"，就具有两重含义：一是六五是直接被止的对象，完全不能动——"辅"比"头"更进一步；二是六五所受到的止，并非是强制性的止——"辅"比"头"稍退一步。因此，六五存在自止之象。

换言之，六五虽然与六二一样，都直接与阳爻接触，但却没有被武断地控制之忧。原因是其各自上承的阳爻——九三上九，在卦变中的表现不同：六二所临的九三，在卦变中自上而下，是主动施加的制止行为；六五上临的上九，则是静止不动的阻挡行为。所以上九不会因为强止六五，而形成悔咎。

"言有序"是对"辅"静止的一种延伸性的解读，由于"辅"的动静是由头部决定的，所以"辅"动的表现一定是摇头晃脑。古人重视礼仪仪表，所以在古人眼中，摇头晃脑就是言语轻浮的外在表现。反之，"艮其辅"的基础——头部端正，就是"言有序"的前提。

"悔亡"同样是一个双关语，即被止的六五和止之的阳刚，都没有了忧悔。这是因为：

六五来自卦变之前的六三，虽然在卦变之前就已经有被"止"之象，但是一方面为六四所隔，不能亲比于阳刚，另一方面又处于阴柔升进的序列之中，因此有名不正而言不顺之象。卦变之后，阴柔序列被九三阻断，六三升至五位，得以亲比于上六，可以名正言顺地止于其所。所以"悔亡"。

上九原本是将被阴柔驱离卦象的一爻，如今六五被止而无悔，说明上九的地位得到了保障，因此其"悔"也"亡"。

象辞"以中正也"中的"中正"不是指六五的爻位，而是"艮其辅"的前提——头部的中正。

上九, 敦艮, 吉。

【译文】敦厚的阻止, 吉祥。

象曰: 敦艮之吉, 以厚终也。

【译文】敦厚的阻止带来的吉祥, 是说因为敦厚而得终。

【解读】上九的"敦"在某种程度上, 也可视为是六五"艮其辅"的前提——头部的中正, 由于头部本身就在身体的中间, 而且自身不能上下运动, 因此头部的"中正", 就是不动。体现在卦象中, 就是上九作为阳爻, 而且是对阻止阴爻的升进最为迫切的一爻, 却能够在卦变中保持不动。

相比于九三出而止之背后的, 将本来属于阳刚的责任, 推卸到阴柔身上的企图, 上九的不动, 当然堪称敦厚。所以上九的"敦艮", 表面上是对其静而止之的行为的描述, 深层里却是对其正视责任的态度的肯定。

可以说, 正是上九的"敦"促成了六五的"主动"自止, 或者说是不得不止, 所以断语为"吉"。

象辞"以厚终也"中的"厚"与"敦"相似, 是因为敦厚而得终的意思, 得终就是指上九保住了现有的位置。

渐——为妇之道

 **艮下巽上 风山渐**

　　《周易》的六十四卦，绝大多数都与君王政治有关，而且也大多可以有多种引申的内涵，这也是为什么自古以来，《周易》始终被认为是一部博大精深，几近无所不包的典籍的原因。但是其中也有个别例外，比如渐卦就是内容相对单纯的一卦。

　　"渐"是渐进的意思，在卦中又被进一步强化为有秩序地推进，也就是依礼而进的意思。毫无疑问的是，这样的渐无论对于国家政治，还是个人行为，都具有非凡的意义，因此自古解易者都不甘心于，将渐卦的内涵圈定在婚姻嫁娶的范畴内，始终希望有所拓展。然而遗憾的是，这些拓展都难免有牵强之感，其中的原因就在于，随着时代的变迁，婚姻对社会的重要程度，呈现明显的下降态势，所以后世之人，在感官上无法接受，用单独一卦来阐述婚姻，而且仅仅是女性的婚姻问题这一事实。

　　但是只要将思考的背景回拨到创易时代，这个问题就不难理解了。如前所述,《易经》的产生和逐渐走向成熟的时期,所对应的时代背景,正是母系氏族社会逐渐解体,父系氏族社会逐渐成熟、确立的过程,其中最显著的变化,就是婚姻关系和两性的社会地位的变化。所谓的婚姻之礼,也不仅仅是为了满足男性的需要,而建立起来的对女性的束缚手段,而应当是父系与母系之间,父系内部的所有男性之间,为了保障各自的生育权利,而共同"签订"的一份"公共契约"。所以,在后世看来稀松平常的婚姻问题,在当时来说却是决定着社会安定与否的核心问题之一。

因此,在六十四卦中单取一卦来阐述,并不为过。后人观之,也不必再劳心费神,作无中生有的拓展。

渐 女归,吉。利贞。

【译文】女子出嫁(到夫家),吉祥,有利于正固。

【解读】所谓拓展,即自对卦辞的解读始。先儒认为"渐"的内涵,并不仅仅圈定在"女归"——女子出嫁的问题上,所以将卦辞"女归"理解为一种,用于诠释"渐"的比喻。即譬如"女归"的意思。

单就"渐"字本身而言,这种解读是完全可以接受的,但是综观全卦就会发现,六爻之中充斥着饮食、孕育等极端家庭化的词语,将六爻的爻辞,始终圈定在家庭问题的范畴之内。笔者认为这绝非偶然,恰恰说明婚姻家庭问题,就是先圣在创制渐卦时,所思考和要阐述的全部内容。换言之,卦辞中的"女归吉"，不仅仅是用来诠释"渐"的比喻，同时也是"渐"的直接后果。

也就是说，在框定了"渐"进的特殊方式——像嫁女那样，依礼而进的同时，也说明了，只有渐进——依礼而进，才能保证女子出嫁吉祥。

"利贞"则是顺序而来的，对"吉"的进一步解释，即有利于正固。能够长期、稳固，是婚姻幸福美满的重要标志和基础。如果不能稳固，也就谈不到"吉"的问题了。所以"利贞"与"吉"是一回事，只不过一个抽象一个具体而已。

如果再往回退一步，则通过卦辞即可鲜活地看到，当时社会关系演进，给两性、婚姻关系带来的巨大转变。"女归，吉"可以直接被解读为"女子出嫁，吉祥"，是因为后世将女子出嫁叫作"归"。然而再深究一步的话，就会发现，这个"归"必定是"归于夫家"的意思，也就是女子在出嫁之后，要归属于某个特定的男性（家族）的意思。较之母系氏族社会中的婚姻关系，这显然是一个标志性的转变——至今还有许多相对原始的民族，在婚姻关系上，仍旧残存着母系氏族社会的痕迹，比如摩梭人的走婚等等。

因此，仅"女归，吉"三字，就高度浓缩了当时社会的核心关系，以及观念的急剧转变，宣示了父系社会的核心价值观，即可为全卦定论。所以，在卦辞和卦名之间，存在着这样的逻辑关系：

■ 卦辞"女归，吉"——"利贞"，是本卦所要传达的核心内容，是原则。

■ 卦名"渐"则是在"女归，吉"的基础上，衍生出来的操作细节/规则，属于技术范畴。

象曰：渐之进也，女归吉也。进得位，往有功也。进以正，可以正邦也。其位，刚得中也。止而巽，动不穷也。

【译文】渐卦所昭示的进，是以能使女子出嫁吉祥的方式进。进而获得地位，前往而有成就。以正当的方式进，可以端正邦国。所谓的位，是指阳刚占据中位。顺从而有所节制，能够使运动不至于窘困。

【解读】"渐之进也，女归吉也。"是在解释卦名"渐"，和卦辞"女归吉"的关系。说"渐之进也"而不说"渐"，是因为渐进本身具有多种形式，比如缓慢的推进、间歇式的推进等等，都可以称之为渐进，但却不是本卦中"渐"所指的渐进方式。本卦中的渐进，是以"女归"式的渐进。其最大的特征就是，无论过程还是内容，都严格地受到"礼"的约束，要依礼而进。所以用"渐之进也"就说明，此处的渐进，是一种特殊的渐进方式。如果换作"渐"，就变成了所有的渐进都符合"女归"的模式，这显然是不恰当的。

"进得位，往有功也。进以正，可以正邦也。"两句，是在解释卦辞"利贞"。其中的"进得位""进以正"主要源于卦变过程中六四的运动。如下图所示：

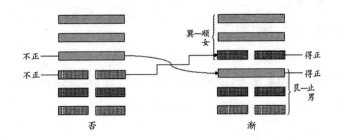

渐卦由否卦经过九四与六三的换位演变而来,所以在卦变过程中,否之六三有自下而进之象。六三阴居阳位不正,不正就不得位,进而为六四得正,也即得位。所以有"进得位""进以正"之说。

"往有功""可以正邦"在后人眼中,十分容易联想到士人、贤良对国家的贡献,但实际上,在诸侯林立的时代里,君王的婚姻绝大多数都是政治联姻,因此对于君王而言,婚姻绝对是关系国家命运的外交手段。反之,对于其中的女性来说,就绝对可以担得起"往有功""可以正邦"的赞誉了。

比如,西汉初年远嫁乌孙的解忧公主,就为大汉解了西域之忧,对西域弃匈奴而附汉室,起到了不可替代的作用,其侍女持节即可号令于西域藩国的王庭之上。虽然她个人的命运是值得同情的,但是其在西域的影响,胜过十万大军,对汉室的贡献,其功未必输于卫青、霍去病这样的名将。

"其位,刚得中也。"一句比较令人费解,因为从卦象上看,"刚得中"无疑是指九五而言。但是前面讲"进得位",此处又说"其位",似乎二者之间在逻辑上,存在着某种关联。因此语义不详,姑且置之。

"止而巽,动不穷也"是通过上下卦的卦德,来诠释卦中所说的"渐进"的意思所在。其中的"不穷",不是无穷的意思,而是不至于就"穷"——穷困、窘迫的意思。

"止而巽,动不穷也"可作狭义和广义两种解读:

狭义地看,卦中下艮上巽,艮为男,巽为女,因此有男止女顺(巽)之象,正与当时的时代变迁所对应的两性关系由于需要重新定位,而必须有所妥协的需求相应。所谓"动"在这里就是指婚姻,"不穷"就是"吉",就是"利贞"的表现。

从广义上看,"礼"在客观上是对人行为的约束,因此人依礼而进,就是要通过对自身行为、欲望的节制,来顺从于礼的要求,即"止而巽"。但同时"礼"往往又是人们"经过长期观察后,能够达成某种特定结果的最适切的做法",是"最经济的使力方式"。所以只有依礼而进,才不至于堕于窘迫之中。

上述广义的理解,就是对"渐"的一种拓展,如前所述,这种拓展虽然是有意义的,但与卦辞、爻辞本身关系并不紧密,因此仅供读者参考,如果作为对卦辞的解读,则难脱牵强。

象曰: 山上有木, 渐。君子以居贤德善俗。

【译文】渐卦有山上有树木之象, 君子观此象, 应当懂得汇聚贤德, 改善风俗。

【解读】卦中上巽为木, 下艮为山, 因此有山上有木之象, 山为高, 木生于山上, 则更高。因此有渐进之象。

"居"是积聚的意思。"居贤德善俗"说了两件事, 一是汇聚"贤德",这既可以是自我的修养,也可以是对社会的影响;二是"善俗"改善风俗,主要是针对社会的影响而言的。这两件事,都既需要依礼而进,方能得吉。否则用不合乎"礼"的手段,即使从表面看,在一定时间范围内实现了"贤德善俗",但由于其行为本身对"礼"的破坏,也终将因为导致公众对秩序的漠视,对权术、权谋的崇拜,而产生与初衷相悖的结果。

初六,鸿渐于干,小子厉,有言,无咎。

【译文】鸿雁落在了水边,其丈夫会有危厉,有怨言,没有咎害。

象曰:小子之厉,义无咎也。

【译文】其丈夫会有危厉,应当没有咎害。

【解读】先前的解易者,过分关注于各爻爻辞的起首部分之间,表现出来的渐进升高的意味,而想据此来发掘所谓的更深层的内涵。但是在六爻爻辞的其他内容之间,并没有相应的渐次而进的逻辑关系,所以这种发掘是徒劳无益的。

事实上,渐卦六爻的取象和取义具有简单而鲜明的特色,,归纳起来有以下几点:以鸿(雁)为喻,继卦辞"女归"之后,指已归之女。因此六爻之中,不仅无君象,而且无男象,只有六个已经嫁入夫家的女象;

1.以鸿(雁)所"渐"——站立之地为喻,对应六种不同的已归之女。换言之，六爻各自对应一种类型的女性。

2.通过各爻的属性、所处之位的属性，以及爻与位的关系等，来确定不同类型女性的行状、性格等。其中爻的属性，以及与其他爻的相对关系，是该类女性的外在（针对社会的）表现；位的属性，以及爻与位的关系，则主要反映该类女性的内在（针对家庭的）表现。

3.爻辞"鸿渐于*"之后的内容，是对该种女性（命运）的评断。

由此可见，各爻均以"鸿渐于*"起首，而且所"渐"之地有具有明显的渐次升高的特征，正是因为六爻存在各言其事，不再具有"渐"的意味，甚至不再与"渐"有关，在内容上与卦辞脱节的问题，而特意在形式上进行的平衡，以保持卦辞与爻的联系。

初六位于一卦之最下，如同鸿雁刚从水中上岸，因此说"鸿渐于干"，"干"是水边的意思。从卦象上看，如下图所示：

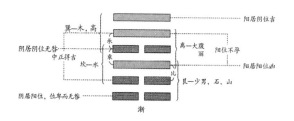

初六上临互坎，坎为水，因此有水边之象。

按照上述第三条可知：

■ 初六是阴爻，又位居一卦之最下，有卑微自处之象，因此其外在表现，总体上符合当时社会对女性的定位。

■ 同时初六阴居阳位，说明其内心是刚强的，其在家庭中的行为方式也是刚强的，因此"小子厉"——其丈夫会有危厉。之所以说"小子"，从象上看是取自下艮少男之象。从义理上说，是因为初位是小民之位，而且有初始之意，因此初六所对应丈夫，只能是个"小子"。

■ 是自己的丈夫有危厉之感，必然招致抱怨指责（至少是来自于其丈夫），但是由于初六的外在表现，是符合社会规范的，因此可以"无咎"。

象辞说"义无咎也"的"义"，就是以社会规范为标准的。由此可见，当时的婚姻观，仍旧带有强烈的群婚制的遗迹，即评价婚姻的成功与否，主要是以社会和家族的得失为依据的，个人的感受，相对来说处于次要地位。

六二，鸿渐于磐，饮食衎衎，吉。

【译文】鸿雁落在了巨石上，饮食富足快乐，吉祥。

象曰：饮食衎衎，不素饱也。

【译文】"饮食衎衎"，不仅仅是温饱。

【解读】六二阴居阴位，而且居中得正，是阴爻所能处的，最为恰当的位置。因此对应的是，无论是外在还是内在，都堪称妇道典范的女性。毋庸置疑其婚姻应当是稳固而幸福的。所以说"鸿渐于磐"，"磐"是稳固的意思。卦中艮为石，九三为艮

之主，六二与之亲比，故有"渐于磐"之象。（参见上图）

"饮食衎衎"则是六二幸福婚姻的具体表现，"衎衎（kàn）"是快乐安定的意思，与"饮食"连用，具有物质上的富足，与精神上的愉悦双重含义。所以象辞说"不素饱"——不仅仅是温饱。

"吉"则是对六二的肯定和对其命运的评断。

需要指出的是，由于六二处于"民"的范畴，因此虽然其行为于内于外，均合于妇道，但是所得之"吉"，也仅仅是"饮食衎衎"而已。

九三，鸿渐于陆，夫征不复，妇孕不育，凶。利御寇。

【译文】鸿雁落在了山顶的平地上，丈夫出征回不来，妇人受孕却不能生养，有凶祸。有利于抵御贼寇。

象曰：夫征不复，离群丑也。妇孕不育，失其道也。利用御寇，顺相保也。

【译文】"夫征不复"，是因为离开了其原来的同类；"妇孕不育"，是因为失于正道。"利用御寇"，是指因为顺从而能相互保障。

【解读】九三阳居阳位，对应的是一个无论在家庭内外，都十分强势刚烈的女性。这种人的根本特性，就是争强好胜，而且乐于张扬外显。所以说"鸿渐于陆"，"陆"是高而平的山顶,从象上看,是取自于下艮为山之象。从义理上说,鸿雁驻足于高而平的山顶,正可显露其身姿。

由于九三既不符合社会对女性的一般标准,又不符合夫妻之道,因此其婚姻注定是不幸的。"夫征不复,妇孕不育"就是其不幸的具体表现。"夫征不复"是丈夫出征、一去不归的意思,这对于那个时代的女性来说,无疑是一种非常典型的不幸。但是"夫征不复"未必是妻子的责任,可能是丈夫的命运不济,还可能是丈夫见异思迁,于是先圣又补充了一句"妇孕不育"。其作用就是将后面的"凶"的责任,完全明确地归结于九三自己的身上,因为如果女性不孕,责任是不确定的,孕而不育则完全是女性的责任了。所以这一句的意义在于,说明九三的不幸,完全是其咎由自取。

但是九三存在一个"优点",那就是得正,也就是其虽然行为不合妇道,但是其心却并不淫邪,所以可以"利御寇",这个"寇"应当是指婚姻中的贼寇,也可拓展为以"御寇"为喻,指通常不属于女性擅长范畴的事物,均可通。

象辞是通过卦变和与其他爻的关系,来解释爻辞的取象的,可通但不深刻。

"离群丑也"是指九三在卦变中,离开了其原来的同类;"失其道也"是指九三卦变后,上承阴柔六四,不合阴阳之道。这两句又可以引申为,是指九三的行为,不符合社会的普遍规范。"顺相保也"是指九三通过互离,与上巽相连。

六四,鸿渐于木,或得其桷,无咎。

【译文】鸿雁落在了树木上，可能会得到一块属于它的木料，没有咎害。

象曰: 或得其桷, 顺以巽也。

【译文】"或得其桷", 是指因为能够顺从。

【解读】六四是参与卦变的一爻, 表面看经过卦变, 由不正转而为正——阴居阴位。但是存在一个问题就是上乘于九三之上——乘刚。因此说"鸿渐于木", 鸿雁是水鸟, 脚趾相连, 并不适合栖息于木上, 即如阴柔不应当乘刚, 妻子不应当凌驾于丈夫之上一样。

但是由于六四本身阴居阴位, 在家庭内外的行为, 都合于妇道, 其乘刚的问题是由所处的位序造成, 而且在乘刚的同时, 也上承于九五。这就如同一个出身高贵的女性, 虽然其自身的品行合于妇道, 但是其高贵的出身, 却难免会造成"乘刚"之嫌, 但错并不在其自身。而且一旦遇到一个合适的丈夫——"或得其桷", 仍旧可以拥有幸福的婚姻, "桷"是指平整的木材, 虽然鸿雁不适合栖息于木上, 但是如果木材平整, 就与"磐"石无异了。

总的来说, 六四的幸福与不行, 在于其先天的身世, 而不是其自身的品行, 所以"无咎"。

九五, 鸿渐于陵, 妇三岁不孕, 终莫之胜, 吉。

【译文】鸿雁落在了高陵之上，妇人三年不受孕，最终没有人比得上她，吉祥。

象曰：终莫之胜吉，得所愿也。

【译文】"终莫之胜吉"，是说得偿所愿。

【解读】单就爻与位的属性而言，九五似乎应当具有与九三相似的命运。但是五位与三位最大的区别在于，五居上卦之中，因此九五有居中——行为得体适度之象。这就是说，九五所对应的女性，虽然在家庭内外都表现出强势，但同时又行为适度，没有九三的刚躁过度问题。所谓适度就是懂得内敛，而不求张扬。所以是"鸿渐于陵"，"陵"是高山，卦中巽为高，又与下艮相连（互离），因此为"高陵"。虽然与"陆"都有高的意思，但是却因为不平，使鸿雁驻足其上，不易显露其形。换言之，高是客观的，但是显与不显则是主观的，是由是否居中决定的。

"妇三岁不孕"是针对九五阳居阳位而言的。因为是否能够及时地怀孕生产，是那个时代，评介一个已婚女性的最常见也是最世俗的标准。"三岁不孕"显然不是一个合格的"好妻子"。正如九五阳居阳位，表面看来，无论内外均不合于妇道。

"终莫之胜"的意思是，最终没有人能超过她。这无疑是针对其居中的特性而言的，因为居中是一个隐形的概念，不容易被察觉，更不容被世俗之人所了解。因此需要在"终"的时候，才能得到验证。

"吉"是对九五的评断。

象辞"得所愿也",可以解"终"的含义,但有将其所愿,局限于"孕"的嫌疑。

上九,鸿渐于陆,其羽可用为仪,吉。

【译文】鸿雁落在了山顶的平地上,其羽毛可以用来做仪仗,吉祥。

象曰: 其羽可用为仪吉,不可乱也。

【译文】"其羽可用为仪吉",说明不可以混乱。

【解读】上九是阳居阴位,而且处于一卦之最上,有超然世外之象。因此较之九五的中,才具稍逊一筹,但是妇道的践行上,则更进一步。

"鸿渐于陆"与九三相似,都有乐于显露的倾向。所不同的是,上九外显露,而内柔顺,且有超然之态,因此有母仪天下之象,故称"其羽可用为仪"。

需要指出的是,"羽"的主要功用是飞翔,而被用于"仪",说明上九所显露的,与其说是其实践的能力,不如说是其表演的才华。而这正是上九"内柔"——本身没有主动躁进的欲望的表现。因此可以得"吉"。

象辞说"不可乱也"是指"礼"不可乱,妇道不可乱,具体而言就是上九虽有阳刚之才,但内里却是阴柔之心,从本质上仍旧是合于妇道的。

通过九五、上九连续的两个"吉"断，不难看出，在创易先圣的眼中，并不排斥女性具有才能，甚至不排斥女性在家庭内部占据主导地位，其所排斥的是不懂得居中、适度的行为。这是因为"中"在某种意义上，就是"礼"，就是对"礼"的尊崇。

一言以蔽之，女子有才不是罪，不知收敛，越于妇道才是凶。

归妹——婚姻有信

 兑下震上 雷泽归妹

　　《周易》中有四卦涉及婚姻家庭问题，分别是下经之首的泽山咸，雷风恒，以及此处的风山渐和雷泽归妹，各自讲述了不同阶段的婚姻关系，可见婚姻问题在当时社会中的重要程度。其中归妹涉及一种自秦汉以后，就已经逐渐消失了的婚姻制度，即所谓的姪娣制。

　　与现代人的习惯性认识不同，一夫一妻制在中国古代早已存在，但是由于这种制度产生得过早，缺乏必要的医学水平支撑，在很多情况下，妇女会因为生育而死亡，造成两个家族间的联姻关系突然中断。正如在渐卦中所述，在当时的社会背景下，婚姻尤其是诸侯之间的婚姻，带有非常强烈的家族政治联姻的色彩，所以为了保证这种关系的有效延续，人们创造性地建立了一夫一妻多媵（yìng）制，即所谓"诸侯娶一国，二国往媵之，以姪娣从"，如下图所示：

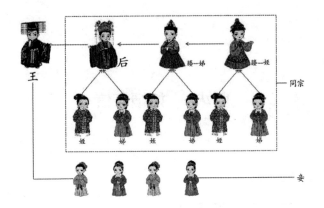

当诸侯从某一国迎娶正妻——嫡妻的时侯，要有另外两个（与妻家）同姓宗亲国随嫁的"媵"，这两个"媵"分别是正妻的侄（侄女）和娣（妹妹）。同时这一妻二媵在出嫁时，又各自有侄娣随嫁。这就是所谓的姪娣制和诸侯一娶九女的由来。

"媵"与其他随嫁的侄娣，不同于妾，她们在血缘关系上，都是正妻的同宗，在婚姻关系中，充当着正妻的"替补"角色，即在正妻因故去世的时候，可以进格为正妻，继续延续两个家族/国家之间的姻亲关系。

很显然，这种制度是带有强烈的时代特征的，客观地说是在当时的生产力水平和政治关系的共同挤压下，产生的一种特殊的甚至是畸形的婚姻关系。对于那些将要充当"媵"，甚至是再低一等的随嫁的侄娣来说，显然是不公平的。因为其中可能有人还仅仅是个孩子，就因为这种关系，而被确定了未来的婚姻关系，甚至是人生的命运。

所以，在四个关于婚姻家庭的卦中，只有归妹的卦辞，呈现出明显的凶相。

归妹 征凶，无攸利。

【译文】征进则有凶祸，没有任何利益。

【解读】"征凶"的意思是，因为"征"而"凶"，反之不"征"就不会有凶，因此其"凶"是有条件的，是或然的。但是归妹的卦辞却直言"征凶"，显然是不吉之兆，随之又附以"无攸利"以强化其否定的语气。由此判断，在创易先圣的眼中，归妹的"凶"虽然是以"征"为前提的，看似未必，实则存在着相当大的必然性，也就是说"征"的可能性是很大的。

首先从卦象上看，如下图所示，归妹卦在三个方面，不符合正常的男女之道：

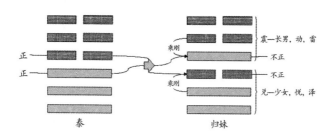

第一，上震为长男，下兑为少女，因此卦象呈现少女从长男的，一树梨花压海棠之象。既不符合男女之道的常理，也不利于子嗣的延续——就当时而言，女性对全社会的核心价值，或者说意义就是生育，因此"归妹"是不符合社会整体利益的。

第二，上震为动，下兑为悦，因此有悦而动之象，说明双方的婚姻关系是合于情，而非合于礼的。在古人眼中，这样的婚姻，往往是缺乏稳定性的。

第三，上震为男，下兑为女，因此有女求男之象。通过咸卦的分析可知，这也是不符合男女之道的，这样促成的婚姻关系，也是难以长久稳固的。

因此，"归妹"这种婚姻关系具有不正常性。

其次从义理上说，作为"归妹"的主角——"妹"在这种婚姻中承受着太多的不公，最显著的就是，"归妹"与"妹归"不同，虽然二者都可以理解为是妹妹出嫁，但是"妹归"是说妹妹按照正常的礼仪出嫁为正妻，"归妹"则是按照姪娣制度，将成年的妹妹送归夫家的意思。对于这样出嫁的妹妹来说，无疑是命中注定要失去作为女人的一项基本权利——获得一个属于自己的婚礼。

在今天看来，缺少一个婚礼仅仅是一种人生的遗憾，这是因为还可以通过法律，来保障其在婚姻关系中的权利。但是在古代，"礼"就是地位的象征，缺少一个婚礼，就意味着其婚姻没有或者缺少"礼"的保障。换言之，这是一场对"妹"来说，没有安全感的婚姻。

由此可以对"征"作广义和狭义两层理解：

从广义上说，"征"是前进的意思，如上所述，"归妹"之进、之征，至少对于"妹"本人来说是凶多吉少的，是难有利益的。据此还可以进一步，将"征"的范畴延伸到任何婚姻，甚至人的行为之中，即一切因情而动、有违常理的行为，往往都会招致凶祸，得不到预期的收益。以此观之，先圣是对"归妹"这种婚姻方式，持有一定的否定态度的。

从狭义上说，"征"具有争斗、争进的意味。此时的"征"

既是"归妹"给"妹"本人造成的不安全感的直接后果，又是"归妹"这种婚姻关系，最容易（几乎是难以避免的）产生的内部矛盾。也就是后世熟知的争宠问题。虽然其行为在整体上是可以理解值得同情的，甚至可以说这就是"妹"的生存之道，但是其导致的结果，则基本上都是"凶"，而且也是没有利益可言——"无攸利"的。

单就卦辞本身而言，尤其是结合象辞的解读，上述广义的理解方式较为合理。如果从与六爻爻辞相连贯的角度来看，则狭义的理解，更为顺畅。因为六爻分别指向六种不同形式的"归妹"，上述狭义的理解正可以成为对其通用的戒语。

象曰：归妹，天地之大义也。天地不交而万物不兴。归妹，人之终始也。说以动，所归妹也。征凶，位不当也。无攸利，柔乘刚也。

【译文】归妹于夫，是天地之间大义的体现，天地不交合万物就不会兴作。归妹是人终其所始的行为，喜悦而行动，是因为所归之人是"妹"。征进则有凶祸，是因为位置不当。没有任何利益，是因为阴柔上乘阳刚。

【解读】"归妹，天地之大义也"一句，是用"天地之大义"来解释"归妹"。先儒普遍认为，此处的"大义"，就是针对生育而言的。但是笔者认为，这样理解至少存在三个方面的不妥：

首先，"归妹"是婚姻，是生育的基础，"妹归"也是婚姻，也是生育的基础。因此如果将"大义"定位于生育,就无法区分"归妹"与"妹归"的不同,也就不能完成对"归妹"的解释;其次,由上述分析可知,"归妹"的主要特征是少女从长男,这在客观上是有违生育之道的;最后,就"归妹"这种制度的本身而言,在子嗣的延续,和维系现实的联姻关系之间,似乎也是更重视后者。

所以,笔者认为,这个"大义"应当是重大的义务、责任的意思,其用法类似于"民族大义"之类,体现的是人们之间的诚信,是社会对"礼"——秩序的尊重。如同后世对婚约的恪守,是超越婚姻,以及个人的吉凶得失,更多地是体现着个人/家族的道德水准。

"天地不交而万物不兴"在传统的解读中,是被用来充当"大义"是指生育这一观点的佐证的。但是笔者认为,应将其视为"归妹,天地之大义也"和"归妹,人之终始也"之间,起对比作用的过度性语句。

因为"大义"之所以"大",必然是因为其有超越常理之处,"天地不交而万物不兴"是常理,"归妹,人之终始也"就是在解释"归妹"的超越常理之处。所谓"终始",不是简单的始终的倒装,而是一个谓宾结构——终其所始的意思。因为古代的婚姻中,女性年龄往往较小,其姪娣就更小,许多都未成年,需要在家中长成之后,再行"归妹"的。所以,"归妹"在现实中,往往是对当初承诺的履行,所以需要有"终始"的诚信。

需要指出的是,仅就象辞而言,先儒的解读方式也是可通的。其中的优劣,就只有请读者自断了。

"说以动，所归妹也"是说，卦象之所以呈现"说以动"，是因为所归之人是"妹"，即强调卦中所言的不是嫡妻出嫁，而是姪娣归夫。这里需要理解的是，卦中下兑对应的"妹"，是一个刚刚成年的怀春少女，其对婚姻的渴望与憧憬，是正常的生理反应，是客观的。所以，即使是对于以随嫁的姪娣的身份，去完成其命中注定婚姻，也同样是喜悦的。

"征凶，位不当也。无攸利，柔乘刚也"，是通过卦象来解释爻辞"征凶"和"无攸利"。所谓"位不当"是指卦中二至五四爻均不正，尤其是九四、六三，经过卦变，从原来的正位——泰卦的六四、九三，变为了不正；"柔乘刚"是指整体上看，卦中存在阴爻在阳爻之上的态势。（参见上图）

这是两千年来，惯用的解卦说辞，笔者认为，其前提是建立在，将《周易》视为一部占卜之书这一观点上的。因此，是《周易》在客观上被小化、被矮化的重要原因。因此可通，不可取。

笔者关于"征凶，无攸利"的解读，在前已述，此处不再重复。

象曰：泽上有雷，归妹。君子以永终知敝。

【译文】归妹有大泽上有惊雷滚动之象，君子观此象，应当懂得终其所始，知道否则的弊端。

【解读】卦中下兑为泽，上震为雷，因此有泽上有雷之象。

"永终知敝"一句，通常被结合"归妹"这种婚姻的特点，解读为：即明知道"归妹"最终难免会有离隙，而更加设法促其

"永终"一样,因为知道事物发展到最后,终将难免有敝坏之时,所以要设法"永终"云云。

笔者认为,这一句是在说做事要永其终,即有始有终,"终始"终其所始,要知道不能"永终",即不履行诺言,终其所始,带来的弊端。或者也可以理解为,明知有"敝",也要永其终,终其始。总之,是在强调应当"永终",与"归妹"的"大义"相合。

初九,归妹以娣,跛能履,征吉。

【译文】以娣的身份归妹,虽然跛脚,但只要能跟进,征进就吉祥。

象曰:归妹以娣,以恒也。跛能履吉,相承也。

【译文】"归妹以娣",是为了能够长久。"跛能履吉",是说指能够继承正妻的身份。

【解读】相比渐卦爻辞中清晰可见的渐次而进的规律,归妹六爻的爻辞看似没有什么清晰的规律可循,实则不然。渐卦的六爻,分别对应于六种不同的正妻;归妹的六爻,分别对应于六种不同"归妹"方式。归妹六爻的取象同样是与爻序紧密相关的,取义也是通过爻自身中正与否,以及与爻序的先后相结合,来推断吉凶的。具体而言:

■ 爻序主要对应于"归妹"的时间先后;

■ 爻的中正与否, 则体现着先圣或者说当时社会, 对不同形式的 "归妹" 的基本看法。

先前的解易者, 没有参透上述两点, 导致对归妹六爻的解读曲奥而散乱, 其中又以对爻序的认识最为关键。比之于人事也是同样, "归妹" 对于家族来说, 其终极目的是延续姻亲关系; 对于所归之 "妹" 来说, 其终极希望则是有朝一日, 能够成为正妻。而这一切的关键, 在很大程度上就是 "归妹" 时间的早晚, "归" 得越早, 成为 "正妻" 的可能性就越大, 对延续姻亲关系的作用也越大。否则, 就会失去主动。这一点在初、二、上三爻中, 体现得最为显著。

如下图所示:

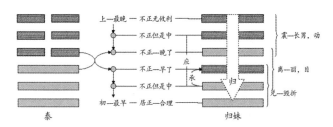

初九阳居阳位得正, 说明其 "归妹" 的行为, 是符合社会规范的。同时初九又是一卦之初, 说明她是最早来 "归" 的一个 "妹", 甚至有可能是随着正妻一起被取进门的一个姪娣。

关键在于对 "跛能履" 的理解。先儒由于不解爻序中蕴含的时间概念, 所以将初九之初, 解读为卑顺在下之象, 结果大错! 进而导致将 "跛能履" 解读为, 因为卑顺所以虽然是姪娣的身份, 仍旧可以安于正道, 就像虽然跛脚, 却能仍旧可以走路云云, 更错!

从卦象上看，初九位处最下，有足象，又在下兑之中，与上震通过互离相连，兑为毁折，离为附丽，震为动，因此有"跛能履"——随人而动之象。

从义理上说，"跛能履"的意义在于，虽然跛脚，但只要"能履"，就最终能够到达自己要去的地方，实现自己的目的。是在暗指，初九最终有可能成为正妻，延续姻亲，既实现"归妹"的政治目的，又成就了自己婚姻的美满，所以才能有"征吉"之断。否则，仅仅是像拖着一条瘸腿走路一样过日子，何吉之有？

象辞"跛能履吉，相承也"正是这个意思，"相承"就是指能够继承正妻的身份。"归妹以娣，以恒也"是对"归妹"这种婚姻本质的概括。

九二，眇能视，利幽人之贞。

【译文】有眼疾却能够看见，有利于幽闭不得志之人的正固。

象曰：利幽人之贞，未变常也。

【译文】"利幽人之贞"，未改变常理。

【解读】九二爻辞之前，省略了"归妹以娣"四字。

九二阳居阴位不正，但是居中，说明九二的"归妹"可能存在某些不符合常理之处，在卦象上的体现就是，以阳承阴，又通过互离附丽于六五阴爻，有逆道而求之象（参见上图）。比之于人事，就是有卦辞中"征"的狭义解读中的争进、争宠的嫌疑。但是九二居于中位，说明其行为仍旧是适中，未超越法度的。

"眇能视"与"跛能履"的最大区别是，"跛能履"虽然所行艰难，但终究可以达成目标；"眇能视"虽然可视，但却永远不能如正常人那样，看得真切清楚，也就是说永远也达不成最终的目的。因此是在暗示，九二的行为——争进、邀宠等等，最终都仅仅是雾里看花、水中捞月而已，最终也不会/难以成为正妻。卦中九二在下兑互离之中，因此有"眇能视"之象。

"利幽人之贞"具有两重含义：

首先是对其"中"的肯定，即由于其行为适中，所以虽然有争进之欲/行，仍旧可以自保，而不至于有凶祸。

其次是对如九二这样的姪娣的同情，所谓"幽人"就是幽闭不得志之人，对于身处后宫的女性来说，就是始终无法得到一个（显赫的）名分的意思，然而这种尴尬，甚至窘迫的境遇，并非是由其自身行为不当造成的，而完全是命运使然——九二较之初九，在"归妹"的时序上要晚，要进为正妻就更加艰难。但是对于身处婚姻之中的女性来说，争进、邀宠等等也属常理所在，因此只要持中，即可理解，并不能视为有违伦理纲常。

象辞"未变常也"就是说，九二的行为——不正但持中，并非背离其作为姪娣的本分。

六三，归妹以须，反归以娣。

【译文】本来应当以姐姐来归，结果反而让妹妹前来了。

象曰：归妹以须，未当也。

【译文】"归妹以须，反归以娣"，不恰当。

【解读】三四两爻，是参与卦变的两爻，又都具有由正位变至不正的特征，因此在六爻中，分别对应着两种"归妹"过程中的不正常、不正当的变故。

六三在卦变中，自上而下运动，由于卦中的爻序对应于时序，所以六三的变故是"早了"。这就为推断爻辞中"须"字的含义，提供了最明确的思路和依据——"须"就是姐姐的意思。"归妹以须，反归以娣"的就是，本来应当以姐姐来"归"，结果反而让妹妹前来了——妹妹代替了姐姐，有提早之义。之前的解易者，因为没有明白六三的不当，在于位序上的提前，所以无法准确判断"须"的含义，导致对其解读从"胡须"到"姐姐"，再到等待，五花八门无奇不有。

事实上，"归妹以须，反归以娣"很可能是当时的人们，在履行"归妹"之约的过程中，经常出现的一种偷梁换柱的行为。有点像后来的"和亲"过程中的公主，多半是由宗亲之女，甚至是经过培训的宫女充当的，而很少是皇帝的亲生女儿的情况。无论是出于怎样的考虑，这种行为都是一种不够诚信的表现，所以象辞说"未当也"。

九四，归妹愆期，迟归有时。

【译文】归妹延误了时限，但延期也是有时限的。

象曰：愆期之志，有待而行也。

【译文】延误时限的想法，是有所等待而出行。

【解读】九四在卦变中的运动，是自下而上，对应于时序是向后延续了，所以爻辞说"归妹愆（qiān）期"，愆期就是延误的意思。"归妹"是两个诸侯（国）之间的约定，是必须履行的承诺，否则会导致严重的后果，甚至会诱发战争也未可知。

但是"归妹愆期"只是时间上的延误，与六三的偷梁换柱毕竟不同，而且在当时的时代背景下，"愆期"很可能是具有正当理由的，比如指定的人选出现疾病甚至死亡的变故等等，需要等待病情好转，甚至更换新的人选等等。当然更多的应当是出于主观故意，或者因为两国之间的政治关系发生了变化，或者是因为有了更急需的联姻的需求，或者干脆就是出于情感的原因等等。

所以爻辞"迟归有时"具有两重含义，一方面是强调，必须要"归"，而且不能无限期的拖延，这主要是针对由于主观原因造成的"愆期"而言的；另一方面是在说，最终一定是会"归"的，这主要是针对由于客观原因造成的"愆期"而言的，是站在"妹"的娘家的角度来说的。

象辞"愆期之志，有待而行也"，隐含有待价而沽的意味，说明爻辞中的"愆期"，主要是倾向于主观故意的，因为九四不中不正。

六五，帝乙归妹，其君之袂，不如其娣之袂良，月几望，吉。

【译文】帝乙履行归妹的承诺，小君的衣袖不如其娣的衣袖漂亮，月亮近乎完满，吉祥。

象曰：帝乙归妹，其君之袂，不如其娣之袂良，其位在中，以贵行也。

【译文】"帝乙归妹，其君之袂，不如其娣之袂良"等，是因为其居于中位，以尊贵的身份出行。

【解读】"归妹"在当时的社会中，是一种普遍存在的婚姻关系和外交手段，即使是君王也不能游离其外。所以"帝乙归妹"就是说"帝乙"履行"归妹"的承诺，将妹妹以姪娣的身份送归夫家的意思。

"其君之袂，不如其娣之袂良"是对"帝乙归妹"盛况的描述，小"君"是当时对诸侯正妻的称谓，"袂（mèi）"是袖口，是衣服的装饰环节。"其君之袂，不如其娣之袂良"是说，虽然是以姪娣的身份归于夫家，但是作为帝乙的妹妹，所以其服饰妆容的华丽，甚至胜过了正妻。

"月几望"具有两重含义：首先是对前一句的延续，即用"月几望"来进一步形容，其妆容的华丽；其次是强调其爻位的特殊性——六五不正但居中，"不正"就体现在其妆容的华丽上，就体现在"望"字上；"中"则体现在"月"和"几"二字上，月虽明终不能胜日，"几"虽近乎完满，但终究存有不足。说明帝乙之妹，虽然外在华丽，有夺人之势，但内里却行为适中，没有僭越法度。同时，五为尊位，说明帝乙之妹虽然是以娣娣来归，但毕竟身份高贵，也为其"望"提供了正当的理由。

此外，六五的不正而中，也是对帝乙自身行为的描述——"归妹"而使其妆容胜过正妻，是为不正；但身为帝王而能履约"归妹"，虽然有"不正"之处，仍旧不失中道。

所以，"吉"也应当同时是对帝乙之妹贵而不骄，和帝乙履约守信两件事的评断。

象辞"其位在中，以贵行也"，主要是侧重解释帝乙之妹贵而不骄的。

上六，女承筐无实，士刲羊无血，无攸利。

【译文】女子拿着筐却没有装东西，男人杀了羊却看不到血，没有任何利益。

象曰：上六无实，承虚筐也。

【译文】上六没有实际收货，拿着一个空筐。

【解读】上六是一卦之最上，虽然柔居柔位居正，但是在时序上处于最后，对应于最后来"归"之妹。此时，君王可能已老，联姻关系可能已经发生了根本性的变化，而且在其继承正妻的道路上，早已有了另外五位先来的娣娣阻挡。无论对于其自身的命运而言，还是针对维系联姻的关系而言，都是没有太大意义的，所以爻辞的断语是"无攸利"。

对于"女承筐无实，士刲（kuī）羊无血"一句，先儒的解读借助于夫妻在祭祀中的角色，貌似繁复可信却不得要领。其实这就是一种比喻，比喻这种建立在迟来的"归妹"上的婚姻，是难以有生育结果的，进而也就是没有任何收益的。即如一个女人拿着筐（去准备收获），却得不到任何果实；男人杀了羊，却看不到任何血液流出一样。由于生育是当时婚姻的核心内容，因此以此为喻，是最能让人充分理解"无攸利"的。

象辞"上六无实，承虚筐也"，就是在说如上六这样的"归妹"，就像拿着空筐一样，没有实际意义。

由初九居正而得"吉"，上六也居正，却只能"无攸利"可见，在"归妹"这个问题上，时间先后的重要性。

丰——危机应对

震上离下 雷火丰

丰卦是六十四卦中最为特殊的一卦，因为这一卦完整地记述了日蚀发生的全过程。但是在清朝的李光地之前，关于丰的解读，更多是集中在对"丰"字的理解上，究其原因应当是受到了象辞中"丰，大也"一句的影响。事实上，象辞不过是孔子对周易卦辞的解读，或者说是一种心得，但即使是圣人也不是无所不知的完人，因此在接受其思想的引导的同时，又不应过多地受其观点的禁锢。

但是《周易》毕竟是一部借占卜之名，阐释人伦、政治原则的书籍，因此即便是在描述自然现象，也仍旧会揭示重要的人文观点。这一点也并不难理解，在我们今天看来，日蚀不过是一种比较难得一见的天文现象，在公众媒体的推动下，它又可以成为一次传媒的节日和商业的契机。而在《易经》沿革与成熟的时代——从洪荒之初到殷商之末，乃至之后的历朝历代，日蚀都是一种可能会影响民心的向背、朝政的走势等的大事。因此在当时的统治者眼中，日蚀不（仅仅）是自然现象，而是一次政治事件，或者更准确地说，是一种危机事件，利用得好，则可以事半功倍地推行预期的政策；处理不当，则有可能诱发一次政治动荡。因此，历代的皇帝，往往会在日蚀发生的时候，下所谓的"罪己诏"、更换宰相等等，以此来安抚民心、稳定朝政。

与上述观点相对应的，就是在丰卦的卦辞和爻辞中，一半的文字是在描述自然天象，而另一半的文字，或者说内涵，则是用来诠释危机的处理方法，即君王应当如何应对以日蚀为代表的各种危机事件。

同时就日蚀这种自然现象而言，所包含的信息，既有作为构成要素的太阳与月亮，又有作为成因的相对运动。展现在人们眼前的，能够吸引人们眼球的是运动，是事件，是危机。作为运动的构成要素，事件的参与者，危机的爆发根源，反而被人们所忽视。然而对于对自然科学有一定了解的人，对于有一定政治经验的人来说，很明显，后者才是问题的关键——日蚀，不过是突出地反映了太阳与月亮的相对关系；危机，不过是突出地反映了不同利益集团之间的相对关系。

在国家政治中，最重要的利益冲突，就是统治集团与被统治集团之间的冲突，在《周易》产生的前后，这两个集团分别是用"君"与"民"来称谓的，而在中国的传统观念中，太阳就是君主象征，月亮则是臣民的象征。因此在丰卦描绘的夺人眼球的日蚀过程背后，隐含的却是更深层、更本质的太阳与月亮、君与民之间的相对关系。这也是丰卦的第三层内涵。

丰　亨，王假之。勿忧，宜日中。

【译文】亨通,君王可以借助它,不用担忧,应当保持中正不变。

【解读】"丰"是卦名,因为在彖辞中有"丰,大也"一句,而在后面的爻辞中又有"丰其蔀","丰其沛"等句,因此后人将其认定为"大"的意思,进而认为丰这一卦是讲"大",将如何能实现"大"的。这就造成了与其描述的自然现象——日蚀,失去了逻辑联系的结果。

事实上,通过丰字的繁体字"豐"很容易看出,丰字的本意是"豆器所盛谷物丰满",后来引申为丰盛、丰满,再进一步引申才是"大"的意思。如果将其解释为丰满、丰盛,则就与"日蚀"有了明显的逻辑关联,而且也不与"大"的概念相冲突,因为政治上的"大",尤其是符合中国传统政治美学的"大",是与"丰满"是近似的,甚至还要更偏向于丰满、丰盛的意思。

至于在"丰其蔀","丰其沛"等句中,"丰"仍旧可以被释为大——动词。这也并不为怪,因为即使将"丰"解释为"大",也仍旧是包含了作为形容词的"大",和作为动词的"大"两种含义。在古汉语中,这种一字、一词,在同一文章,甚至句子中,出现多种词性、词义的变化,可谓比比皆是,甚至可以说是古汉语的一大基本特性。而在《易经》形成的那个时代,文字更加原始,书写更加困难,这种用法也应当更为普及。所以,完全可以接受在表述人文内涵时,"丰"字作为丰满、丰盛来解释;而在表述自然现象时,"丰"字是作为大来解释的。

卦辞中的"亨"是亨通,是对全卦作出的整体性的断语。这似乎让人难以理解,既然日蚀是一件非常"不吉利"的突发事件，理所当然要造成混乱、紧张，又怎么会亨呢？这正是危机处理中的辩证关系——如果处理不当，则会紧张混乱；如果处理得当，则会因势利导，实现亨通。易为阳谋，不为阴谋，更多的是要向后人阐释成功之道，所以开宗明义地给出结论——"亨"——可以亨。

对"王假之"中的"假"字的理解，是对卦辞理解的核心。"假"的本意是借、凭恃等，在古汉语中，又经常与"格"字通假，而有"到"的意思。这里应当取其本意——借、凭恃，即王（要）借助、利用它（指日蚀）。

"勿忧"，实际上反映的是当时的人们面对日蚀、突发事件、危机事件时的正常反应——忧虑、恐惧，这是因为，普通人会因为日蚀，而感到不能"亨通"，而在创易先圣的眼中则不然，因为只要处理得当，是可以亨通的，因此说"勿忧"——不需要忧虑。

"宜日中"，说服人们克服自然的恐惧心理，仅靠一句"勿忧"是远远不够的，还必须切实给出可行的方案。这个方案就是"宜日中"，所谓"中"就是中正不变，保持太阳的中正不变，太阳就是这样度过了日蚀危机的——太阳保持不动，而阴影在太阳表面划过之后，太阳依旧在"原来"的位置上光芒四射。如果太阳也随着月影一起移动，或者太阳因为被月影遮蔽，而从此变得暗淡了，日蚀还会如此之快地结束吗？结束之后太阳还会一如既往吗？显然不能。这是就自然现象，就太阳而言，要通过保持自己的中正不变来度过危机。

对于人间的君王来说，文中的"日"就是一种象征，而不是指自己。自古至今，无论中外，"日"——太阳投射在人类社会中的征象，永远是光明的、正义的。因此，圣人借助太阳应对日蚀的策略，向人间君王阐述的处置危机的方法——保持光明与正义的中正不变！因为所谓的危机，往往就是因为统治者在执政过程中，偏离了光明与正义的轨道，因此解决危机的最好方式，就是返回/坚持光明与正义。时至今日，这仍旧是应对危机时的不二法门。

至此，可以对卦辞作一个完整的解读：

卦辞一共说了两句话，第一句话给出了面对危机或突发事件的正确态度，和原则性的解决方案——可以亨通，只要君王能够合理地利用它；第二句则在进一步"安抚"人们的同时，给出了具体的解决方案——不用忧虑，只要能够保持光明与正义的中正不变。也就是说，第二句是第一句的延伸——可以亨通，因此不用忧虑；只要君王能够合理地利用它，利用的方法就是持光明与正义的中正不变。

彖曰：丰，大也。明以动，故丰。王假之，尚大也。勿忧宜日中，宜照天下也。日中则昃，月盈则食。天地盈虚，与时消息，而况于人乎，况于鬼神乎。

【译文】丰是大的意思，以光明的方式运动，所以才能大。"王假之"是推崇大的意思。"勿忧宜日中"是适宜照耀天下的意思。太阳到了中天的时候，就会偏落，月亮满盈的时候，就会开始亏损。天地万物的盈虚，都是随着时间而消息变化的，何况于人呢,何况于鬼神呢?

【解读】彖辞的核心在于"明以动,故丰"一句,"明以动"就是以明而动,即上述的坚持光明与正义。但是,强调"明以动"会导致两个明显的矛盾:

首先,就自然现象而言,能够"明以动"的是太阳,而不是月亮,也就是说动的主体被颠倒了。

其次,就人文政治而言,虽然"明以动"确实可以导致"丰"——大的结果,但这是因为,"明以动"是君王应当坚守的基本原则。而基本原则是恒久不变的,不可更改的,因此"明以动"虽然说得是"动",但真正传达的内涵却是"静",这又与危机事件的产生与应对完全不同。

具体地说,在危机发生之前,如果君王没有任何失误,危机是不会产生的;在危机发生之后,如果君王不做任何转变,危机也不会过去。因为任何一场危机,无论其来临,还是处置,都是一个动态的过程。

卦辞中提出的危机处置之法——"宜日中",不仅就是一种转变,而且还在事实上也包含有要么坚持,要么回归正途,两种方式。其中,前者的转变发生在危机之前,后者的转变发生在危机发生之后。但无论哪一种方式,隐含在其转变背后的,则是君王在此之前,曾经犯有过失这一事实——这也是符合天人合一观念的,即正是因为君王有过失,上天才会用各种天象来示警,目的就在于让君王返回正途。

因此无论是针对自然现象——日蚀而言,还是针对人文政治的危机应对而言,都应当是一个动态的过程。而象辞的"明以动"却是静态的原则。在这动静之间，道虽同，理却已经偏离了作者的初衷。此后所有的语句，也都是在说经久不变的道理。

"工假之，尚人也"一句，孔子是用"尚大"来解释"王假之"，是在讲基本原则。作为君王，当然应当"尚大"——应当提倡、坚持、推广人间大道。若否，难道君王会"尚小"吗？

"勿忧宜日中，宜照天下也"一句，是用"宜照天下"来解释"勿忧宜日中"，如果不深究"照"的隐含内容，则不仅是基本原则，而且还是基本功能——太阳的基本功能就是普照天下，君王的基本功能就是治理万民；如果强调"照"的隐含内容，即是用光明而照，是因为有光明而照，也仍旧存在缺乏对"中"的诠释的不足。因为太阳的光明虽然是万物生命的源泉，但是太阳的炙烤，也能够导致万物的枯萎；君王的严酷，也能够导致民生的艰难。这便是过，是正而不中，也往往是导致上天示警、民爆危机的原因之一。

"日中则昃，月盈则食。天地盈虚，与时消息，而况于人乎，况于鬼神乎。"则是由天理推而广之到人理，是绝对的基本原则。

综上所述，象辞的内容讲的是一个静止不变的准则，而不是应对危机的方法。

象曰：雷电皆至，丰。君子以折狱致刑。

【译文】丰卦有雷电交加之象，君子观此象，应当审断案件动用刑罚。

【解读】丰卦上雷下火（电），观其象犹如天空中惊雷滚滚，一道闪电直击大地，可谓无比严厉，正是"折狱致刑"之象。折狱，就是审断案件；致刑，就是动用刑罚。这些都是君王，用以治理万民、震慑宵小的必要手段。当然对于后世来说，"折狱"有了更多的现实意义，因为长久不决的审理，往往将人民拖入苦不堪言的境遇，因此能够像闪电那样迅捷地审决案件，对于百姓来说，也是一种福音，也是王道"丰"的一种表现。

初九，遇其配主，虽旬无咎，往有尚。

【译文】遇到了与之相配的事物，虽然表面上相互均等，没有咎害，行动值得崇尚。

象曰：虽旬无咎，过旬灾也。

【译文】"虽旬无咎"，说明过分则会有灾祸。

【解读】厘清"配主"是谁是理解初九的关键。在历史上关于这一点，也有不同的认识，大多数人根据《周易》中应爻之间，往往存在一定的关联的习惯性思维，认为这个配主就是指初九的应爻——九四。民国时期的易学大师尚秉和先生则认为，应当是二爻。

放下争论，回到原文中。爻辞共分为三节，中间的"虽旬无咎"显然是过渡性的语句——在陈述前一句造成的后果（旬），然后又引出下一句的解释（为什么会无咎）。剩余一前一后两句，则是两个缺省了主语，但有谓语的短句。连贯起来，则应当是**遇到了它的配主，虽然造成了"旬"的结果，但是"无咎"，因为"往有尚"。也就说这两个谓语的短句中缺省的主语应当是同一个事物，它既要完成"遇"的动作，又要完成"往"的动作，"配主"则是它在完成第一动作时产生的结果——宾语。因此，要研判其宾语配主是谁，首先要搞清楚，这个被省略的主要，到底指向何物。

为此，我们不妨回到丰卦的本意——对日蚀过程的全纪录上，通过对客观的自然现象，来揭示这个神秘的主语，然后再来看它遇到了什么。

按照日蚀的发生过程，初九所反映的天象应当如下图：

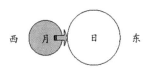

日蚀，一定是月亮位于地球和太阳之间，遮住了太阳的光芒而造成的。所以在日蚀即将发生，又尚未发生的时候，存在一个人的肉眼无法看到的，月亮向太阳逼近的过程，这就如同任何危机都有一个潜伏形成的过程一样。

此时由于人们并没有意识到月亮的存在，看到的仅仅是太阳，所以是阳爻。

由上图，我们可以明白地看到——谁在动？是月亮在动。是月亮在运动的过程中，会遇到太阳，而且还会继续运动——

"往"。

所以，初九中的"配主"不是二爻，也不是四爻，而是初九自己。换言之，无论认为配主是二爻，还是四爻，都隐含了一个假设，即初爻是"遇"和"往"的主语，即是初九在运动。造成这种观点的原因在于，通常在一卦之中，爻都是上下运动的，初爻是一卦之始，无法再向下运动，只能向上运动，所以只能"往"——爻的自下向上运动，叫往。

这就涉及到应当怎样来观丰卦之象的问题。丰卦不是竖着看的，而是横着看的！

如下图所示：

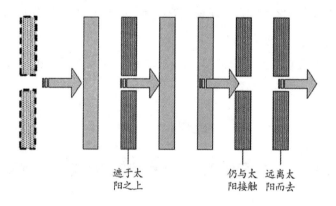

遮于太阳之上　　　仍与太阳接触　　远离太阳而去

丰卦中的阴爻位置，实际上是标注了在日蚀发生过程中，月亮的运动轨迹，但又不是实体的月亮，那个实体的月亮，就是初九爻辞中隐藏的主语（图中左侧的那个阴爻）。这也很好理解，因为在人们的眼中，它不过是掠过太阳的一个阴影而已。

所以，在丰卦中，没有其他卦中普遍存在的爻位的特定指向，只有阴与阳、太阳与月亮、君王与臣民、王道与危机等两种相对关系。其中太阳、君王、王道是不变的，而月亮、臣民和危机是运动的。

有了上述认识之后，就很容易解释为什么初九不言"丰"的问题了，因为此时日蚀并没有发生，尚未缺失（甚至还没有意识到要缺失），又谈何（要设法维护）丰满呢？

爻辞中的"旬"是均的意思。原本太阳和月亮是不均等的，不仅亮度不均等，而且出现的时间也不同，在原始人类的眼中，二者是根本不同的两个事物。但是一旦月亮在白天"遇"了太阳，就改变了互不相干的原则，而导致了"旬"的结果。

"无咎，往有尚"显然含有卦辞中，"亨，勿忧"的味道。所不同的是，在卦辞中是针对太阳、君王而言的，而在此则是针对月亮和臣民，甚至针对危机而言的。危机出现了，人民抱怨了，为什么还会"往有尚"呢？原因就是"宜日中"——如果君王处理得当的情况下，危机带来的结果，反倒是使偏废的朝政，回到了中正光明的状态。这难道不值得"尚"吗？

上述内容，通过卦变过程，也可以得以显现，如下图所示：

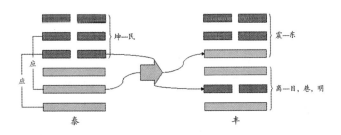

丰是泰卦经由六四九二的交换演变而来的。在卦变之前，

初九与六四正应，存在某种"配"的关系，卦变之后，六四进入下乾之中，与初九九三形成下离，离为目，为巷，因此有与之相遇之象。同时离又为明，因此有阴柔来而使阳刚明之象。

在上图的基础上，爻辞可以进一步引申，阴爻（柔爻）代表的臣民，那么它的"往"对国家和君王都是更加有益的。因为这象征着普通臣民对国家的关心，象征着贤者对君王的忠诚。也就是说，创易者希望以此一句，鼓励和倡导那些有才能的人，积极地参与到国家的建设中来。这很可能是原始社会的民主、尚贤的遗风。而以六二之"来"为"往"，以及阴上阳下的关系，恰恰暗示了一场正在发生的危机——只有在危机之中，民（阴）的地位，才会高于君（阳）。

另一方面，任何运动又都是一个相对的过程，如果没有太阳的"静"，也就没有了月亮的动。因此先圣在明言阴爻臣民的动的同时，也隐含地再度劝诫了君王应当静。在面对民怨甚至危机的时候，应当反躬自省，而不应当将问题归咎于民众。要知道臣民是因为君王的行为失正、不中，才产生了抱怨，又何咎之有？因此非但不应当指责弹压，反而应当视为是一次改正自新的机会。没有这种胸怀，岂不就是防民之口甚于防川的暴君独夫？

唯一缺憾的就是，卦变无法更形象地展示日蚀中的日月关系，因此在本卦的解读中，笔者还是将更多地借助天象与六爻的对应关系。

象辞的"虽旬无咎，过旬灾也"，如前所述仍旧是在讲述静态的基本原则。单就其阐述的道理而言，显然是正确的，在君与民之间，适当的平衡是必不可少的。一旦失衡，都会给天下带来灾难。用现代的政治术语来解释，就是无论是专制还是民主，一旦失去了控制，超出了合理的范畴，都将是一场灾难。

六二，丰其蔀，日中见斗，往得疑疾，有孚发若，吉。

【译文】如同张开了草席，在中午的时候能够看见北斗星，继续前往会因为疑虑而有疾患，如果表现出信诚，则吉祥。

象曰：有孚发若，信以发志也。

【译文】"有孚发若"，是用信诚阐发心志。

【解读】如图：

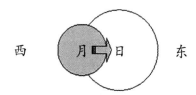

此时日蚀已经发生，天色开始变暗。蔀（bù），是覆盖于棚架上以遮蔽阳光的草席。用在此处是形容阳光被遮蔽的程度——如同被草席挡住了。为了进一步描述这种程度，或者记述自己当时的感受，作者又加了一句"日中见斗"，在中午的时候能够看见北斗星。至此，对天象的记述告一段落，后两句则转而论及人事，"往得疑疾"，但"有孚发若"。

此时，人们可以明确地看到月亮的存在，所以是阴爻。

"往得疑疾"乃是借天象言人情，在日蚀的发生过程中，随着月影的"往"，太阳被遮蔽的面积加大，人们心中疑虑和恐惧也在加大，所以说"往得疑疾"。在人类社会中亦是如此，危机爆发之时，给人带来的忧惧自不必说。就君臣关系而言，当臣下开始进入君王的视野之时，遭受怀疑、猜忌是必然，甚至因此而忧惧成疾也不无可能。但是，圣人随即给出了一种正确的态度，即"有孚"。"孚"，就是信的意思。"有孚"，就是有信，就是有诚信，有让人信服的能力与行为等等。

需要注意的是，这个正确的态度，或者说解决方案，仍旧是一语双关，既是对阳说又是对阴说，既是对君说，又是对臣说：

对臣说，是说臣下在求进的过程中，首先要保证自己"有孚"，即保持一个诚信、真诚的态度，这样即使遭受了怀疑、猜忌，仍旧可以发扬自己的品行与才学。这种精神实际上，就是后世所说的"内圣外王"。

对君说，则是强调君王在对待臣下以及自己内心的忧惧的正确态度，就是"有孚"。君王的"有孚"，不仅是解除其自身"疑疾"的妙药，也是使臣下得以发挥其才智的基础。用现代的语言来描述就是，要相信、要尊重自己的下属，才能够激发其潜能。

因此"有孚"，是连接君与臣的纽带。而相形之下，君"有孚"，比臣"有孚"更为重要，所以"君君"要放在"臣臣"之前，即首先君要像君，然后才能要求臣像臣。而像与不像，就在于孚的有无。

至于, 对于危机的处理, "有孚" 更是基础条件。没有诚信, 即使能够应付一时, 一时过后, 危机仍旧会卷土重来, 而且往往更大。

九三, 丰其沛, 日中见沫, 折其右肱, 无咎。

【译文】如同展开了旗幡, 在中午的时候能够看到沫星。折断了其右腿, 没有咎害。

象曰: 丰其沛, 不可大事也。折其右肱, 终不可用也。

【译文】"丰其沛", 说明不可以有大的动作。"折其右肱", 说明终究不可用。

【解读】九三反映的天象, 应当就是今天所说的食甚, 是太阳被月亮遮盖程度最深的时刻, 如果是日全食, 则是太阳被完全遮住的时候。如下图:

沛, 通 "旆", 是旗、幡的意思。"丰其沛" 就是展开旗幡。在今天看来薄薄的旗帜, 几乎是 "透明" 的, 遮蔽阳光的效果一定不佳, 但是在古代尤其是远古时期, 旗帜的材质应当是厚重的, 是可以完全遮蔽阳光的。《西游记》中, 孙悟空借来遮天的，就是真武大帝的"皂雕旗"。这说明，旗幡是古人心目当中，遮蔽效果很好的物品，因此以之来说明，在食甚时刻天色的昏暗程度。与六二相同，作者又引入了一个参照物，来补充说明天色的昏暗。这个参照物就是"沬"，这是一个位于北斗七星尾部附近的一颗小星，亮度很低，因此天色稍亮，就无法用肉眼观测。而此时"日中见沬"，能够看到沬星，足见天色之暗。

此时虽然客观上是月亮遮蔽了太阳，但是从感官上，则是太阳自身完全变暗了，即（可以）感知不到月亮的存在，所以是阳爻。

"折其右肱"仍旧是借助天象引出人事，由上图可见，食甚时月影触及到了太阳的右边缘（以地球视角），所以叫"折其右肱"，而且折的是太阳的右肱。就人事而言，肱（gōng）是胳膊由肘到肩的部分，也就是上臂。这里是上肢的力量源泉。被折伤右臂，可见危机的严重程度。事实上，这是危机最为严重，影响最为广泛，太阳或君王承受最大压力的时刻。但为什么，先圣却仍旧认为"无咎"！？

因为，《易经》中虽然具有明显的损阴扶阳的倾向，但是《易经》中的阳所对应的征象，却不仅仅是君王，而是贤明的、理想的君王所代表的王道天理。因此，虽然君王被"折其右肱"，但对天理王道来说却非但"无咎"，甚至还有可能是大有助益的。这一点反映在后世的政治中，就是中国特有的"天命观"——君王是受上天之命来治理天下的，因此臣民应当服从他，拥戴他。但是承袭天命不是无条件的，其条件就是拥有君德——君王必须具有相应的品德，才有资格保有天命，否则天命就会转移，寻找其他更有品德的人来代替现有的君王。而失去品德的君王，也就不再是君王，剥夺其王位，甚至是生命，都是天意，都是为了维护天命的正当行为。所以孟子说："闻诛一夫纣矣，未闻弑君者也。"

当然，对于那些能够迷途知返，能够回归到"日中"状态的君王来说，"折其右肱"则不遄为是响鼓重锤，是一次深刻的警示，又有何咎？

因此，被折右肱的是君王，"无咎"二字则是针对君王和天下而言的，如果君王冥顽不灵，继续沉沦下去，那么"折其右肱"削弱其为害的力量，天下方可无咎；如果君王能够幡然醒悟，在经历一次"折其右肱"的危机之后，重回光明与正义的王道正途，则其本人可以无咎，天下也可以无咎。至此，就可以更加深刻地理解卦辞中所说的"亨，王假之。勿忧，宜日中。"——君王应当将危机视为一次机遇，来反省和提高自己的德行。这样才能实现自己和天下的亨通。

就君臣关系而言，食甚所反映的是臣下的威望、光彩完全遮蔽了君王的状态，也就是后人所说的"功高盖主"。历史上死于此四字之下的名臣干将，可谓无数。除了其中的一小部分，真的怀有不臣之心、非分之想的人外，绝大部分都是死于君王的狭隘。而且结果，则是对天下的损失，对天命的伤害。所以先圣告诫后世之君，虽然这些臣下可能折了自己的右肱，但是仍旧应当认为"无咎"，因为评判是否有咎的标准，不应当是君王自身的感受和利益，而应当是天下的利益得失，只有这样才是"日中"。反之，一个内心始终保持"日中"状态的君王，会因为臣下伤及了自己的右肱——但却有利于天下,而去归咎于他吗? 显然不会,因此唐太宗经常被魏征"伤及右肱",但仍旧信任推崇之,原因就在于其内心具有明确的天下观。

九四,丰其蔀,日中见斗,遇其夷主,吉。

【译文】如同张开了草席,在中午的时候能够看见北斗星,遇到了东方的天空,吉祥。

象曰: 丰其蔀,位不当也。日中见斗,幽不明也。遇其夷主吉, 行也。

【译文】"丰其蔀",说明其位置不当。"日中见斗",说明幽暗不明,"遇其夷主吉",是因为处于运动之中。

【解读】食甚的黑暗不过是短暂的一瞬,就像任何危机、苦难一样,终究有过去的时候。食甚过后,月亮继续向东运动,逐渐将太阳重新显露出来,天色也开始逐渐转亮,其过程如同六二的反过程,如下图所示。因此,九四爻辞的前两句,与六二的完全一样。

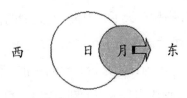

此时月影虽然可见,但是关注的焦点,已经变成了太阳,因

此是阳爻。

后两句——"遇其夷主，吉"，则与初九的爻辞——"遇其配主"极为相似，所不同的是一个是遇到了"配主"，一个是遇到了"夷主"，一个是"虽旬无咎，往有尚"，一个是"吉"。显然从"无咎"到"吉"的区别，是因为所遇的对象不同，因此辨识"夷主"，应当是揭示九四爻辞的关键。

在整个日蚀的过程中，处于运动状态的始终是月亮，因此"遇其夷主"一句中，被省略的主语也仍旧是月亮。即使月亮遇到了它的"夷主"。何为"夷"？夷的本义是指东方之人。如上图，月亮的运动方式正是向东方运动，而且正在离开太阳，重新回归到东方的天空中；再看卦象，九四是上卦震的初爻，在方位上震代表的是东方。（参见初九卦变图）因此且不论更深的含义，单就卦象而言，"遇其夷主"就是指月亮遇到了东方的天空。

"吉"是断语，与天象无关，一定是针对人事而言的。与上述天象相对应的人事，就是危机逐渐开始消退，光明与正义逐渐得以恢复，这岂能不吉？而真正的深意则在于，在初九和九四这一对应爻之间，随着卦象的推移转变，由"虽旬无咎，往有尚"向"吉"转变的背后。一言以蔽之，正是因为在初九时，在危机来临时，秉持了"虽旬无咎，往有尚"的态度，才终于迎来"吉"的结果，所使有的方法和手段，就是坚守"日中"，即坚持/返回光明与正义。

六五，来章，有庆誉，吉。

【译文】重新恢复光明，有可赞誉之处，吉祥。

象曰：六五之吉，有庆也。

【译文】六五的吉祥，是因为有实际的受益。

【解读】六五所对应的天象如下图：

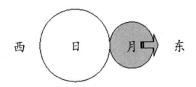

月亮完全离开太阳，但是尚留有接触。一场让人忧惧的日蚀、危机终于过去，光明重新来临——"章"是彰的通假字，是明的意思，岂能不让人欢庆，又岂能不吉。因此表面看来，六五的爻辞浅显明白。

但是"有庆誉"仍旧值得深思，而且在象辞中，孔子更是将其视为"吉"的成因——六五之吉，有庆也。也就是说，在孔子看来，导致吉的不是"来章"，而是"有庆誉"。因此，有必要深入地剖析一下，这个"庆誉"的具体所指。

从所对应的天象上看，九四是六二的反过程，因此二者之间存在一定的联系；六五是初九的反过程，二者之间也应当存在一定的联系，不妨进行一下对比：

初九，因为月亮的到来，遇到了太阳，而造成了"旬"的结果。在言辞中不难看出，作者对这种日月同等的"旬"，并不持赞赏的态度，所以说"虽旬无咎"。

六五，因为月亮离去，回归到了自己的本位，而说"有庆誉"。相形之下，作者显然是支持、赞赏、倡导月亮的这种行为，和当下的这种状态。

一前一后，一来一去，反应的是对同一件事情的两种不同态度：前者，月亮逼近太阳，打破二者之间固有的不平等关系，造成了"旬"——平等的结果，但因为"往有尚"，所以先圣以"无咎"来劝诫君王给予包容；后者，月亮回归到了自己的本位，二者之间固有的不平等关系（同时也是客观公正的），重新得以建立。对此先圣立刻给予了"有庆誉"的褒扬。

说明，创制易经的先圣，是十分看重那些客观存在的，固有的不平等关系。这种关系映射到人类社会中，就是两个字——秩序。也就是所谓的伦理纲常，就是所谓的礼——儒家的立论基础和追求目标。所以，孔子才会在象辞中，极为简洁扼要，而又非常突出地说了一句：六五之吉，有庆也。

这一点，在古今中外的君臣关系中，都是至关重要的一个环节。因为人始终是有情感好恶的，即便是圣人，也无法完全超脱。所以坚守规则，维护秩序，是保证一个系统顺畅运转，维护社会安定的关键。

同时，君与臣之间，还要保持必要的、积极的态度，反映在天象中，就是月亮虽然离开太阳，回到了自己的本位，但仍旧保持着与太阳的接触。离开又接触，这种毫厘之间的微妙关系，可能就是君臣之道的玄机所在。

如果将月亮视为是危机的根源，那么这种微妙关系，不正是那句"居安思危"的真实写照吗？

上六，丰其屋，蔀其家，窥其户，阒其无人，三岁不觌，凶。

【译文】广大自己的房屋，遮蔽自己的家室，通过窗户向里面窥探，竟然空荡荡的没有人，三年都不出现，有凶祸。

象曰：丰其屋，天际翔也。窥其户，阒其无人，自藏也。

【译文】"丰其屋"是说翱翔于天际。"窥其户，阒其无人"，是自我敛藏的意思。

【解读】阒（qù），虚空寂静；觌（dí），见。卦辞的意思是说，广大自己的房屋，遮蔽自己的家室，通过窗户向里面窥探，竟然空荡荡的没有人，三年都不出现，这样的结果就只能是凶。

上六反映的天象，如下图：

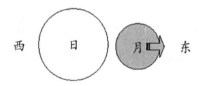

此时日蚀完全结束，月亮不仅与太阳分离，而且开始远离太阳，独自奔向广袤的东方的天空，其屋可谓丰矣！正是"天际翔"之象。在六五中，月亮回归了本位，但是同时又保持着与太阳相接触的微妙关系，表现在卦象上，就是六五紧邻九四——阳爻。而上六则不同，它完全脱离了与阳爻的接触——是三个阴爻中唯一的一个！

五、上两爻，因为日蚀已经结束，讲述的完全是月亮自身的内容，因此都是阴爻。

离开了太阳的月亮会怎样？当然只能是消失在太阳的光芒之中，因此即使"窥其户"，也看不到人。非但如此，还会"三岁不觌"，因为日蚀永远发生在农历的初一，即所谓的朔日，这一天的晚上是没有月亮的。也就是说，当月亮远离了太阳之后，不仅白天会消失踪影，即便是晚上，也无法出现。

很显然上六一爻，是在集中讨论君臣关系，在讨论六五中没有明说的那种微妙关系的重要性。任何一个臣民，只有将自己投身于，与君王有关的国家事务中去，才会体现出价值来。否则，自命清高，游离于社会之外，则只能消失在社会之中。这种处世的态度，还会导致其失去本应属于他的基本权利——夜晚的天空本来是月亮的，但在日蚀过后的那个晚上，它却不能出现在那里。由此看来，创易的先圣是主张积极出世的。

当然，按照周易一语双关，甚至多关的特性，可以推知上六同时也一定是对君王的劝诫，一个君王如果高高在上，将自己"藏匿"起来，如明朝万历帝，怎么能不凶呢？

旅——进身有序

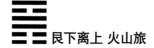 艮下离上 火山旅

自古以来的解易者，几乎异口同声地将旅卦解读为，是关于行旅、旅行事宜的一卦。其中的原因，不外乎两点：一是象辞中，在描述六五在卦变中自下而上的运动时，用"外"不用"上"——"柔得中乎外"；二是爻辞中，多次出现"次""处""童仆"等在后世看来，与旅行有着密切关联的词汇。

但是笔者认为，这是一种由于时代背景的穿越，造成的错误。

因为，《周易》的成书时间，最迟也是周公时期，也就是西周早期。换言之，《周易》应当主要是以殷商时代，甚至更早的社会生活为写作背景。

殷商时期，是中国的奴隶制时代，生产力尚处于相当原始的状态，虽然有证据显示，当时已经有行商出现，但对于普通民众而言，旅行应当是极为罕见的行为，更不可能有现代意义的旅行概念，所以在当时，能够外出旅行的，应当主要是君王、诸侯等高级贵族，而且也应当是具有鲜明的政治目的的。

殷商时期的国家组成形式，尚没有摆脱部落联盟状态，进入封建时代。这种组成方式，决定了方国与方国之间，方国与中央之间的联系，都是相对松散的。表现在日常的政治生活中，就是除了规定中的朝觐、巡游以外，彼此的交通往来，是十分稀少的。所以即使在这一层面上，当时的旅行也是极为少见的。

总之，在《周易》可以用来作为写作背景的时代里，旅行应当是一个极为罕见的人类行为，而且即使发生，也大多为君王、诸侯的有组织的巡游，绝非如后人所见、所想的，某人带着个童仆，因为某种事务而行走于天下的个人行为。因此所谓"童仆"等概念，都不是当时旅行的要素。

西周以后，中国进入封建时代，一方面，中央与方国之间的关系更加紧密，另一方面，生产力水平得到了明显的提升，因此无论是官方，还是民间，交流沟通的需求都出现飞跃。各种形式、目的的旅行，才逐渐增多起来。但这并不是创易者所能预见的，因此无论其高瞻远瞩到何等程度，也不可能于数百乃至上千年前，先创一卦，来指导千百年后的人们的行为。

笔者认为，旅卦的"旅"，是众的意思，其所指就是所谓"士旅食者"的士旅。

在西周时期，社会上的爵位，大致分为四类：诸侯、卿、大夫、士。诸侯是由君王分封的封邦建国之人。卿、大夫、士三类，是存在于君王和诸侯的朝廷中的官员，他们中的绝大多数，都来自于世袭的贵族家庭，其爵位也是通过长子继承制世袭而来。

在士之下，尚有许多尚未得到爵命的人，即所谓庶人在官者，称为"士旅食者"。这些人绝大部分，是因为血缘关系而没落的贵族——已出五服，或者没有继承爵位资格的子嗣等等。但他们又具有与其他贵族，相同的教育背景和能力，能够为国所用，因此虽然身份低微，但仍旧应当得到适当的礼遇。所以在各种礼仪宴会中，也有他们相应的位置。

如下图所示：

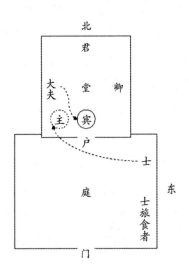

古代宴会中的坐席，体现着严格的等级制度，士作为最下一等的贵族，是没有资格进入"堂"中的，只能在"庭"的东侧落座，而较之更低一等的"士旅食者"，只能坐在他们的南面。

但是，在"燕礼"中，即只有本国君臣参与的宴会中，由于没有真正的"宾"，于是就必须在臣子中，找到一个人来代替；又因为"宾"与"主"在礼仪上应当是平等的，所以本应由君王来充当的"主",也需要找到一个人来代替。此时,通常是由一位大夫,来充当"宾",而由一位士,来充当"主"。对于士来说,这是一个登堂入室的机会,应当也是一种荣耀。

这种制度,应当并非是西周的首创,而是自殷商时代沿袭而来的,所以可以推断,在创易的时代,上述"旅"的概念,应当是存在的,而且是宫廷生活中的一个重要组成部分。

但创易者,创旅卦并非仅仅停留在,对宴会礼仪的记述上,而是借此来隐喻,礼仪所代表的秩序,在国家政治生活中的重要作用。

旅 小亨,旅贞吉。

【译文】小规模的亨通,士旅(进身)正固则吉祥。

【解读】由于将"旅"解读成了行旅,造成卦名与卦辞之间的完全脱节,因此对卦辞的解读,自古都不得其要领。只能结合后来人们在旅行方面经验,认为旅行是一件艰苦的事情,因此只能有"小亨"而已。又因为旅途之上多有不测,因此需要恪守贞正,才能获得吉,云云。

事实上,旅卦的卦辞具有鲜明的特色——当将卦名与之连读的时候,宛然就是两句话:"旅小亨,旅贞吉"。前已有述,卦名在只是卦象的文字提示,相当于"如卦象所示,则……"的意思。因此旅卦的卦辞可以展开为:如卦象所示,则小亨,旅贞吉。这实际上是在暗示,如卦象所示的情形,并不"贞",结果也未必能"吉",只是在当前能够实现"小亨"而已。

那么，旅卦的卦象显示了什么内容呢？如下图所示：

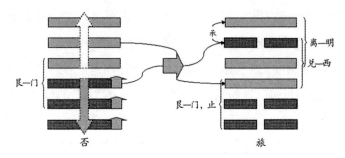

旅是由否卦经由九五与六三的互换演变而来的。否卦是天地不通之象，上述阴阳互换，可以缓解这一问题，因此可以实现一定的亨通。但只能是"小亨"，因为否卦具有鲜明的秩序性——阴阳界限分明，上下尊卑有序，阳刚依序而退，阴柔顺序而上。卦变之后，这种秩序明显被打乱了，六三越过九四升至五位，九三却来到下卦之中。

这样的秩序混乱，恰如"燕礼"中临时的主宾设置一般：被选出来代君为主的士，要从西阶进入厅堂。卦变前，六三位于互艮和反兑之中，卦变后，六五进入上卦，且在互兑之中，正有自西阶而入之象。

但是需要指出的是，在旅卦中，没有"君象"，所以原则上说，卦中所见的不过是卿、大夫、士，以及士旅而已，如果以门——互艮为界，则九四当为真正的士，而三个阴爻则都是士旅而已。所以卦象中，六三升至六五，这一看似平淡的变化背后，却是士旅之人在秩序上的僭越。

由此，就可以引申出，旅卦真正要表达的内涵，即士旅之人应当如何进身，以及国家/君王应当如何加以掌控的问题。

这个问题，对于后世的儒者来说，已经再清晰明了不过了——科举出现之后，士人唯一的进身之路，就是科举中第；科举出现之前，就是要显示自己的孝廉之行，争取官员的举荐；再往前，苏秦张仪时代，就是游说诸侯，或者投靠权贵等等。但是在殷商时期，任用官员，最主要的依据，应当就是建立在血缘关系上的"顺序"。这是中国政治早熟于世界其他民族的一大成就。因为这是在没有其他可用标准的前提下，维护政权稳定的最佳手段。反之，任何对秩序的突破，都有可能是混乱的开端，都可能带来不吉的后果。所以，卦象所示的，士旅之人对秩序的僭越，虽然可以带来小亨，但终究不"贞"，而解决"旅"的问题，士旅的进身程序，只有"贞"才能确保"吉"。

比之于人事，就是不能为了实现对某一个人的公平，更不必说是为了满足某人的个人意愿，而破坏既定的规则——可能有N多种理由，让六三进入上卦，但很少真的有理由，支持其越过九四。

彖曰：旅小亨，柔得中乎外而顺乎刚，止而丽乎明，是以小亨旅贞吉也。旅之时义大矣哉。

【译文】旅卦可以"小亨"，阴柔在外得于中道，顺从于阳刚，静止而附丽于光明，所以能够小规模的亨通，进身正固而吉祥。旅卦所阐释的时势与道理，太重大了。

【解读】旅卦的彖辞，并没有解释卦名，而是直接解说卦辞。在解说卦辞的时候，也没有像大多数卦中那样，逐句解读，

而是将语义明显不同的两句,当作一句来解读,因此也是比较
特殊的。

"柔得中乎外而顺乎刚,止而丽乎明"就是作者用来解读
卦辞的内容。

具体而言,"柔得中乎外而顺乎刚"显然是针对六五来说
的,说"得中"不说"得位",说"外"不说"上",都体现出作者
爻象的准确理解,即六五所得并不是真的君位。"顺乎刚"是指
六五在与上下两个阳爻之间关系上,主要表现为上承上九,而
非乘压九四。(参见上图)

"止而丽乎明"具有两重含义:一是通过上下卦的卦德,
来诠释卦象,下艮为止,上离为明,因此有"止而丽乎明"之象;
二仍旧是针对柔爻而言的,经过九五六三的交换之后,初六、
六二两个阴爻,与九三形成下艮,有被止于下卦之象。

否卦之所以不亨通,其一是有天地不交之象,其二则是有
阴进阳退之实。六五之进,打破了天地不交,九三之下,则止住
了阴爻的上升之势,因此有亨通之象。但是,无论是"柔得中乎
外而顺乎刚",还是"止而丽乎明",都不能很好地诠释,"旅贞
吉"。

彖辞中的种种"不正常",给人以作者似乎也不能完全确定
"旅"之所指的感觉。虽然是否果真如此,已经无从考证,但是
就"旅之时义大矣哉"这一句赞语来看,至少孔子并没有完全将
"旅"认定为行旅、旅行等等,因为虽然孔子本身可能是个"旅
行家",但旅行这个问题,即使在孔子时代,也远远没有普及,
因此不是对社会有重大意义的事务,当不起这一赞语。

象曰：山上有火，旅。君子以明慎用刑，而不留狱。

【译文】旅卦有山上有火之象。君子观此象，应当懂得慎重用刑，不滞留诉讼案件。

【解读】下艮为山，上离为火，因此"旅"有山上有火之象。

"留狱"是滞留狱讼的意思。"明慎用刑，而不留狱"就是说，君子通过观旅卦之象，应当学会以明察审慎的态度，对待刑罚，但同时又不能滞留狱讼。其中仍旧隐有，做事循礼有序的意味，即如对士旅的升迁任用，既要奖惩及时，又不能僭越秩序。

初六，旅琐琐，斯其所取灾。

【译文】士旅形容猥琐，正是招致灾祸的根源。

象曰：旅琐琐，志穷灾也。

【译文】士旅形容猥琐，是因为心志穷竭而招致灾祸。

【解读】"琐锁"是形容卑贱猥琐的样子。初六位于一卦的最下，又是阴爻，因此有位卑才薄之象。本来并非所有位卑才薄之人，都卑贱猥琐，但是初六有其"与众不同之处"，那就是它是来自于阴长阳消的否卦，所以有升进之欲。

位卑、无才却要进身，唯一的办法就是攀附权贵，这就已经种下了卑贱猥琐的种子。

在当前的卦象中，初六位于下艮之中，因此其上进的趋势被九三所止；原本初九与九四正应，可以求应于九四，但又上临六二，同性相斥，上应之路又遇阻碍。于是只能止于互巽之前，而不得应于上离，即成止于利前，不见光明之象，可谓卑贱又猥琐。

"斯其所取灾"是继前句而来，意思是说：这就是他获得灾祸的原因。关于"灾"的取象，自古有多种说法，比如说，初六原来在坤卦之中，坤为灾等等。笔者认为，如果从卦变衍生而来的十二画卦来看，则更为贴切（此处只展开一个隐伏的阳爻）。如下图所示：

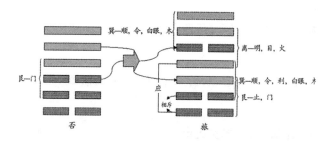

在初六之上，是连续的两个互巽，初六卑贱猥琐，因此才对上有重重之巽——顺，但是这也正是他取灾之处，因为巽同时又为命令，对上有重重之顺，就意味着要有承接重重之令，其间不但难免有种种冲突矛盾，而且施命者，非但不会对这种无原则的顺从者产生信任，相反还会产生怀疑。

比之于人事，这就是为什么自古奸佞，都要纠结朋党的原因——当奸臣也要有原则，否则就是猥琐之徒，除了自取其辱，遭人白眼（巽为白眼）之外，连点蝇头小利都弄不到手。

象辞说初六"志穷灾也"，是对其上进受阻、求应不得的境遇的综合概括。

六二，旅即次，怀其资，得童仆贞。

【译文】士旅依次进身，怀有一定的才资，具有作为童仆的正固。

象曰：得童仆贞，终无尤也。

【译文】"得童仆贞"，终究没有忧虑。

【解读】"即次"一词是将古来学者的思路，引向行旅的重要因素，因为"次"确实有旅行中住所的意思。但在这里不应作此解，而应当取其本意——次序。因为，在卦变之前六二位于互艮之初，卦变之后"升至"下艮之中，有依序而进之象。因此"旅即次"就是士旅之人依序而进的意思——这个进，仅仅是借助燕礼之象而已，其真正的内涵，应当是指士旅之人，在仕途上的进身之路。

六二虽为阴柔之爻，才具可能有所不足，但居中得正，因此在求进的过程中，可以做到因循正途，行为适当。

"怀其资"从象上看，是指二三四成互巽，巽为近市三倍利，九三又是自上而来，达于互巽之中，有入六二怀抱之象，因此说"怀其资"。

从义理上说，则恐怕有正反两种理解：正向的是指上承九三，有得阳刚之资之意；反向的则是自古以来求进者的必由之路——向国家或权贵，呈送一定的资产。后者，应当是遭人唾弃的，但是创易时可能人们的思想更加单纯一些，仅仅是将事物未加粉饰的本来面目，呈现给后人而已。事实上，通过向国家缴纳一定数量的金钱，以换取"出身"的行为，在后世也是普遍、合法存在的。

"得童仆贞"是对前面"旅即次，怀其资"的评价，"童仆"并不是后来的所说的书童、仆人，而是指六二本人——对士旅身份的称谓，因为殷商时代，在社会关系上是奴隶制社会，政治关系上，是家天下时代，即君王是以国为家的，因此所有臣下，原则上都是家臣。至于连"士"这种爵位都没有的"旅"，当然只能算作"童仆"了，这个"童"应当类似于后来的"童生"中的童，重在强调品级低，而非年龄小。

"得童仆贞"就是说，其前述的依序、怀资而进，是得到了作为童仆的贞正，相当于现在说，某某人尽到了做某某事的本分。

因此象辞说"终无尤也"，即意味着最终会得到好的回报，不必为眼前所忧虑。

九三，旅焚其次，丧其童仆贞，厉。

【译文】焚毁了士旅进身的秩序，丧失了作为童仆的正固，有危厉。

象曰: 旅焚其次, 亦以伤矣。以旅与下, 其义丧也。

【译文】"旅焚其次"也是一种伤害。通过士旅进身来施恩于下, 在道理上必然会失去臣下的忠贞。

【解读】在传统的解读中, 将此爻解释为, 旅人焚烧了住处, 并且失去了童仆的忠贞, 于是有危厉。原因是, 九三以刚居刚, 性情暴躁云云。仅仅因为性情暴躁, 就要将旅途中的客栈给烧了! ?

九三是参与卦变的一爻, 其运动的结果, 就是彻底打破了阴柔升进的顺序, 进而阻止了阴柔的升进。所以说九三"焚其次"——焚毁的不是客栈, 而是秩序。上离为火, 九三在互巽之中, 与上离相接, 巽为木, 因此有焚烧之象。(参见上图)

"丧其童仆贞"可作两种解释: 一是对九三自身而言, 九三原为否卦的九五, 居中得正, 下至三位之后, 虽正不中, 因此有丧失其忠贞, 失其本分之象; 二是对卦变之前的九五而言, 虽然旅卦中没有君象, 但是否卦中有——九五即为君, 因此九三自五而下, 虽然并不是君王本身的行为, 却体现着君王的意图, 所以说这种颠覆秩序的行为, 会"丧其童仆贞"——失去臣下的忠贞。

比之于人事, 秩序是君王权力与地位的象征, 自"焚其次", 就相当于自毁长城。其危厉可知矣。

象辞对此作了进一步的诠释:

"旅焚其次, 亦以伤矣"是说, 在士旅(进身)的问题上, 毁坏秩序, 已经是一种伤害了。

"以旅与下，其义丧也"中的"旅"略有引申，意思是说，通过士旅（进身）的方式，来施恩于下，在道理上必然会失去臣下的忠贞。

"位"虽然是君王招贤纳士、聚拢天下人心的工具，但其使用必须建立在"贞"的基础上，也就是后世所说的赏罚分明，否则就是卖官鬻爵，非但会失去遭受不公正待遇的人的人心，而且也得不到买到官爵的人的忠贞。对君王来说，其危厉之大，真可谓"旅之时义大矣哉"。

九四，旅于处，得其资斧，我心不快。

【译文】士旅在升进中未动，虽然得到了一定的利益，心中却不快乐。

象曰：旅于处，未得位也。得其资斧，心未快也。

【译文】"旅于处"，是说没有得到恰当的位置。"得其资斧"，心中并未快乐。

【解读】九四就是遭受不公正待遇的人，如下图所示：

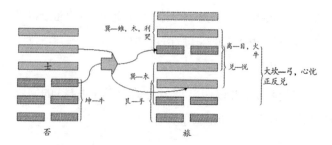

在卦变之前，九四出离下卦，位于上卦之初，互艮之终的位置，正是燕礼中士所在的位置。按照正常的次序，应当由九四进入厅堂，充当临时的主人。但是在卦变过程，九四是人动己未动，眼见九五和六三在自己的眼前，上演了一出乾坤大挪移，自己却仍旧停在原处。所以说"旅于处"，"处"是中止、停止的意思，因此"于处"就是原地未动的意思。

"得其资斧"是指九三自上而下，使九四位于互巽之中。"我心不快"是指虽然九四位于互兑之中，仿佛是喜悦的意思，但是互巽同时又是反兑，所以九四实际上是位于正反兑之中，有不快之象。

象辞说"旅于处，未得位也"已经明确地表明，九四原本是应当升进至五的。正因为"未得位"所以在"得其资斧，心未快也"——得到了经济上的利益，心中也并不高兴。

自此爻以下，视"旅"为行旅的解读方法，即陷入崩溃，无法再自圆其说了。

六五，射雉，一矢亡，终以誉命。

【译文】射取雉鸡，丢失了一支箭，最终获得美好的声誉。

象曰：终以誉命，上逮也。

【译文】"终以誉命"，是因为被在上者赏识的意思。

【解读】上离为箭矢，同时也为雉，因此古来学者多以上离为爻辞中"雉"的取象，但笔者认为以十二画卦中的上面的一个巽卦为雉，会为之后上九的解读，提供更好的基础（详见后）。

"一矢亡"一句，往往被解释为，为了射中雉鸡，必然会损失一支箭，但由于得到了雉鸡，所以还是所得大于所失云云。可谓牵强之极，因为以箭射雉，如果射中，那么就是既可以得到鸡，又可以收回箭，根本不存在"一矢亡"的问题。反之，"射雉，一矢亡"就意味着，并没有射中鸡。

没有射中，却"终以誉命"——最终会获得美好的声誉，显然就是不劳而获、无功受禄的意思。

于是象辞紧跟着，对这种不正常的现象，作出了解释："上逮也"，"逮"是到、及的意思。因此"上逮也"可作两种，一浅一深的解释：

浅而言之，就是指六五虽然没有"射雉"之能，却到达了上位——相当于现实中的无能之辈，窃据了高位，或者获得了关注之类；深而言之，就是被上所逮的意思，就是得到了在上者的赏识。从象上看，六五一方面上承上九，同时又使上九入巽得利。

爻辞未有断语，象辞未有评语，可见无论创易的先圣，还是后来的孔子，对此都持以，接受事实，并不支持的态度。

上九，鸟焚其巢，旅人先笑后号咷，丧牛于易，凶。

【译文】鸟焚烧了自己的巢，士旅之人先欢笑，然后号咷，在边界上丢失了牛，有凶祸。

象曰: 以旅在上, 其义焚也。丧牛于易, 终莫之闻也。

【译文】在处理士旅进身问题时, 高高在上, 理应被焚烧。"丧牛于易", 是终究没有听闻的意思。

【解读】旅卦上九爻辞, 可谓全卦的收官之语。

因为巽为鸡, 所以可以取上面的一个巽卦为鸟, 上离位于两个巽卦之间, 巽为木, 因此有巢之象。离又为火, 所以有焚巢之象。(参见上图)

这样取象的目的, 是使"鸟焚其巢"中的"鸟"更精确地指向上九, 而将巢指向五位, 不仅与九三的"旅焚其次"形成呼应, 更可以将"焚巢"的深层意义挖掘出来:

造成"焚巢"之祸的原因, 正是九五与六三的换位, 正是九三"旅焚其次", 也就是居上者, 对于秩序、规则的破坏。进而所焚之巢, 也不是其他任何东西, 而就是"五"所代表的圣人之大宝——"位"。

"旅人先笑后号咷"和"丧牛于易"是"焚巢"的两个结果:

"旅人先笑后号咷"是六五得到的结果, 最初六五打破秩序, 无功受禄, 得临高位, 就像一只没有射中鸟, 却掉进了鸟巢中的箭。却不想正在其窃笑之时, 巢也开始焚烧起来, 于是只能号咷大哭。从象上看, 六五位于互兑之中, 同时又位于展开的互巽之中, 兑为悦, 巽为哭, 因此有先笑后号咷之象。比之于人事, 六五就是亡国之奸佞, 虽然在其窃据高位时, 可以恬然而笑, 然而亡国之后, 也必将因为新主的唾弃, 而只能号咷痛哭。

"丧牛于易"是上九,或者上九代表的位居最上的君王,得到的结果,因为打破秩序的行为,一定出于在上者的初衷,而结果则是"丧其童仆之贞",即失去阴爻的忠贞顺从。表现在卦象上,就是原来下坤因为六三升进而消失,坤为牛,原来在上乾之下,阴阳交界之处,因此有"丧牛于易"之象,牛在这里象征柔顺,易是场、边界的意思。

象辞"以旅在上,其义焚也"是通过借用上九阳刚居上的"亢龙"之性,来阐释在处理"士旅进身"这个问题上,如果高而亢之,刚愎自用,则必然会有焚巢之祸。

"丧牛于易,终莫之闻也"则是借用牛的柔顺,强调这种危险的难以察觉性,"终莫之闻"是最终/终究也难以知道的意思。可见孔子是用牛丧于无声,来比喻人心失于不觉。

巽——申命教化

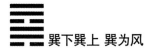

巽下巽上 巽为风

巽卦是政治甚至权谋色彩极为浓厚的一卦,凡言权谋必有其隐秘诡谲之处,因此巽卦虽然从卦辞到爻辞,都较为平实易懂,但是对其的解读,却极容易在不经意间,走向歧途。其中的关键,仍旧是对卦变过程,以及"巽"字的基本含义,在此过程之中所起的作用的理解。

首先,"巽"是入的意思,是顺的意思,作为八纯卦之一,其基本象是风。在古人眼中,风无孔不入,无处不及,所以既能够沟通天地传达天命,又能够清污除垢。因此巽之入,如风之入,能够入物而散之;巽之顺,也如风之顺,是风吹物顺。这两点在巽的卦变过程中,起着关键而巧妙的作用。

如下图所示:

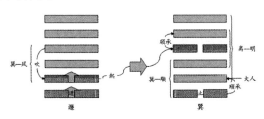

巽卦是遯卦经由六二和九四的互换演变而来的。在遯卦中，阴柔聚结于下，是其能够对阳刚形成威逼之势，迫使阳刚遯身存道的关键所在。因此破解之法，就是要冲破阴柔的聚结，而这正是巽——风的用武之地。所以卦变中：

九四自上而下，使下卦成巽，不仅有将两个阴爻吹散之象，而且使初六顺服于下，六四被阳爻重重包夹于上，形成大离，离为文明、光明，即六四由遯卦中迫阳之先锋，被九二"吹起"之后，变而为文刚之阴柔。所以又有将两个阴爻分而治之、治而用之之象。最终形成，二阴分而顺于阳刚的结果。

比之于人事，遯乃淫邪滋生浸满民间，导致小人鼓噪动摇视听之时，其中又以象征民间精英、意见领袖的六二，对民众的影响最广，对社会的危害最大。但究其根源则是由于阳刚高亢不下，才造成了九五虽然居于中正之位，拥有圣人之德，但却无法申于万民的局面。因此九四的自上而下实际上就是，申王命教化于民间，以止淫邪，齐民志；六二的自下而上，体现的则是以怀柔之策，化解民间积怨，进而用其所长的策略。最终形成天下和乐的局面。

在中国历史上，执政理念与巽卦所表现的政治策略最为相似的，就是继五代十国的纷乱而来的北宋王朝。因此，不妨借助宋朝在某些问题上的得失，来加深对巽卦卦辞的理解。

巽 小亨，利有攸往，利见大人。

【译文】较低程度的亨通，有利于有所前往，有利于大人的出现。

【解读】在上述分析的基础上，卦辞的后两句是容易理解的。巽自遁卦演变而来，遁卦如果不变为巽卦，就有可能变为形势更为严峻的否卦，因此由遁到巽的变化，至少在一定限度内实现了亨通，所以这种变化，是"利有攸往"的。在卦变的过程中，九四自上而下成为九二，九二是大人之象，因此说"利见大人"。

较为难以理解的是"小亨"的"小"，需要进一步的解读。

首先从卦象上看，卦变虽然使阳刚占据了卦中的所有中位，而且促成了阴柔对阳刚的随顺之象，看似形成了亨通之象。但同时也形成了新的，爻与爻之间不相应的问题——卦中各爻均无正应，因此其亨通，只能是有限度的，只能是"小亨"。

从义理上看：

卦变中九四下变九二的行动，类似于宋朝初年，面对由五代十国长期纷乱造成的社会道德观念的沦丧，对知识以及知识分子的漠视，北宋自太祖开始，大力推广的文治政策。这一政策，到王安石时代通过统一读本、广设学校等手段，推行"一道德"运动，达到了顶峰。为两宋在社会稳定和政治文化方面的辉煌，奠定了坚实的基础，直至最终，在南宋的朱熹时代，将中国的儒学推上了自孔孟以来的又一高峰。

卦变中与九四运动相应的六二上至六四的行动，则类似于两宋时期，与文治相应的，不杀士大夫，对反叛者尽量招安等政策。虽然对提高文人、文化在社会上的地位，促进社会的安定，起到了重要的作用，但同时也确实让两宋的朝廷和社会，背上了沉重的包袱。

需要指出的是，宋朝的这些政策，存在着强烈的内在必然性——不提高文人的地位，就无法推动文化的普及、观念的统一、社会道德水平的提升。就会重演五代十国时期，军阀当政所导致的社会纷乱。但是提升文人的地位，必然要以打压军人的地位为代价。所以两宋虽然在政治文化上，取得了非凡的成就，在军事外交上却乏善可陈，因此只能是"小亨"。

象曰：重巽以申命，刚巽乎中正而志行。柔皆顺乎刚，是以小亨，利有攸往，利见大人。

【译文】两个巽重叠，是申达王命之象。阳刚进入中正的位置，心志得以推行。阴柔都服顺于阳刚，所以能够实现较低程度的亨通，有利于有所前往，有利于大人的出现。

【解读】"重巽以申命，刚巽乎中正而志行"，是在概括性地解释巽卦的卦义。"重巽"直接取自上下皆巽的卦象，"申命"是由巽的基本象风，引申而来的意义。风具有沟通天地，传达天命的功能，比之于人事，巽就有向民间传达君命的意思。"申"是告诉、教育的意思，与前述的九四下至九二的意义相合。

"柔皆顺乎刚，是以小亨，利有攸往，利见大人"是解释卦辞的，"柔皆顺乎刚"是卦变的最终结果，象辞通过"是以"将其设定为促成"小亨，利有攸往，利见大人"的原因，实际上就是将整个卦变过程，视为促成卦辞的原因。

象曰: 随风, 巽。君子以申命行事。

【译文】巽卦风相随之象, 君子观此象懂得, 要先"申命"然后再"行事"。

【解读】卦中上下皆巽, 巽为风, 因此有风相随之象, 但象辞却说"随风"的用意, 是为了与后半部分的内容形成呼应。

"申命行事"的意思是说, 要先"申命"然后再"行事"。反之——不先"申命"然后再"行事", 就是孔子所说的为政的"四恶"——"不教而杀谓之虐; 不戒视成谓之暴; 慢令致期谓之贼; 犹之与人也, 出纳之吝谓之有司。"

"申命行事"是孔子观巽象后, 得出的感悟, 总结出的正确的行为方式。而巽是由遯演变而来, 由此可见:

孔子通过大象, 再一次将促成遯卦局面的责任, 明确到了阳爻的身上, 即是由于阳刚未能做到先"申命"然后再"行事", 才导致了阴柔的滋生、局势的窘迫。同时, 也明确了"申命行事"作为社会亨通的基础的地位, 因为做到了"申命行事", 也仅仅能达成"小亨", 如果不能做到这一点, 必然是完全不"亨"。

至此, "随风"的意义就显现出来了——"申命"的责任在阳刚, 阴柔只能"随风"而动。所以阴柔无论是阻滞不动, 还是升而进逼, 都是"随风"而动的结果。

《周易》乃至孔子的这种, 客观地看待阳刚的主导性——既承认其正当性, 又不回避其责任的态度, 是非常可取, 甚至是可贵的。

初六，进退，利武人之贞。

【译文】进退不决之时，应当恪守武人的正固。

象曰：进退，志疑也。利武人之贞，志治也。

【译文】"进退"，说明心志犹疑。"利武人之贞"，说明心志已定。

【解读】先儒对这一句的解读，大致来说是这样的：初六阴柔在下缺乏才智，因此有"进退"不定的疑虑，应当像"武人"那样坚决果断云云。

这种解读，显然是受到了象辞的误导，笔者认为是不恰当的，尤其是对"武人之贞"一句的理解更加不恰当。

对于什么是"武人之贞"这个问题，可能有各种不同的解释，但是对于什么是"武人不贞"，恐怕就只有一种解释，那就是反戈弑主。阳刚是阴柔之主，所以如果初六作为"武人"而"不贞"的话，其表现就是与阳刚为敌，而这正是其在卦变之前遯卦之中时的行为。

所以"利武人之贞"，就是以"武人"喻初六，强调在巽卦中，其应当/适宜恪守对阳刚的忠诚——"贞"，也就是保持顺从与正固。与初六在卦变后入巽的变化相合。

以此为基础，"进退"的含义就比较容易理解了，那就是由遯卦中的"进"，变为当前的"退"，因为其已经位于一卦之最下，退无可退，所以"退"就是止。（参见上图）

之所以要以"武人"来比喻初六，是因为"武人"的基本特征就是服从命令。巽之九二有申命之象，而初六有顺承其命之象，因此以"武人"为喻。

象辞说"进退，志疑也"，以"进退"为"志疑"之象，是相对于卦变之前而言的，所疑在"进"，其行为"退"——不进，更准确地说，是说在由"进"转而为不进之际。"利武人之贞，志治也"，是说其不进而顺的决心已定，是说在由"进"转而为不进之后。

九二，巽在床下，用史巫纷若，吉，无咎。

【译文】进入到床下，使用众多的祭祀人员，吉祥，没有咎害。

象曰：纷若之吉，得中也。

【译文】人员众多而吉祥，是因为行为适度。

【解读】卦中出现了两个"巽在床下"，一个在二位，一个在上位，对此自古罕有明确的解读。其实，这是由对称取象导致的结果。

首先，如前所述，九四下至九二，完成了对两个阴爻的分而治之，其中初六被顺服于下，六四则被四个阳爻重重包夹于上。这就使从二至上，形成了以六四为轴的对称之象——相对于六四来说，九二和上九是对称的。其次，既言及床，又言及

"床下"，则必有卧于床上之人，这个人毫无疑问只能是六四。
因此如下图所示：

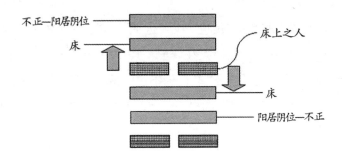

  站在六四的角度上，自上向下看，九三是六四之床，九二
"巽在床下"；自下向上看，九五是六四之床，上九"巽在床
下"。

  "巽"为入，"巽在床下"就是进入到床下的意思，对此先
儒的解释有多种，有说是进入床下将隐秘难见的污垢彻底清
除；有说是进入床下以便更加严密地监控。总之都是对六四进
行加强控制的意思，与对六四形成双重包夹的卦象相符，都可
以取用。

  只不过无论出于什么目的，"巽在床下"总是一件目的高
尚、方式猥琐的事情，所以，无论九二还是上九，都是阳居阴位
而不正。

  "用史巫纷若"，是九二在"巽在床下"之外的辅助行为。
"史巫"在上古都是神职人员，其中"史"主祭司，偏重于文书
祝告；"巫"主祈祷，偏重于舞蹈降神。二者之象取自于，九二在
正反兑之中。兑为口，为言，因此有"史巫"祷告之象，正反相叠

为多——"纷若"。如下图所示：

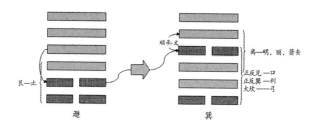

"史巫"在当时的作用，无外乎是借助鬼神的影响，来强化君王意志的可信性，用现代的话说，就是制造舆论，借助外力等等。九二以此来实现控制六四，申布王命，显然是一种非常有效的事半功倍的手段。既可以达成目的，又不至于与阴爻发生冲突，所以"吉"。

人对神应当持有诚敬之心，而九二显然是在利用神明，因此应当是有咎的。但是因为其"吉"，并非仅仅是其个人之吉，而是天下之吉，所以可以"无咎"。

象辞"纷若之吉，得中也"的意思是说，九二得吉的原因在于，行为适中。正是对"用史巫纷若"，这种讲究策略的行为方式的概括总结。

九三，频巽，吝。

【译文】频繁进入，有吝难。

象曰：频巽之吝，志穷也。

【译文】频繁进入导致的吝难，是心志穷竭的结果。

【解读】九三阳居阳位，刚躁过度，是行为缺乏技巧，而且躁动不安（终日乾乾）之象。所以"频巽"之"频"既是其行为特征，又是其行为的结果——"频巽""频"失，导致再"频巽"。

从卦象上看，九二是"大人"，是对阴爻分而治之的关键一爻，而且如上所述，已经取得了客观的成效，而九三附于其后，有多余之嫌，所以说其"频巽"。这种既不讲究方法，又有多此一举之嫌的行为，主要是由九三自身的"性格特征"造成的。

乾卦九三已经明示了其本性——"终日乾乾，夕惕若"，而在其终日兢兢业业的背后，则是一颗缺乏自信的心。一个缺乏自信的人，是不会相信，也没有自信去相信别人的。象辞"频巽之吝，志穷也"，点破了九三的问题所在。"穷"是窘迫不足的意思。

同时，九三位于上下巽之间，和正反巽之中，巽为利，因此九三不仅有"频巽"之象，而且还有在利益分配上，反复计较之象。颇有孔子所说的"犹之与人也，出纳之吝谓之有司"中的，那个"有司"——官吏之象。（参见上图）

六四，悔亡，田获三品。

【译文】没有忧悔，田猎获得了三种动物。

象曰：田获三品，有功也。

【译文】"田获三品"说明有成就。

【解读】六四是参与卦变的一爻，从阳刚的角度来说，六四是被控御的对象；从其自身来说，六四完成了升迁，而且从下艮进入上巽，而且与阳刚组成互离，对阳刚起到了文饰的作用，形成了光明之象。所以是有成就的。

爻辞以"悔亡"起首，主要是针对其卦变前后的变化而言，即卦变之后则"悔亡"，与卦辞"利有攸往"，与彖辞"柔皆顺乎刚"等相应。

六四位于互离之中，大坎之上，离为箭矢，坎为弓，因此有田猎之象。（参见上图）"田"是田猎，是"武人"的行为，同时又是为春耕除害，防止动物践踏庄稼的行为。由此可见，"武人"之喻并非仅就初六而言，卦中的两个阴爻都是"武人"，初六表现的是"武人之贞"，六四表现的则是"武人之动"——听命于君上，有益于天下。

自古对"三品"的解法颇多，笔者认为无需在此费神费力，因为"三品"的意思，即如象辞所说"有功也"——强调六四的行为是有成绩的，有益处的，不同于在遁卦中的，带有"革命"倾向的对阳刚的进逼。

反之就是在说，九四的行为是正确的，有成绩的，有益处的。

九五，贞吉，悔亡，无不利。无初有终，先庚三日，后庚三日，吉。

【译文】正固则吉祥，没有忧悔，没有任何不利因素。（可以）没有起始，（必须要）有终结。在庚日前三天，在庚日后三天，吉祥。

象曰：九五之吉，位中正也。

【译文】九五的吉祥，是因为位处中正。

【解读】九五没有参与卦变，因此九五居中得正的位置始终没有变，经过卦变之后，阴柔进逼的态势又得以消除，所以，九五会因为其"贞"而得"吉"，之前的有悔也会消失，所以"悔亡"，"无不利"。这实际上是，理清了阳刚在遯卦中的问题所在——并非原则性错误，而仅仅是方法上的欠缺。

"无初有终"一句，自古缺乏准确的解读，实际上，这句话就是对阳刚/九五在遯卦中所犯错误的总结和修正方案。

直解"无初有终"，就是即使/可以"无初"，但必须要/一定会"有终"的意思。也就是在强调"有终"的重要性。这是因为，任何一道法令/政策，能够慎始慎终固然好。但是在许多现实情况下，法令/政策的制定是缺乏谨慎、严密的起始阶段的，但是对于君王或者任何一个组织的管理者来说，无论是否"有初"，或者干脆"无初"，也必须要在法令/政策的执行上"有终"，即便最终证明其是错的，也好过没有任何控制，没有任何结果的"无终"要好。因为一旦"无终"，实际上就是君王放弃了对法令/政策的控制权，表现出来的，要么是自己对现实的怯懦，要就是责任新的缺失（注意：与九三有一定的对称关系），最终都将失去个人的权威, 甚至导致整个组织的失控。

同时因为"无初有终"是一个肯定语气的句子, 因此实际上是在说, 巽卦的九五, 在客观上存在只能"有终"不能"有初"的问题, 这就在暗中, 解释了卦辞的"小亨"。但终究是能够亨通的, 所以断语为"吉"。

对于"先庚三日, 后庚三日"一句, 自古以来同样是众说纷纭, 其实这不过是对"无初有终"的形象说明而已。如下图所示:

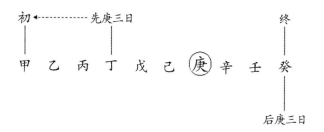

在十天干"甲乙丙丁戊己庚辛壬癸"中, 庚在第七位, 其后三位, 恰好是天干之"终", 但向前三位, 则仍未到达"初", 所以只有"先庚三日, 后庚三日", 才能准确地表达"无初有终"。

象辞说"九五之吉, 位中正也", 是将"中正"看作了"无初有终"的基础, 是正确的。

上九, 巽在床下, 丧其资斧, 贞凶。

【译文】进入到床下, 丧失了它的公允性, 正固则有凶祸。

象曰：巽在床下，上穷也。丧其资斧，正乎凶也。

【译文】"巽在床下"，因为在上位而穷竭。"丧其资斧"，是因为正处在能导致凶祸的位置上。

【解读】前面在九二中已经讲述了，上九"巽在床下"的原因。上九与九二的不同之处，在于九二不正但中，上九则不正且亢。而且退回到卦变之前，置阳刚于窘迫之中的，也正是这种高亢在上、不与下交的态度——遁卦的上乾中，只有上九与阴柔不应。

所以，上九在态度上，对阴柔是有成见的，是缺乏公允的，因此先儒怀疑"资斧"应为"齐斧"——齐物之斧，是有道理的。"丧其资斧"——"丧其齐斧"，就是丧失了它的公允性的意思。因此"贞凶"——固执于其现状，则会有凶。

综合上述，爻辞在解释上九有凶的同时，也阐释了阳刚化解/防止遁世的根本之策，就是要抛弃偏见、秉持公允的态度，与阴柔相较。比之于人事，就是所谓的君子，不能仅仅以对小人嗤之以鼻，以示自身的清高，而不去设法影响教化他们。因为这种清高的背后，其实是自私和怯懦。

象辞"巽在床下，上穷也"未得上九取象的要领。"丧其资斧，正乎凶也"实际上在解释"贞凶"的，即其正处在能导致"凶"的位置、状态、心态下。

兑——和悦之道

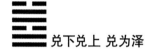 **兑下兑上 兑为泽**

兑卦是六十四卦中，最后出现的一个纯卦，"兑"的基本象是泽，在古代兑——说——悦同体，因此兑就是悦的意思。至于为什么将"泽"与"悦"联系在一起，很可能与当时"泽"——湖泊湿地地区，对人类生存的重要价值有关。

概括地说，兑卦具有两个最为显著的特征：

首先是其卦辞与爻辞的产生基础难以把握。表面上看，兑的卦辞，是以其三画卦为基础的，即通过三画兑刚中而柔外的卦象，来揭示悦的价值所在；兑的爻辞，则是以卦变为基础的，即通过卦变，展示了六种不同的兑——悦（的构建模式）。

这是因为，兑是由大壮经过六五与九三的交换演变而来的，反映的是一个由阴柔和阳刚共同协作完成的，从激昂到和悦的转变过程。阳刚的主导地位，仅仅是这个过程形成的附带结果而已。与完全由阳刚占主导地位的"刚中而柔外"，有相似之处，但却不完全相同，所以兑卦的卦辞和爻辞，在直观上存在较大的距离。

但实际上，只要正确地理解了"兑"——悦的整体性与个体性的区别，就会发现卦辞阐释的是悦的整体性，爻辞阐释的是悦的个体性，而其基础都是建立在卦变的基础上的。在整体与个体之间，形成联系的关键就在于，对卦辞"利贞"二字的拓展理解。（详见后）

其次是，在《周易》中，九五因为既有阳刚之质，又居中得正，所以通常都拥有寓意较好的爻辞，但在兑卦中非但不同，而且严格地讲，九五还是六爻中，至少是四个阳爻中，最差的一爻，其中的缘由，仍旧在于悦的整体性与个体性的区别，仍旧需要对卦辞"利贞"二字的拓展理解。

兑　亨，利贞。

【译文】亨通，适宜正固。

【解读】如前所述，先儒对兑卦卦辞的解说，大多是以兑的三画卦的卦象为基础的，即二阳在下在内，一阴在上在外。比之于人，就是内心刚健外表柔顺，内心刚健，有利于坚贞不屈，持守正道；外表柔顺，有利于在与外界的接触中，保持融洽的关系，即形成和悦的关系。

同时，内强又是外柔的基础。一个内心不够坚强，实力不够强大的人，是没有勇气，也没有资本去信任别人的，因此就会时时处于警惕与不安之中，其外在表现就是，更加富有攻击性。换言之，待人以诚是构建和悦关系的基础，而能够待人以诚，则是要有内在实力的保障的。这一点在爻辞中，还将有更加具体的体现。

上述解读, 显然是合理可通的, 但同时也存在着一个不可回避的问题, 即这种解读似乎是将卦辞, 更多地定格于个人修养方面, 虽然可以加以拓展, 但毕竟与社会整体缺乏紧密的联系。其原因就是, 完全地抛弃了对卦变的关注, 而卦变所反映的, 恰恰是社会环境/背景的变迁问题。如下图所示:

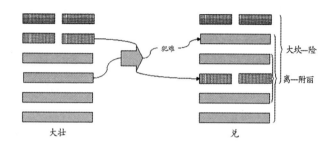

卦变中, 九三上而至九五, 看似进得尊位, 实则有入于坎险之地, 因此其爻辞并无吉言, 但是从全卦的角度来说, 卦变之前的大壮, 是一个民情汹涌、激情燃烧的时代, 对于破除之前的阴柔之风, 固然有益, 但是对于社会整体来说, 尤其是具体的民生而言, 则难说不是一场灾难, 至少也有过犹不及之嫌, 其表现就是激进有余、和悦不足。

经过卦变之后, 虽然各爻仍旧不成正应, 似有不亨之嫌, 但是在整体上, 却由于六五下至六三, 在初至五之间形成了一个大离, 形成了自初至五附丽于上的 "安定" 局面。但这是以阴柔为卦变主导而建立起来的观念, 或者说是阴柔参与卦变时的初衷, 与阴随阳动的思想不符。所以必须要从阳刚为主导的角度, 来重新审视卦变, 才能得出符合先圣本意的观点来。

　　站在以阳刚为主导——阳刚主动求变的角度来看，九五的行为就变成主动入于坎险，以己之入险，换来上下各成兑，以己之入险，换来天下之和乐，促成天下之亨通。这就不仅将卦辞的内涵，从个人修养，推广到了社会关系层面，也使得卦辞和象辞之间，能够具有更紧密的联系了。

　　"利贞"通常的解读，就是有利于正固，即一方面是说，有利于"贞"的出现与维持，另一方面也是在说，只有坚持"贞"，才能形成前面的亨通，以及更前面的和悦。根据由兑的三画卦，推导出来的悦的构建过程可知，这种解读是可通的，即"利贞"既是卦中所示的兑——悦的结果，又是这种悦的基础——强调了卦中之悦，不是淫邪之乐。

　　但是，不难发现上述解读，在"贞"所具有的正与固两个含义中，主要侧重于前者——"正"。相对而言，"正"是"贞"的内在基础，"固"是"贞"的外在表现。所以当思维主要局限于内在关系，尤其是个人修养时，对"贞"的解读，就必然会倾向于"正"。当思维拓展到了外部联系，尤其是人与人的互动时，对"贞"的解读，就必然会倾向于"固"。

　　由于如前所述，兑卦的卦辞并不仅仅是局限于个人修养的，而是面对整个社会关系的。（事实上，通过一个"亨"字即可明确，与个人修养相比，卦辞的内容更倾向于社会关系）所以，"利贞"的"贞"是正、固并重的。而这个固——不动的含义，对于理解之后的爻辞，意义重大。

　　彖曰：兑说也。刚中而柔外，说以利贞，是以顺乎天而应乎

人。说以先民，民忘其劳；说以犯难，民忘其死。说之大，民劝矣哉。

【译文】兑是和悦的意思。阳刚居中而外表柔顺，因为有利于正固而和悦，所以能够顺应于天道人情。通过身先士卒来取悦于民，则人民就会忘记辛劳。通过以身犯难，来取悦于民，则人民就会忘记对死亡的恐惧。悦的重要性在于，民众受到勉励和激发。

【解读】"兑说也"起首破题，说明"兑"就是"说"，就是悦的意思。

"刚中而柔外，说以利贞，是以顺乎天而应乎人"，是着重于兑卦的三画卦，来讲述兑——悦的产生与价值。详见前述，此处不再重复。"顺乎天而应乎人"，就是悦的价值和意义所在。

对于"说以先民，民忘其劳；说以犯难，民忘其死。说之大，民劝矣哉。"一段，先儒大多认为是对"悦"的价值和意义的阐发与拓展，实际上这是在通过与卦变结合，来揭示在社会层面上，"悦"的产生与价值。

"说以先民，民忘其劳；说以犯难，民忘其死"两句，由于"说以先民"和"说以犯难"，在结构上完全相同，因此在解读方式上，也应当保持一致，这就是说不能将"说以先民"理解为先取悦于民，然后再如何如何，而应当将"先民"和"犯难"一并视为是取悦于民的手段。即通过身先士卒，以身犯难，来取悦于民，达到"民忘其劳""民忘其死"的效果。如上图所示，这正是卦变中九五行为的写照，也与当时君王们实际上所扮演的部落首领的身份，所对应的职责相一致。事实上，后世中国中，皇帝要在立春的时候，率先在亲耕——"天子亲耕於南郊"的制度，就是植根于"说以先民，民忘其劳"的思想。

《孙子兵法》的开篇即说：

> 兵者，国之大事，死生之地，存亡之道，不可不察也。故经之以五，校之以计，而索其情：一曰道，二曰天，三曰地，四曰将，五曰法。道者，令民于上同意者也，可与之死，可与之生，民不诡也。

与"说以先民，民忘其劳；说以犯难，民忘其死"的思想，基本上是一致的。说明这种思想在军事上的重要性。

与现代的信息化战争不同，在冷兵器时代的战争中，军人的勇气与英雄气概，对战争的胜负，往往起着决定性的作用。虽然"令民于上同意"的方法有许多，比如金钱的诱惑等等，但是在刀剑铿锵、生死一瞬的战场上，统帅的人格魅力，应当是最有效的激情催化剂，因为它将迅速地感染每一个在场的人，使之热血沸腾。这绝非金钱等物质因素所能比拟的。

所以说"说之大，民劝矣哉"的意思就是，悦的重要性在于民众受到勉励和激发。

用现代的话说，就是在组织内部建立了共同的愿景，通过道德与追求，调动每个人的参与和奉献精神。用宗教的观点来解读，就是信仰可以使精神需求，超越物质需求。对于一个有着坚定信仰的卫道士来说，生活上的窘迫，与肉体上的痛苦，正是其精神愉悦的源泉，所以可以无视苦难，不惧生死。其信仰则是建立在，被所谓的圣人言行所感化的基础上的。所以绝大多数的宗教中，都拥有丰富的关于其创教者，或是所谓的圣人，为世间生灵的幸福，而承受常人无法想象的苦难的故事。比如耶稣死在十字架上，比如佛祖割肉喂鹰等等。

象曰：丽泽，兑。君子以朋友讲习。

【译文】兑卦有两泽相依，相互浸润之象，君子观此象应当懂得以友善的态度对待友人，交流沟通。

【解读】卦中上下皆兑，兑为泽，所以有两泽相依，相互浸润之象，"丽"是成对出现，相互依附的意思。

"朋友讲习"通常被解读为，朋友在一起讲习学问，相互促进而生喜悦——这是一幅典型的儒者家居图。

笔者认为，"朋"在此处应当是名词动用，即以友善的态度对待身边人的意思。同时又与"友"一道，来修饰"讲习"。因为"讲习"的过程，就是一个互通有无的过程，这就意味着必然有"有无"——差异的存在，而"差异"实际上是一切矛盾产生的基础。换言之，正是由于没有/不能以正确的方式来化解差异，互通有无，才导致了各种矛盾的产生。

所以，"朋友讲习"既是化解矛盾的有效/最佳手段，也是产生和悦的基础。

初九，和兑，吉。

【译文】和悦，吉祥。

象曰：和兑之吉，行未疑也。

【译文】能够和悦吉祥,是因为对行动没有疑惑。

【解读】关于初九的"和",有说是"和"于九二,有说是"和"于九四。笔者认为,如下图所示:

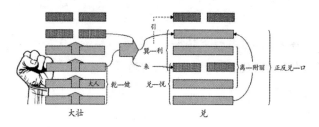

初九之"和",是通过上临的互离,而"和"于九五的。即九五自三而上,使上卦成兑,初九虽然没有参与卦变,但是随着六五下至六三,也进入下兑之中。因此,初九的"和"于九五,实际上就是"和"于卦变,"和"于由大壮而和悦的过程。

之所以卦变需要初九的应"和",或者说为什么初九仅以应"和",就能得到"吉"的结果。是因为,兑由大壮演变而来,初九未参与卦变,因此兑之初九,就是大壮之初九。初九是一卦之最下,通常是卑微无能之象,只有在大壮中不同,因为大壮是一个民情沸腾的时代,所以位于最下的初九,在此时虽然地位卑微,但却是最为鼓噪亢奋的一员,是汹涌的民情的实际推动者,和能量来源——如果大壮是一只愤怒的拳头,那么初九就是将其举起的臂膀。

因此,初九是否能够由躁而安,是社会是否能够恢复平静的关键,所以初九仅仅是"和兑",即可得"吉"。

象辞说"行未疑",是说初九对卦变过程,没有疑惑。因为对于一个满腔激情的小民来说,一旦有"疑",其愤怒就会像浸满油脂的柴禾，遇到了一个火星一样，迅速爆炸式地燃烧起来。不会有任何"兑"——悦的可能。

九二，孚兑，吉，悔亡。

【译文】以信诚而求和悦，吉祥，没有忧悔。

象曰：孚兑之吉，信志也。

【译文】以信诚而求和悦，吉祥，是坚守内心的真诚的意思。

【解读】在《周易》中"孚"是以阴阳相得，即阴阳亲比且关系合理为基础的。但是九二阳刚为阴柔所乘，按常理来说是不"孚"之象，对此朱熹在《周易本义》中的解释是"刚中而孚"，虽然有些牵强，但却说明了一个至关重要的问题，即九二之孚，完全发自内心，是建立在自身的基础上的，是与外界无关的。

其在卦象的体现就是不动、未动——九二未动既得中，不动而守中，不动未动而成兑。因此有以诚静待，而不主动求/取悦于人之象。由此可见，爻辞中所说"兑"——悦，是指各爻的个人感受的，即九二的"孚兑"，"孚"是自身发自内心的"孚"，"兑"也自身所得之悦。

"兑"——悦是每个人都希望拥有的体验，同时又是必须从外部获得的，这就意味着，"悦"必须通过某种手段才能获得。中国有句名言，生动地诠释了这一过程——"女为悦己者容，士为知己者死"。其中的"悦己"和"知己"应当是求悦者的付出，"容"和"死"则是求悦者得到的回报。这句话说明了两个问题：首先是像要取得任何其他物品一样，必须要先有所付出，其次是这种付出应当是真诚的。这是因为"士"是才思过人之人，"知己"的感觉，需要两颗心灵之间的碰撞，因此后一句"士为知己者死"，等于是在说靠欺骗来取悦别人、换取别人的悦己行为，是行不通的。

这就是说，古人认为"悦"的获得，是建立在自身真诚的基础上的。由此观之，"孚兑"就是以"孚"求"兑"的意思。

"吉"的断语包含有两重含义：

首先是真诚在我，则能否生悦，完全在于彼是否也以诚相见。彼若以诚相见，则悦必生焉。彼若不诚，而至悦之不生，则不与不诚之人相悦，亦我之悦也。

其次，所谓我诚而彼诈，或因我之诚，而遭彼之诈，实未有也。换言之，被人诈，必源于己不诚，即必有侥幸之心、非分之想也。

"悔亡"的出现，就是要进一步强化"吉"——吉得没有任何忧悔。从卦象上看，是指无惧六三之乘。从义理上说，则是指无惧对方之不诚。即以我之不动——"贞"于"孚"，静待彼以诚而来，进而成兑——悦。

象辞说"信志也"，就是坚守内心诚信的意思。

六三，来兑，凶。

【译文】来主动求悦，有凶祸。

象曰: 来兑之凶, 位不当也。

【译文】来主动求悦会有凶祸，是因为位置不当。

【解读】六三是参与卦变的一爻，本来是成兑之主，但是与九二的以己之诚，静待人以诚相和而成兑——悦相比，六三的自上而下，有明显地主动求/取悦于人之象，因此说"来悦"。

单纯的求/取悦于人，虽然有违正道，却也未必完全不可取。但是六三阴居阳位，是外柔顺而内刚烈，因此有刻意求取之象。同时，六三又位于正反兑之交，兑为口舌，因此有以口舌蛊惑、取悦他人之象。（参见上图）

从卦变的角度上来看，六三自上而下，将原来的九三推至上位，看似有让位、畜贤之象，但由于阴柔不具备畜贤的资质，因此必须以不同的角度，来审视其行为——六三之下，上有与上六遥相呼应，包四、五两个阳爻于坎险（参见卦辞用图）；下则以利（互巽）取悦初、二两爻之意，可见其用心之钻营险恶。遗憾的是，结果却被阳刚重重包夹于下，故断辞为"凶"。

一言以蔽之，六三的"来兑凶"，恰恰是九二的"孚兑吉"的反面，分别是两种极端的求/取悦的方式——九二阳刚而以诚静待，六三阴柔而钻营来求。因此"来兑之凶"，不能用一个简单的"位不当也"来解释。

九四, 商兑, 未宁, 介疾有喜。

【译文】反复商度比较求悦的对象，未得安宁，停止这种病态的心理会有喜庆。

象曰：九四之喜，有庆也。

【译文】九四可能得到的喜，是有实际的利益。

【解读】九四也是未参与卦变的一爻，但是其所处的位置，与初九和九二不同，既不中也不正，而且阳爻在四位，本来就有或然不定之象——或跃在渊。再加上九四上有上六之"引"，下有六三之承，更加重了其举棋不定的心态。

"商兑"的"商"就是反复商度比较的意思。"未宁"则是对其处境与心态的形象描述。如前所述，兑——悦是建立在诚信基础上的，九四这种犹如称秤般的"商兑"，显然是有违于诚信之道的，应当视之为一种病——"疾"。

所以先圣说九四应当"介疾"——停止这种病态的心理与行为，而且一旦"介疾"就会"有喜"。所谓"喜"是因为九四身处上下兑之间，互巽、互离之中，而且均非自己刻意求取所得，而是卦变过程自动生成的，任从其一皆可"有庆"，反复掂量则会陷自身于"未宁"之中。

九五，孚于剥，有厉。

【译文】信诚于前来威剥者，有危厉。

象曰: 孚于剥, 位正当也。

【译文】信诚于前来威剥者, 是因为正当其位。

【解读】在六爻之中, 只有九五的爻辞中没有"兑", 与九五居中得正的爻位极为不称, 而且断辞又说"有厉", 因此可以断定, 九五是六爻中, 唯一"不悦"的一爻, 即如九五在卦变中的行为, 最终不能给自己产生"悦"的结果。

对九五爻辞, 可作两个层面的理解:

首先是静态的。如爻辞所言, 九五"孚于剥", "剥"是指有威逼阳刚之心的阴柔。因此九五"孚于剥", 即如九二之吉的第二重含义中所描述的, 我诚而彼诈, 结果我却"孚于"彼之诈的情况。其最终的结果一定不会有"悦", 而只能是"有厉"。事实上, 更普遍的结果, 应当是"凶"。之所以不说"凶", 而仅仅说"有厉", 需要从动态的角度来理解。

九五在卦变中, 以九三与六五交换位置, 来到九五。在卦中只有九二和九五才有"大人"之象, 因此九三不是"大人", 这就是说当前的九五, 在卦变之前并没有"大人"之才, 而是被时局推到了现在的大人之位上。而且其出互乾入上兑的过程, 相当与舍刚健而入喜悦, 因此又有过柔之嫌。综合上述, 九五有主动求/取悦于上六之象, 结合上六的爻辞"引兑"可知, 九五之"孚"不及九二来得纯粹。这是其不能得悦的原因所在。但是就其运动的结果而言, 则又是以自身的以身犯难, 换取了天下的亨通, 又颇有英雄气概。其内心之欲求, 不能掩盖其行为之功绩, 所以不说"凶", 而只说"有厉"。

这一爻，颇有点西楚霸王项羽的味道。项羽一生的功过成败，皆在于其自身的贵族气质，以及对封建贵族的依恋不舍上。然而至秦汉时"贵族"概念已经走向了时代的反面，已经成为生产力发展的阻力，所以项羽仍旧沉醉其间，就相当与"孚于剥"。

导致其最终惨败于刘邦之手的根源，也正是这个贵族心理。如果不是出于这种贵族心理，他就不会轻视地痞出身的刘邦，无视其不满，而将其封于汉中；如果不是出于这种贵族心理，他就不会相信在划界之后，刘邦会遵守承诺；如果不是出于这种贵族心理，他就不会宁死也不上船渡江。项羽虽然有诸多的不足之处，但是如果没有项羽，强秦是不会被击溃的，汉朝也是不会建立起来的。所以……

象辞以"位正当"对"孚于剥"，颇有点我不下地狱谁下地狱的意味。

上六，引兑。

【译文】引人来悦。

象曰：上六引兑，未光也。

【译文】上六引人来悦，并不光大。

【解读】上六的"引兑"与六三的"来兑"相呼应，进一步揭示了六三之来是有目的、有企图的。从象上看就是，六三与

四、五两爻成互巽，又以互巽临初、二两爻之上，使四、五，初、二与之形成大离，而附丽于上六。由此可见，上六之"引"，就是通过六三之下，以名利来引阳刚成兑（尤指九五）——悦的意思，颇有一点以名利饵天下的味道。（参见上图）

对其不置评断的原因在于，上六与六三不同，上六虽"引"但却未动，因此被引而来者，实出于自身诚信不坚——不贞的。这就又一次强调了，"贞"——不动，在求悦过程中的重要意义。

象辞"未光也"可作两解，一是对其行为的贬斥，二是说其不动——行为/目的没有充分地外显。

涣——以涣治涣

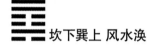 坎下巽上 风水涣

涣卦是否卦经过九四与六二的互换演变而来的一卦。由于否卦对应的是天地不交、阴阳不通的局势，所以通常由否卦演变而来的卦，都可以理解为是通过促进阴阳的交融，实现天下亨通的一种方式，因此在卦辞中往往都有"亨"的表述。在这一点上，涣卦也不例外。

但是涣卦的可贵之处在于，让我们能够用一种全新的视角，来审视导致否卦中的局势的原因。因为"涣"是散的意思，表面上看，与交融是相反的过程，所以其所指不是卦象所示的，卦变之后的运动结果，而是发生在卦变之前的，促成卦变的准备阶段。

所以，涣卦的卦辞、爻辞，虽然平淡无奇，但在理解上却必须有明确的先与后、主动与被动的判断，才能够得出正确的结论。概而言之，卦辞偏重于卦变之后的结果，爻辞虽然也是偏重于卦变之后的结果，但是必须要结合其在卦变之前的"准备运动"，才能作出真正全面的理解。换言之，爻辞与卦名结合的

紧密程度, 要强于卦辞, 因此爻辞尤其是参与卦变的两爻的爻辞, 才是涣卦的核心所在(详见后)。这是与绝大多数卦有所不同之处。

涣 亨。王假有庙, 利涉大川, 利贞。

【译文】亨通, 君王到宗庙中去, 有利于涉越大川, 有利于正固。

【解读】如上所述, "涣"是涣散、松驰的意思。要理解涣散松驰而能使天下亨通, 就必须换一个角度来看待否卦的成因。

在通常的观点中, 造成否卦的根本原因是, 阳刚清亢在上, 不与在下的阴柔交通, 导致了阴阳不交的局面。虽然明确了问题的根本, 但也忽视了形成问题的另一方面, 即阴柔的作用。事实上, 在否卦阴阳不交的背后, 既有阳刚清亢不下的原因, 也有阴柔阻滞沉沦而不上的原因, 形象地说就是各守其类, 互不交往, 这才是更加公允客观的看法。

各守其类的主要表现就是, 向内的凝聚力巨大, 在阻止不正当的逃逸的同时, 也妨碍了正常的沟通, 形象地说就是收缩紧绷。所以突破否局, 促成阴阳交通的首要问题, 就是要先打破阴阳各自的紧绷状态, 使之能够涣散下来, 从紧张的对立中松驰下来, 为进一步的交通创造条件。这就是卦名"涣"的意义所在, 也是卦辞"亨"的真正基础。

"王假有庙"是发生在"涣"之后的, 促成亨通——阴阳交通的手段，即通过宗教的力量，在原本相互对立的群体之间，重新构建凝聚力，实现彼此的交融，进而实现天下的亨通。

因为否卦的阴阳不通，虽然在微观上，是由于阴、阳各自的内部凝聚力过强造成的，但是从宏观上看，却又是一个各自为政的涣散局面。所以涣卦辞的"涣"，体现的是一种以"涣"治"涣"，不破不立，以破促立的策略。因此能够"利涉大川"——破除否卦中的不利局面。

"利贞"主要是指有利于贞正，其在卦象的支持就是，通过卦变，中位均由阳刚占据，六二虽然升至四位，也仍旧居正。

彖曰：涣亨，刚来而不穷，柔得位乎外而上同。王假有庙，王乃在中也。利涉大川，乘木有功也。

【译文】涣可以亨通，阳刚下来而不穷竭，阴柔在外部中得到正当的位置，得以向上求同。"王假有庙"是因为君王在中位。"利涉大川"，是指乘坐木舟有成就。

【解读】"涣亨，刚来而不穷，柔得位乎外而上同"一句，是通过卦变来阐释"涣"能致"亨"的道理。

"刚来而不穷"对应的卦变过程是，否卦的九四自上而下，从外卦进入内卦，因此说"刚来"。"不穷"具有三重含义：

首先，对于九二本身而言，虽然存在自上而下、由官而民的变化，但是其在四位时，虽然身居高位，却不是"大人"，来至二位，虽然身处下位，却成就了自己的"大人"之德。因此就九二个人得失而言，为"不穷"。

其次，否卦的症结固然是阴阳各守其类而不交，但终究应当以阳刚的清亢为主因，因此九四自上而下，有率先一改其清亢之性，突破其门类壁垒之象，正合"涣"意，也终将促成亨通，避免了自身在阴长阳消的进程，渐入窘迫的命运，因此就阳刚自身而言，为"不穷"。

最后，九四的下来，使六二得以上行，有纳贤进士之象。同时九四是上乾之下，六二是下坤之中、九四之下上乾之象，尚且依稀可见，六二之上，却导致下坤之象，面目全非。因此就阴阳两类的得失，以及阳刚促阴柔随之而涣、随之而交的角度来看，为"不穷"。

"柔得位乎外而上同"对应的卦变过程是，否卦的六二自下而上，升至位于外卦的四位，因此说"柔得位乎外"。"上同"是六四升进后的结果，是向上求同，即追随于上（九五）的意思。

通过阳刚的"不穷"，和阴柔的"上同"，就可以看出所谓的"亨"，就是阴阳之间，重新回归到了阴随阳动的局面。这一点，在初六的爻辞中，有更深刻的体现（详见后）。

"王假有庙，王乃在中也"一句，是在解释卦辞"王假有庙"，关于其中"王"的取象，似乎应当毫无疑问是指九五，因为九五中正而居尊位，是典型的君王之象。但是笔者认为，将九二取作王象，也未尝不可，而且从某种意义上说，还更加深刻、生动。如下图所示：

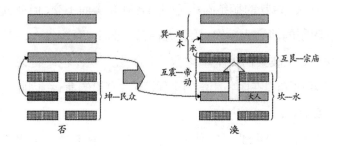

九二上临象征宗庙的互艮，自身处于互震之中，震有帝王之象，同时震又为行、为动，同时九二又在坤卦之中，坤为众、为民。因此有九二自下而上，带领民众，向宗庙行进之象。较之以九五为王，更能体现卦义。

"利涉大川，乘木有功也"是在通过上下卦的取象，来解释"利涉大川"，上巽为木，下坎为水，木在水上，有涉越大川之利。

象曰：风行水上，涣。先王以享于帝立庙。

【译文】涣卦有风行水上之象，君王观此象，应当向天帝献祭，设立更多的宗庙。

【解读】卦中上巽为风，下坎为水，因此有风行水上之象，以此来解释涣，主要是取自于在春风的吹拂下冰雪消融的自然现象。

"先王以享于帝立庙"首先明确了，涣卦的卦义主要是针对于君王而言的，"享于帝"就是向天帝献祭的意思，与卦辞中的"王假有庙"相应。"立庙"自古解说不详，笔者认为很可能是指，在更广泛的范围内，设立祭祀天帝、先王的宗庙，其主要目的有两个，一是对主祭人的褒奖，二是加强主流意识形态的渗透。比如，《史记》中就曾记载，在周公去世之后，为了表彰其功绩，允许其封国（鲁国）设庙祭祀周朝的先祖——"于是成王乃命鲁得郊祭文王。鲁有天子礼乐者，以褒周公之德也。"

初六，用拯马壮，吉。

【译文】前来拯救的马十分强壮，吉祥。

象曰：初六之吉，顺也。

【译文】初六的吉祥，是因为顺。

【解读】"用拯马壮"的意思是说，前来拯救初六的"马"十分强壮，初六将很容易得到拯救。这实际上是说明，九二自上而下的意图和意义所在，即将初六于沉沦中提振起来拯救出去。因此，初六爻辞虽然平实，却集中地体现了卦变的核心意图，即阳刚通过自上而下，来激活阻滞于下的阴柔，促其重新上进，聚拢于阳刚之下。

从卦象上看，初六当初位于一卦的最下，是既无才具，又少见识的愚民之象，不可能自己从阻滞沉沦中解脱出来，所以只能寄希望于，有外力的牵引拯救，而阴柔以阳刚为主，随阳刚而动，因此这个外力只能由阳爻来充当。如下图所示，

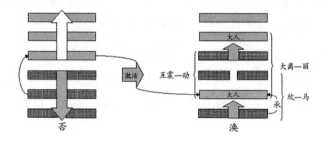

否卦的九四来至九二,在义理上,是成就"大人"的德业,进而教化万民。从卦象上说,是与初、三两爻组成下卦坎,坎为美脊马,壮而有力;又与三、四两爻组成互震,震为动、为行;又与三、四、五三爻,共同组成一个大离卦,离为附丽。而初六向上亲比于九二,因此自初六观之,有被壮美之马提振,借震动一跃而出,通过大离,附丽于九五之象。正是为九二大人之德所教化的表现。

初六在否卦中,是阴长而逼阳的动力来源,比之于人事,又是为数最多的愚民,是最缺乏能动性,同时又是最容易滋生淫邪不满的一群,能够使他们得到提振,进而依附于九五,可谓天下之大幸,因此说"吉"——这个吉既是对初六而言,又是对天下而言。

象辞说"初六之吉,顺也",就是在说,经过九二的提振之后,初六由与阳刚为敌,沉沦不进,转而顺于阳刚。

九二,涣,奔其机,悔亡。

【译文】涣散而出,在恰当的时机,奔向正确的位置,没有忧悔。

象曰: 涣奔其机, 得愿也。

【译文】"涣奔其机", 是说得偿所愿。

【解读】九二是参与卦变、促成涣卦的关键一爻。但是自古对其爻辞的解读, 却始终未得其中要领。关键是对爻辞中"机"字的理解, 先前的解易者, 不知何故, 普遍将其解为"几案"的"几"。所谓"几案"是古人用来凭靠的一种家具, 因此"奔其机"就被进一步解读为: 奔向其依靠(初九)。

笔者认为这种解读, 不仅仅是错误, 而是荒谬。原因有三:

首先, 在《周易》中虽然有, 正应之间互为应援之意(卦变之前, 初六是九四的正应), 但是更有阳主阴从的基本原则, 仆从可以为其主提供应援, 并不等于说主人要以仆从为依靠。因此这种解读, 是有违《周易》中阴阳关系的基本原则的。

其次,《周易》的基本原则是阴随阳动, 即阳刚始终是主动的, 是变易的发起者。因此, 在卦变中, 九二是主动的自上而下, 来以己之"涣"来激活下阴, 来治天下之"涣"。因此其动机既是主动的, 又是利他的。如果将其解读为——奔向其依靠, 岂不掩盖了九二行为的高尚性和主动性?

第三, 如果九二是奔向其依靠, 那么初六就成了被依靠的对象, 而不是被拯救的对象, 又怎样解释初六的爻辞? 或说又怎样在初六与九二之间, 建立起正确的逻辑关系呢?

所以这个"机"不是"几案"的"几", 而是时机的"机"。

爻辞"涣"是指九四在否卦时, 从其同类中分离出来。

"奔"是发生在"涣"之后的动作，或者说是"涣"的目的。

"其机"是"奔"的状语，说明否之九四自"涣"其身，奔向九二的位置，时机掌握得恰到好处，正是其当奔必奔之时。这是因为：

首先，九四在否卦中，是唯一一个与阴爻保持直接的一爻，这就意味着，在其清亢的同类之中，九四是最不清亢的，是最有可能与阴柔交通的一爻，因此是"涣"是"亢"全在其一念之间。

其次，如果此时不下与阴柔交通，则卦象会继续发展为观，九四也会随之而变为九五，其突破障碍与阴柔交通的阻力，也将随之加大。因此此时——否卦之时，是九四下通阴柔的最后时机。

由于九四的自"涣"而下通阴柔，是实现亨通的关键所在，因此无论是对于自身而言，还是对于阳刚整体而言，都相当于破除了忧悔，所以"悔亡"。（参考象辞"刚来而不穷"的解读）

象辞"涣奔其机，得愿也"进一步提示了，九二在行为上的主动性和高尚性。

六三，涣其躬，无悔。

【译文】自己解脱出来，没有忧悔。

象曰：涣其躬，志在外也。

【译文】"涣其躬",说明其心志已经在外。

【解读】六三的"涣其躬"相当于九二的"涣",都是指将自身从原来各守其类的状态中解脱出来。所不同的,九二之"涣"实际上是发生在卦变之前,因此在爻辞中,只用了一个"涣"字;六三之"涣",则是发生在"现在"——卦变之后,是对九二由"涣"而"奔"来的反映,这充分体现了阴随阳动的基本原则,所以其爻辞是"涣其躬"。

"无悔"一方面是因为其自"涣其躬"的结果,将是重新附丽于阳刚——入大离之中,与阳刚一道促成天下的亨通;另一方面,也是因为其以阴居阳、外柔内刚的本性使然。

象辞"涣其躬,志在外也",实际上是通过六三的动机,向读者倒述了九二的动机,也形象地说明了,"涣"与"奔"是两个连续,而不同的动作——否卦中的九四,因为志在下而"涣"而"奔"向九二。

六四,涣其群,元吉。涣有丘,匪夷所思。

【译文】涣散其群类,大吉。涣散而能得高位,匪夷所思。

象曰:涣其群元吉,光大也。

【译文】"涣其群元吉",是因为其行为广大。

【解读】六四一爻是全卦的核心,同时也是最为难以解读的一爻。因为对其的理解,是建立在对卦变中阴阳的主从关系的深刻理解与把握的基础上的。

一言以蔽之，六四的爻辞，表面上看六四自身运动的结果，而实际上却是，对阳刚（九二）运动的反应，是阳刚（九二）运动的结果。如下图所示：

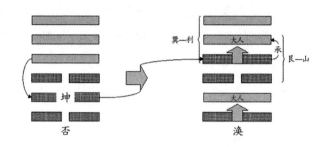

从表面上看，否卦的六二上而至涣卦的六四，导致了下坤的完全解体，有破否卦下坤的阻滞沉沦之象，因此说是"涣其群"。

实际上却是，否卦的九四，通过让位于六二，使之"得位乎外"，成为进身有成的"榜样"，最终通过这种"榜样"的力量，彻底击碎下坤的阻滞沉沦之气，促成阴柔"上同"于阳刚的天下亨通之局——六四上而入巽，巽为利，暗示有位必有利，有利必能聚人。（参见下图）

所以，之后的"元吉"，并非（仅仅）是六四的元吉，而是阳刚的天下的元吉。

比之于人事，六二是才具不足的士人，九四让位于六二，使之得居高位，实际上就是君王畜贤之象。"元吉"则说明，这种引民间精英入任高位的手段，是治天下之"涣"、聚万众之心的不二之术。

在中国的历史上，魏晋南北朝时期的文人，以清高狂放、旷逸不羁为荣，以谈论国事出任公职为耻，究其原因，无外乎是当时的门阀政治，以门阀出身取士，导致民间有才之士，没有进身之路。偶尔有进身之机，又羞于与小人为伍罢了。结果导致汉族政权中，朝无名臣，军少悍将，这才有了戎狄乱华四百年的悲剧。

隋唐以后，一扫此沉沦之风，重现中华文明光辉的关键，就是通过创建科举制度，解决了民间精英进身入仕的通路问题。如果将奥巴马、克林顿这样出身卑微的人，能够成为总统的"神话"，称为美国梦的话。那么曾经让无数寒门子弟，得以身居宰辅名动宇内的科举制度，就是古代的中国梦。这个梦的核心，就是让平民有改变命运的希望——对于一群没有希望的人来说，道德就只能是一种传说；对于一群没有道德的人来说，财富只能是一种毒品；对于一个沉沦于毒品的民族来说，盛世终将成为一种回忆。满清的衰亡原因多多，其中不可忽视的一条就是，对文人尤其是汉族文人，在仕途上的刻意压制，在相当程度上，击碎了汉族文人心中的希望。

"涣有丘，匪夷所思"是对前一句的深化与强调，即提醒读者，不能对其等闲视之，而要着重发掘其深刻内涵。

从表面上看，"涣有丘"是指六四在互艮之中，艮为山丘，因此有得居高位之象。

实际上却是指，否卦的九四，通过让位于六二，使六二这个才具并不出众的"精英"其得居高位。又通过推动六三"涣其躬"，与六四共同附丽于九五，形成了互艮之象。换言之，是九二通过聚拢阴柔，一手促成互艮——山丘的出现，因此这个"丘"也更应当取作"聚集"的意思。这样"涣有丘"就应当同时具有三重含义：涣散而能得位，涣散而能成丘，涣散而能聚众。其中任何一种，都堪称是"匪夷所思"。

套用一个后世的故事来解释"涣有丘"，就是千金买马骨，这其中的道理，又岂是常人所能理解的。

同理象辞"光大也"，也不能仅仅理解为，是针对六四而言的，而应当延伸到阳刚方面（九二）。

九五，涣汗，其大号涣，王居无咎。

【译文】发汗，其大声呼号的态度得以缓解，君王可以没有咎害。

象曰：王居无咎，正位也。

【译文】"王居无咎"，是指能够端正其地位。

【解读】九五与上九都没有参与卦变，同时又都是卦变的受益者——阳刚的"不穷"也包括此二爻。因此这两爻的爻辞，具有很大的相似性，其基本的意思，都是通过"涣"，来摆脱了原有的忧患。而爻辞中的"涣汗"和"涣其血"，则很有可能是上古时的两种常用的医疗手段。

"涣汗"应当就是一直沿用至今的"发汗"，即通过汗液将体内的毒素带出体外，从而实现治疗疾病的作用。

"其大号涣"往往被断为两部分，前半部分"其大号"被归于"涣汗"，后面的"涣"则与"王居"连读。笔者认为，应当将此四字单独断出，无论在卦象上，还是义理上，都更有依据和道理。如下图：

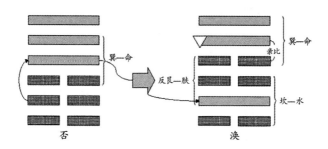

九五下临反艮，反艮又下连坎水，艮为肤，因此有汗水自肌肤中渗出之象，因此说"涣汗"；卦变之前，九五之号令，要经由九四而出，不与阴柔直接接触，有远民不亲之象，因此叫"大号"。卦变之后，九四下至九二，九五虽然仍在上巽之中，但是已经开始与阴柔直接接触，有亲民之象，因此说"其大号涣"。同时，九五在否卦中的远民之象，正是其清亢之性所致，正是病之所在，"大号"就是其外显的症状，因此卦变之后，"其大号涣"就如同"涣汗"一样，等于是消除了病症。

所以才能"王居无咎"——以王者自居，或者居于王位而能无咎。

象辞的"正位也"的"正"是动词，是保证端正的意思。九五通过"其大号涣"，而能"王居无咎"，就是《系辞传》中所说的"圣人之大宝曰位。何以守位？曰仁。"

上九, 涣其血, 去逖出, 无咎。

【译文】放出血液, 远远避开, 不再沾染, 没有咎害。

象曰: 涣其血, 远害也。

【译文】"涣其血", 是远离伤害的意思。

【解读】放血疗法是针刺方法的一种, 即《黄帝内经》中的刺络法——用"三棱针"根据不同的病情, 刺破人体特定部位的浅表血管, 放出适量的血液, 通过活血理气, 达到治疗的目的。是古代医家非常重视的一种治疗手段,《素问·血气形志篇》中说:"凡治病必先去其血。"

如下图所示:

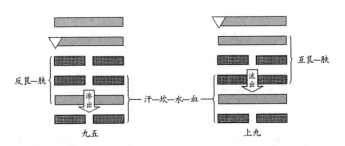

上九的"血"象, 与九五相似, 都是取自于下坎。所不同的是, 由于血和汗都是由肌肤而出, 而肌肤则是与肌体紧密相连的组织, 所以九五是以反艮为肤, 下坎有从中渗出之象, 故为汗; 上九则是以互艮为肤, 下坎有将与之脱离之象, 是流出之象, 所以是血。

否卦中阳刚之病在于清亢，因此愈向上，愈远离阴柔，病情就愈是严重，需要动用的治疗手段，也必须随之升级。所以，九五"涣汗"即可，上九则必须要"涣其血"。

"逖（tì）"是远的意思，"去"表示不再来，"出"表示不再入，综合起来"去逖出"就是，远远避开，不再沾染（血所代表的病）的意思。这样当然可以"无咎"。

象辞"远害"就是这个意思。

节——节以制度

 兑下坎上 水泽节

"节"是限制、控制，使事物处于某一范畴之内，不致太过的意思。可以说是中国文化的基本特征之一，因此也是国人皆知的一种行为准则。

但是节卦所要传达的内涵，要比普通人理解的"节"，更为客观而全面得多。因为在普通人心目中，"节"主要表现为节俭、约束等意思，而节卦的"节"，则是更全面地针对一切过度的"节"，为了突出其客观性，打破常人在对"节"理解上的狭隘，而更强调对过分节制、约束的"节"。

因此，节卦所反映出来的思想，以及在此基础上，进一步演变出来的，在中国古代社会中，传承数千年的所谓礼法、礼数等等，针对人的等级限制，实际上是一种非常有节制的"节"，是一种既在一定限度内限制人的行为，同时又限制对人的行为过度约束的制度。

其中最为有代表性的，大概就应当是，从皇帝到庶民的一整套，涉及日常服饰、用具等多方面的详细限制。尤其是关于皇

帝在日常用度上的，堪称世界之最的奢华规制等内容，曾经长期受人诟病，然而通过对节卦的深刻理解，就会体会到这种制度的价值所在，甚至还可体会到皇帝奢华的必要性。(详见后)

前人在对节卦的解读中，在对卦辞的理解上，基本上是准确的，但是由于没有准确地找到，贯穿六爻的取象方式，因此不仅在逻辑上无法在六爻之间形成有效的联系，而且也使爻辞与卦辞之间，出现了相当明显的脱节。笔者在此次解读中，将解决这个问题，还原一套完整的关于"节"的思想。

节 亨。苦节不可贞。

【译文】亨通，令人痛苦的节，是不可能坚守的。

【解读】节卦是由泰卦，经过九三与六五的交换演变而来。泰体现的是阴阳交泰的和谐景象，因此亨是必然的，变而为节，卦辞仍旧为亨，说明卦变过程，非但没有破坏泰的和谐，而且延续原有的亨通。

"苦节不可贞"是对节为什么能够延续泰卦之"亨"，或者说泰卦为什么要变为节卦，才能延续亨通的解释。换言之，创易的先圣认为，在泰卦的和谐景象背后，存在着某种不和谐的因素——"苦节"，而这些因素——"苦节"又是维护泰卦的亨通局面的基础，但是这些因素——"苦节"又是难以坚守——"不可贞"的。所以，必须要有所变化，来化解这些"苦节"，进而延续泰卦的亨通。

所谓"苦节"顾名思义，就是让人痛苦的"节"，就是超越必要的过分的"节"。

在泰卦中，维系其和谐与亨通的基础，无疑就是建立在阴全在上，阳全在下，而且阴爻与阳爻，在数量上彼此相当等诸多条件上的阴阳平衡。显然这种平衡在堪称完美的同时，也是非常脆弱的。因为这种状态的维持，是以阴阳完全静止不动为前提的，而这是违背客观规律的，无论对阳爻还是阴爻来说，都是难以坚守的"苦节"。

比之于人事，就是要求天下百姓长期地安于现状，甚至是安于最基本的生存条件——如阳刚苦守于下，来维持社会的稳定与平和。这显然是不可能的，以明洪武为例：

明洪武朱元璋，出身赤贫，对一切奢靡具有发自内心的厌恶，甚至是痛恨。因此在他定鼎天下之后，不仅自己在生活起居上尽量节俭，而且认为其属下的臣子，也应当同他一样，能够接受节俭的生活。所以，一方面尽量缩减官员的合法收入——俸禄，以保证政府可以在一个低税收水平上运作；另一方面不惜使用特务去检查大臣家的泔水缸，以这种极为荒唐龌龊的手段，来监视大臣是否有不法收入。对于那些有贪污行为的官员，更是动用剥皮等空前绝后的刑罚。以期能够建立一个清廉爱民的王朝。结果，除了让明朝自始至终，都在财政上捉襟见肘之外，就是导致有明一代，贪官不断。后来的清朝，也因为基本上照搬了明朝的这套思路，因此其腐败之风，与明代相比，有过之而无不及。

究其根源就是，明洪武没有真正的正视人性，而将自己的政策，或者更准确地说是自己的一厢情愿，寄托在人们尤其是官员们道德上的高尚。然而，现实的人性却是，任何人的任何行为，归根到底都是为了给自己创造一个更好的生存环境。因此对物质的追求，是客观而真实的。一旦不能通过正常合法的手段来获得，那么就像无论城墙夯筑得多么坚实，上面总会长出草来一样，无论制度设计得多么周密，监控布置得多么严密，处罚展现得多么恐怖，都无法阻挡各种淫邪之心的滋生。

原因就是，他是在要求人们，坚守一种"苦节"，而"苦节"是"不可贞"的。反之，就是为什么中国古代强调因俗而制礼的原因（参见豫卦的解读）。

一言以蔽之，"苦节不可贞"是现实，认为"苦节可贞"，希望通过坚守"苦节"来维持和谐，是幻想。

由此可见，节卦辞的重点，不在于阐述尽人皆知的节，而是少有人知的对"节"之"节"。

彖曰：节亨，刚柔分而刚得中。苦节不可贞，其道穷也。说以行险，当位以节，中正以通。天地节而四时成，节以制度，不伤财，不害民。

【译文】节卦能够亨通，是因为阳刚和阴柔各自分离出来，而且阳刚得居中位。"苦节不可贞"，是因为其所行之道，已经穷竭。心怀喜悦地去冒险，当位仍能有所节制，行为中正因此亨通。天地变换有所节制，四季才能生成，以制度来节制，既不会伤害财力，又不会伤害民力。

【解读】如下图所示：

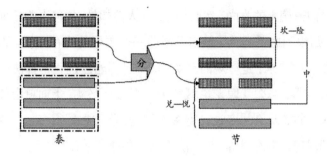

"节亨，刚柔分而刚得中"是在通过卦变，来解释泰变节之后，何以能延续其"亨"。"刚柔分而刚得中"具有两重含义：一是讲述了卦变的过程以及结果——在卦变中，九三和六五，各自从其群类中分离出来，交换位置，导致了刚爻占据卦中上下二五两个中位的结果；二是陈述了刚柔同时对坚守"苦节"的放弃——"刚柔分"本身就是九三和六五各自弃守"苦节"的表现。"刚得中"则是对弃守"苦节"之后行为的描述，"中"在这里体现的也是一种"节"，即虽然突破了"苦节"，但行为仍旧是有节制、适中的。

只有将这两重含义综合起来，才能全面地解释"节亨"。

"苦节不可贞，其道穷也"概括地阐述了"苦节不可贞"的原因，"道穷"就是说在道理上将导致困窘、行不通的意思。"道"是天道，是人性，因此可以将"道穷"进一步理解为：不合于人性。

"说以行险，当位以节，中正以通"是通过上下卦的卦德，以及卦变后九五的爻位，来阐释如何才能弃守"苦节"，以及之后如何才能保证亨通。

卦中下兑为悦，上坎为险，因此说"说以行险"，即心怀喜悦地去冒险。这实际是一种对弃守"苦节"的乐观主义描述，在其乐观的背后，则是弃守"苦节"所需要承受的风险——"行险"是以"险"的存在为前提的，所以说"行险"，本身就是在说，弃守"苦节"，打破当前的和谐，是存在风险的，是需要有"说以行险"的勇气的。

"当位以节，中正以通"主要是针对九五而言。九五自泰卦的九三变来，有进而得位之象。"当位以节"就是说九五当位之后，仍能有所节制，或说九五是在有所节制的条件下当位的。

"中正以通"是"当位以节"的结果——由于"当位以节"而"中正"，因为"中正"而亨通。这一连串的推论，虽然在卦象上有明确的依据，但是在义理上，还是较难理解。于是孔子随后，用"人事"加以进一步的解读。

"天地节而四时成"是象辞中惯用的，以天理证人事的语句，主要是为了证明，随后关于"人事"的论述的合理性。意思是说，天地的变换因为有所节制，才使四季能够形成。

"节以制度，不伤财，不害民"讲的是人事。"节以制度"类似于现代的以法治国的思想，强调是一种双向的约束，体现的是一种有限度的约束。所不同的是，"节以制度"侧重于对君王与民众之间利益关系的协调。以礼法中，对君王用度近似奢侈的规定为例，如下图所示：

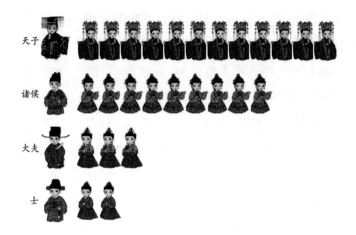

天子

诸侯

大夫

士

　　虽然表面上看来，这些数字是让人震惊的，而且毫无疑问在相当程度上，是对国家财富的浪费。但是它却解决了一个问题，为君王用度设定了一个至少在理论上不可逾越的上限。如果将天下看作是一个君王和民众共有的利益体，那么这种制度，就相当于君王与民众之间签署的一份关于利益分配的契约。如果退回到创易时代，来思考这个问题的话，还可以更进一步地将其理解为是民众为雇佣君王这样的，在战争与行政管理上面具有专业技能的人，所需要支付的费用。因为此时的，尤其是早期的君王，绝对是一个高风险的职业。

　　那个在礼法中规定的看似庞大的数字所起到的作用，就是使君王既无法拒绝，也没有理由再行索取。杜绝了君王用度无限化的可能，使民众的支出处于可预见、可控制的范围内。

　　同时此处所述的制度，并不仅仅是针对君王一人，而是针对其整个统治/管理团队的一整套逐次递减的制度。即是以君王的用度为上限，自上而下，随着地位的降低，标准逐次递减。

此时那个看似庞大的数字背后，更大的价值就显现了出来。即它可以在有节制的前提下，保证每个官员都能拥有合情合理合法的"待遇"，使之不必，至少没有合情合理的理由，去为了谋求更好的，甚至是基本体面的生活条件而去违法。

这就将控制的范围，拓展到了整个统治/管理团队，使整个国家的管理成本基本可控。而且考虑到不同层级官员的数量，与不同级别用度之间的反比例——倒三角关系，如下图所示：

就会发现在这些表面奢华的背后，其实是对国家财政的人性化有效控制，是"不伤财，不害民"。反之，一旦失去了这种制度化的约束，或者制度成为一种不可坚守的"苦节"，那么不仅君王的用度无法控制，整个统治/管理团队的成本，也将无法控制。最终必然是伤天下之财，害天下之民。

象曰：泽上有水，节。君子以制数度议德行。

【译文】解卦有大泽之上有水溢出之象，君子观此象应当懂得，制定不同礼数等差，划定身份地位的重要。

【解读】卦中下兑为泽，上坎为水，因此有泽上有水之象。泽上有水本来是理所当然，但是一旦过盛就需要加以节制，否则就会溢出为患，所以有"节"的意思。

"制数度"就是前述的，对不同身份地位的人，制定不同礼数等差。"议德行"很可能是说，身份地位的划分，是通过"议德行"来确定，也可能是类似与后世的论定功绩的意思。总之，是在强调"节以制度"。

初九，不出户庭，无咎。

【译文】不出门庭，没有咎害。

象曰：不出户庭，知通塞也。

【译文】"不出户庭"，是懂得通塞之道的表现。

【解读】通常来说，各卦爻辞的取象，要么倾向于静态的现有卦象，要么倾向于动态的卦变过程，但是节卦六爻的取象具有其独特之处，就是要同时兼顾动、静两种状态，即只有综合考虑爻在卦变前后，在爻位、乘承比应关系上的变化，才能准确地判定各爻所守之节，是否是"苦节"，进而对其动与不动的结果作出判定。

初九是没有参与卦变的一爻，爻辞"不出户庭"可以从两个方面来理解：

首先初九的乘车比应关系，在卦变前后没有任何变化，即卦变完全没有影响到它，所以其维持现状不动，理应可以延续在泰卦中的亨通。囚此"无咎"。

其次从当前的卦象来看，如下图所示：

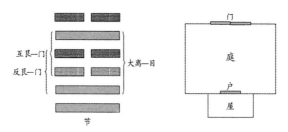

互艮为门庭之象，初九与互艮之间有九二阻隔，九二在互震之中，互震为反艮，因此对于初九来说，九二也是一道门。所以初九所处的形势，即如右图所示，是身在屋中足不出户之象（户指房屋上用的小门，门指庭院用的大门）。

足不出户而能"无咎"的原因，则在于初九前临大离，却未入离，离为目，因此初九未入离，就意味着看不到/没看到外部的事物。

人的痛苦，源于人的欲望没有得到满足；人的欲望，除了基本的生理需求，都是源于外部环境的影响——见人有而欲得，求之不得则内心焦躁。即如老子说："不尚贤，使民不争；不贵难得之货，使民不为盗；不见可欲，使民心不乱。"

所以，初九守节不动而"无咎"，不以所守之节为"苦节"的根本原因，就在于其因为未见而能无欲，因为无欲而能身处卑微，却自得其乐，不知"苦"为何物。

概而言之, 初九为"可守"。

象辞说初九"知通塞", 是从更加主动的角度, 对初九的不知"苦"进行了拓展。

九二, 不出门庭, 凶。

【译文】不出门庭, 有凶祸。

象曰: 不出门庭凶, 失时极也。

【译文】"不出门庭凶", 是因为严重错失了时机。

【解读】如下图所示:

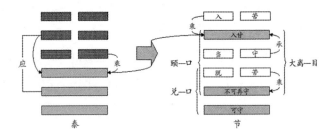

九二也是没有参与卦变的一爻, 因此也有守节之象。但是较之初九:

首先在卦变之后, 随着六三的下来, 由于固守不动, 而失去正应, 且被阴柔所乘。换言之, 卦变使九二的乘承比应关系, 向着不利的方向发展了。因此有守而不利之象。

其次九二是大离的组成部分, 因此为可见外物之象, 也必然会被外物所惑生欲。欲望一经产生，要么因为得到满足而愉悦，要么因为没有得到满足而失落。无论最终是否能够得到满足，都必须要以付诸行为为基础。所以九二因为能见而有欲，因为有欲而欲行。这是客观规律，非人力所能违拗，因此九二的不动，必然会使内心感到痛苦不堪。

概而言之，九二是"不可再守"——卦变（时局/境遇的变化）使九二所守之"节"，变为了"苦节"。

象辞说九二"失时极也"——极端地不与时俱进，这就是说人的欲望是客观的，不能以无视其存在的态度来回避。其中的"时"就是促成人的观念、欲望变化的外在因素。

具体地说就是：

一方面是不动的生存条件，不同的成长背景，都将促使人们形成不同的欲望或者价值观念，这些都是客观的，统治者不能像明洪武那样，要求所有的人都按照统一的（实际上就是他个人的）标准和模式，来思考和行动。

另一方面就个人而言，也没有必要过分地固守所谓的成式，而无视时代的变化，压抑自身欲望的冲动。而应当随着时代的变化，不断地调整自身的观念。

此外，"时"与"道"在《周易》中，具有相同的客观性，因此孔子用"失时极也"，实际上也是在强调，九二的错误在于，违背了客观规律中蕴含的变化，而不是简单地主观私欲膨胀。这一点是需要认真对待的，不能混为一谈。

六三，不节若，则嗟若，无咎。

【译文】对自己的行为缺乏节制，则只能嗟叹，但是没有咎害。

象曰：不节之嗟，又谁咎也。

【译文】不知节制造成的叹息，又能归咎于谁。

【解读】六三是参与卦变的一爻，因此其爻辞的理解，必须追溯到卦变之前，即如九二之凶，实际上由卦变造成的一样。先儒的思维未能深入到这一层面，因此对六三的解读，均未得要领。具体地说：

六三的"不节若"，不是针对现有的卦象而言，而是针对泰卦的六五来说的。六五阴居阳位已然不正，又窃居尊位更加不正。因此有"不节"——对自己的行为缺乏节制之象。

节卦之"节"，强调对节本身的节制，使之不能太过，是建立在对正常的、正当的节，视之为必然的基础上。所以虽然未对"不节"加以评断，不是默许，而是因为"不节"已经超出节卦的讨论范畴，是毋庸置疑的凶相。

具体到六五上，阴居尊位就是典型的僭越——超越自身名分与能力的行为，其痛苦是必然的，因此六五虽然身居尊位，但如果贪恋不舍，不能及时变易，那就是一种"苦节"。

这是"不节若"的第一重含义。

"不节若"的第二重含义表现在其在卦变中的运动，六五原本与九二正应，同时六五虽然有僭越之嫌，但却有居"中"的优势，这也是其在泰卦中，仍旧可以苟安的原因所在。如果其在卦变中, 继续沿袭中道, 对自己的行为有所节制, 那么就应当与九二交换位置。然而事实是, 六五与九三交换了位置, 成为既不正也不中的六三, 失去了其唯一可取的 "中" 的特性。在卦变过程中, 仍旧 "不节若"。

所以六三只能是 "则嗟若", 其中 "嗟" ——嗟叹是指六三当前的状态, 连词 "则" 明确了六三嗟叹的原因, 就是六五在卦变中的 "不节若"。六三位于下兑之中, 兑为口。同时三至五有颐象——像一个张开的嘴, 因此有嗟叹之象。(参见上图)

综合来说, 六三是由泰卦的六五演变而来, 但是六三只解决了六五窃居尊位的问题, 可以视之为因为卦变而摆脱 "苦节"。但是阴居阳位的问题并没有解决, 而且又失去了 "中" 的特性。所以卦变对于六三来说, 只是部分解决了其在六五时所面对的问题, 而且又留有许多遗憾, 最终只能是一声嗟叹。

概而言之, 六三是 "脱苦" 而已。

之所以会 "无咎", 一来是因为其行为符合卦辞 "苦节不可贞" 的主旨, 二来是因为虽有不足, 但有叹则知悔, 所以可以 "无咎"。

象辞 "不节之嗟, 又谁咎也", 也是这个意思。

六四, 安节, 亨。

【译文】安守其节, 亨通。

象曰: 安节之亨, 承上道也。

【译文】安守其节亨通，是因为顺承在上的阳刚。

【解读】六四也是未参与卦变的"守节"者。

与九二相比，经过卦变之后，六四自身居正的地位没有改变，而且还得以顺承九五，因此乘承比应关系，在卦变后，向着有利的方向发展了。

与初九相比，虽然六四随卦变而入离，有得见外物、心生欲望之象，但是因为其得以顺承九五，而有得偿所愿之象。（参见上图）

所以，六四的"安节"是建立在有静守得宜之上的，因此能够"亨"。

概而言之，六四为"当守"。

象辞"承上道也"就是在说，六四的亨通，正是因为得以顺承九五。

九五，甘节，吉。往有尚。

【译文】感受到节制的甘美，吉祥，

象曰：甘节之吉，居位中也。

【译文】感受到节制的甘美而吉祥，是因为居于中位。

【解读】九五与六三一样，是参与卦变的爻，因此其爻辞，也需要追溯到卦变之前，所不同的，其在卦变之前的九三所面临的问题，主要是为阴柔所乘，有才具未得到充分的发挥与认

可，怀才不遇之象。虽然也可以视之为"苦"，但由于九三本身已然居正有位，因此与六五的僭越相比，无论在严重程度上，还是修正的紧迫性上，都要略逊一筹，所以没有直接地体现在爻辞中，而是通过卦变之后的结果——"甘节"来反衬出来。

九五与六三的另一个不同之处在于。卦变之前，九三正而不中，卦变之后，九五居中得正——在正的基础上，有增加了"中"的特性。说明其无论在卦变的过程中，还是在卦变之后，都能够恪守中道有所节制。既不守"苦节"，又不违有节之道，所以能"吉"。

"往有尚"具有两重含义：

首先是明确了，九五爻辞与卦变过程之间的紧密联系——"往有尚"本身就是对九五自九三上行而来的卦变过程的描述。

其次是进一步揭示了"节以制度"的深刻内涵。九三已然得位，仍旧视为"苦节"，必以身居尊位为"甘"，原因就在于其在九三时，未至当处之位，未得应得之尊。比之于人事，就是要让君王得到应有的、足够的精神与物质享受。

以此为"尚"，认为这是值得推崇、提倡的行为，实际上是在肯定其合理性的基础上，有推动其进一步升级，甚至超越常人所理解的必要标准的意味。其原因就在于，在一个严格的逐次递减的制度中，只有将君王的用度，制定成一个看似不合理的规模，才能在保证等级森严、法度严明的前提下，保证依次而下的各层团队成员，能够拥有与之相应的精神与物质收益，才能够真正有效的最大限度的使之能够恪守其节，才能够杜绝

"苦节不可贞"之后,导致的补偿式的物欲宣泄。

象辞说"甘节之吉,居位中也",就是在强调,九五之所以能够"甘"其"节",就是因为能够"中",即有所节制,当然这个节制是双向的,既有九五的自我约束,又有对九五约束的约束。

概而言之,九五是"入甘"。

上六, 苦节, 贞凶, 悔亡。

【译文】令人痛苦的节,正固坚守则会有凶祸,没有忧悔。

象曰: 苦节贞凶, 其道穷也。

【译文】"苦节贞凶",是因为所行之道已经穷竭。

【解读】上六是没有参与卦变的一爻,虽然其始终以阴居阴位而居正,但是随着卦变的过程,上六陷入了乘刚的境遇。即乘承比应关系,随着卦变向对其不利的方向发展了,这一点与九二相类似,但是九二是被阴柔所乘,上六则是乘于阳刚之上,上六是伤害的施予者,九二则是被害者,因此相较之下,上六的问题更为显著。(参见上图)

其"苦节"就是这一卦变过程造成的后果,如果继续坚守此道,就是坚守"苦节",既与卦辞相悖,又有乘刚之实,所以必"凶",这就是"贞凶"的原因。

上六的"悔亡"较为特殊,不是无条件的忧悔会消失,而是说, 如果有/知悔, 那么忧悔就会消失。与六三的 "嗟若, 无咎" 类似。只不过, 六三已经弃守 "苦节", 而上六则仍可能执迷于苦守而已。

概而言之, 上六是 "入苦"。

象辞 "苦节贞凶, 其道穷也" 通过重申了象辞, 来强调 "苦节不可贞"。相关的解读参见象辞的相关内容。

中孚——包容乃安

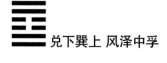

兑下巽上 风泽中孚

中孚与随后的小过，是六十四卦中较为特殊的两卦，因为它们既不在十二消息卦之列，又不能由十二消息卦直接演变而来。因此，自古以来对这两卦的解读，也因为欠缺准确的卦变支持，而陷入只能就静态的卦象来阐释卦义的境地。

此类思维的必然结果就是，将卦义局限于个人道德修养的范畴内，而无法揭示其在君王政治、社会管理等方面的价值。加之，"中孚"所具有的诚信的思想，又是在后世中国社会中，占有统治地位的儒家思想的核心价值观之一，与作为儒生的后世解易者们，在思想上有着深刻而广泛的共鸣，因此"中孚"无可避免地成为最具个人道德修养特征的一卦。

笔者根据象辞、爻辞的暗示认为，中孚是睽卦经由九四与六五的互换演变而来的。其所要作的是在睽的基础上更进一步，彻底解决睽卦没有解决的阴阳冲突问题——睽卦仅仅是"小事吉"（参见睽卦的解读）。"中孚"就是先圣给出的实现这一社会和解目标的执行策略。

因此在中孚卦中，存在着两种取象方法，一种是由卦体直接取象，用以解释什么是"中孚"——内心诚信，即"中孚"之来。一种是根据卦变取象，解释"中孚"何以能够是阴阳交融，即"中孚"之用。

"中孚"之来——内心诚信的产生，可以进一步引申，成为个人修身立德的指导；"中孚"之用，则是治国安邦之策。因此沿着这样的思路去解读中孚，才可以摆脱"儒门小易"的羁绊，而进入以天下为重，以天下为念的大易境界。

中孚　豚鱼, 吉, 利涉大川, 利贞。

【译文】内心信诚达于猪、鱼, 吉祥。有利于涉越大川, 由于正固。

【解读】"孚"是诚信的意思。对此先儒通过中孚卦体给予了解读, 从全卦整体来看, 中孚外坚实而内虚空, 因此有所谓的中虚之象；从上下卦分别观之, 又是外虚内实, 因此有所谓中实之象。

在儒家思想中, 中虚与中实是诚信的根本, 即中实为信之质, 中虚为信之本。这是因为, 人之所以能够诚信待人, 首要就是心无私念, 即所谓"中虚", 反之如果不"中虚", 就不能保持客观公正的态度。人之所以能够让人感到其诚信, 首要是言行公正、守一, 这就需要内心有坚定的信念, 不会随时随势而变, 即所谓"中实"。反之如果不"中实", 则必然易变而难以持久。

对此朱熹也有精辟的论述："中虚是无事时虚而无物,故曰中虚。自中虚中发出来的皆是实理,所以曰中实。"

用现代的话说,"中虚"就是心底无私,"中实"就是内心坚定,行为光明,"中实"又是以"中虚"作为基础的。

至此先儒对"孚"的解读,可谓完备。但是却没有真正解释什么是"中孚",或者说"中"的含义到底是什么? 仅仅是充当"孚"的修饰? 还是另有它意?

这个问题,就只能通过卦辞,及其背后的卦变来解决了。

中孚的卦辞,与同人、履等卦相似,需要将卦名与卦辞连读,具体地说就将"中孚"和"豚鱼"连读。

"中孚豚鱼"的用法类似于"仁及禽兽",即象辞所说的"信及豚鱼"的意思。是在强调"孚"的程度之深,范围之广,如下图所示:

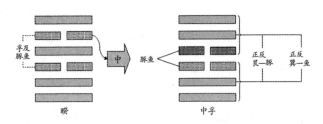

艮为猪(豚),巽为鱼,卦中以中间两个阴爻为核心,同时存在正反艮,正反巽,全卦又以"孚"——诚信为义,因此有信及豚鱼之象。加之"豚鱼"都是冥顽低贱之物,不可能取象于阳爻,而"孚"又是以阴阳相得为卦象上的支持,所以可以推断,如果单就爻而论,卦中能够代表"豚鱼"的只能是中间的两个

阴爻。

反观睽卦,在睽卦中实际上也存在着"孚及豚鱼"的现象——两个阴爻,分别夹于两个阳爻之间,所不同的仅仅是,"中孚"更进一步,将两个阴爻合于一处,置于一卦之中。可见由此看来,"中孚"的"中",就是指将阴爻置于一卦之中,置于阳爻之中的意思。

换言之,"中孚豚鱼"是卦变的直接结果,"中"是"孚"的状语,解决了怎么"孚豚鱼"的方式问题。因此"中孚"是一种特殊的"孚",是阳爻进一步占据君王之位后,所实施的一种"孚"——不仅要孚及豚鱼,而且还要是"中孚"。这可能就是君王之孚与君子之孚的区别吧。

"吉"是"中孚豚鱼"的结果。至此就不得不回答什么是"中孚"这个问题了。笔者认为,这个问题就在卦象之中:"豚鱼"——两个阴爻被置于一卦之中,表面看来,是一卦的核心,占据着最为显要的位置,周围有阳爻界护,有被推崇呵护之象;但同时,也处在阳爻的裹挟之下,进退动静不得自主,因此又有被监管约束之象。

回顾卦变过程就会发现,这两个阴爻实际上,是从大壮卦中六五、上六,两个占据着主导地位的两个阴爻,逐渐演变而来。客观地说,无论是睽卦,还是更进一步向中孚的演变,都是在这两个阴爻的"配合"下进行的,其行为有过而罪,其自身仍旧具有相当的影响力,因此不能粗暴挞伐,而只能敬而困/安之,即如"中孚"卦象所示——敬之以孚则为安,以不孚敬之则为困。

比之于人事，"豚鱼"如同商周之际的殷商遗老，虽然曾经站在周王朝的对立面上，但是现实却让他们成为，既需要"尊重"，又需要防范的一个特殊群体。

所以只有"中孚""豚鱼"，才能够得吉。事实上，随着普通百姓因为对国家命运的影响不断提高，而逐渐拥有了成为"豚鱼"的资格，这一策略也逐渐地被后世君王，应用于对百姓的操弄上。此时当然就是以不孚敬之了。

"利涉大川"是"吉"的结果，当然也是"中孚豚鱼"的结果。先儒未解卦中所蕴含的政治韬略，因此只能说：以至诚之心涉世，自然可以无险不越云云。却不知，《周易》中凡言"利涉大川"，必与国家政治有关，试想区区一介草民，纵然有些人生坎坷，又何堪"大川"之称？

"利贞"一如惯例，既是对前言的评断，即有利于正固。同时又是戒语，警诫应当持守贞正，也即要敬之以孚，这样才能换来长期的安定。

象曰：中孚，柔在内而刚得中，说而巽，孚乃化邦也。豚鱼吉，信及豚鱼也。利涉大川，乘木舟虚也。中孚以利贞，乃应乎天也。

【译文】在中孚卦中，柔爻位于内部，刚爻得占中位，上下卦呈现喜悦而巽顺的景象，信诚才能够感化邦国民众。"豚鱼吉"的意思是，信诚达于猪和鱼这样的冥顽之物。"利涉大川"，是因为中孚有乘坐中部虚空的木船之象。中心信诚而利于正固，才能够顺应天道。

【解读】"中孚,柔在内而刚得中,说而巽,孚乃化邦也"一句,是理解中孚的纲领。其中"中孚,柔在内而刚得中",准确地说明了什么叫"中孚",即"中孚"是以"柔在内"和"刚得中"两个条件并存,为基础、为特征的一种"孚"。

"柔在内",将阴柔至于显要位置,才能够既使"豚鱼"感受到阳刚"孚",同时又能最终实现"中孚"的目的——使阴柔处于安定的状态;"刚得中",阳刚居中行为适度,才能保证"孚"的真实性,进而保证阴柔因得"孚"而安,而不仅仅是暂时地被阳刚所困。

"说而巽,孚乃化邦也"是"柔在内而刚得中",即"中孚"产生的效果。"说而巽"是说阴柔悦而顺于阳刚。"孚乃化邦也"是说,诚信能够感化邦国民众。

"豚鱼吉,信及豚鱼也"是在解释卦辞"豚鱼吉"(参见前述内容)。

"利涉大川,乘木舟虚也"一句说明了一个很重要的问题,即卦中的六爻是对称取象的。因为巽为木,为木舟,因此只有将上下两卦看作一对正反巽,并且合并取象,即将六爻看作一条两端对称的船,才能与"乘木舟虚"相应,其中的"虚"就是指中间的两个阴爻。这一点对于解读爻辞,将是至关重要的。当然,以此种方式——纯粹的卦象,来解释卦辞"利涉大川",是无法诠释其内涵的。

"中孚以利贞,乃应乎天也"一句,表面上看是在解释卦辞"利贞",实际上却是在说,"中孚"有可能是不"利贞"的,而只有"利贞"的"中孚",才是能够顺应于天道的,也是先圣至此卦的初衷所在。

可见"中孚"的确是一种非常具有谋略色彩的，极易被各种"不孚"的言行所粉饰的"孚"。

象曰: 泽上有风, 中孚。君子以议狱缓死。

【译文】中孚有大泽上有风吹过之象。君子观此象, 应当懂得谨慎讨论刑罚之事, 徐缓裁定死刑。

【解读】卦中下兑为泽, 上巽为风, 因此有泽上有风之象。

由于先儒将中孚解读为, 关于个人修养的一卦。所以对"议狱缓死"一句, 注定无法作出准确的解读。一旦理解了卦变的过程, 并将"中孚"看作是一种特殊的, 用于安民化邦的政治手段, 再来解释"议狱缓死"就非常容易了, 由下图即可一目了然:

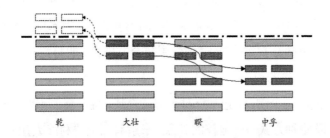

乾　　　　大壮　　　　睽　　　　中孚

对于普通百姓来说, 诉讼和生死既是关系个人命运的大事, 又是社会关注的焦点, 因此也是君王施展"中孚"之术的舞台。当然孔子所说的"议狱缓死", 是建立在真正的"孚"的基础上, 是能够"应乎天"的行为。

用现代的话说，"议狱缓死"之类的行为，就是所谓的以人为本，尊重生命。这种思想随着时间延续，而逐步演化成现今的，所谓对囚徒人权的维护，对死刑的废止等等。

初九，虞吉，有它不燕。

【译文】有所期盼和焦虑可以得吉，有其他的非分之想，不当之行，就不会安乐。

象曰：初九虞吉，志未变也。

【译文】初九有所期盼和焦虑可以得吉，是因为其心志未变。

【解读】对中孚六爻的解读需要首先明确以下三点：第一是要明确，六爻尤其是四个阳爻的取象，是以中间两个阴爻为中心，对称展开的；其次是要明确四个阳爻的爻辞，与其在乾卦中的基本含义密切相关；最后四个阳爻的爻辞，与其在卦变之前的睽卦中的爻辞，也具有相当紧密的联系。

初九在乾卦中是"潜龙勿用"，即以不动为宜。所以才有了爻辞"有它不燕"。"燕"是安乐，"有它不燕"就是有其他的非分之想，不当之行，就不会安乐的意思。

关于"虞吉"的"虞"应当作何解，需要追溯到其卦变之前。初九是没有参与卦变的一爻，在睽卦中初九是"丧马勿逐自复"，即虽有丧马之实，仍不能急起而追，是在强调其应当涤去大壮之时的刚躁，转换思路，安于现状。

但是自暌至中孚，"马"并未"自复"，因此初九难免会有焦躁之情，因此"虞"应当取期盼、焦虑的意思。一方面急切于心，而有欲行之意；另一方面也是因为坚信"自复"之说，而未践于行。因此象辞说"志未变也"。

初九的这种心态，是符合其从大壮逐次变来的历程的，也是在激情燃烧的岁月过后，曾经激进的小民们的正常心态——希望对自己的付出有所兑现，担心"应得利益"被忽视。同时他们也是最不能理解，为什么要对已经被推翻，被打倒的阴爻，施以"中孚"之策的一个群体。

因此初九的爻辞，实际上仍旧是在安抚、告诫这些小民，一方面应当尽快地从激情中冷却下来；另一方面则要保持他们对领导者的信任。

先儒完全从如何构建诚信的角度出发，认为初九是诚信之初，因此应当诚心守一，安于自守，不能系应于外物。于是将"虞"和"燕"都解释为安，而将"有它不燕"解释为不应当受其正应六四的影响云云。

笔者认为是在就象论象，因此不妥，还请读者自行斟酌。

九二，鸣鹤在阴，其子和之。我有好爵，吾与尔靡之。

【译文】鹤在山阴处鸣叫，它的儿子就会在山林中应和。我有美好的酒器，我与你分享。

象曰: 其子和之, 中心愿也。

【译文】"其子和之", 源于发自内心的情愿。

【解读】彖辞说"中孚, 柔在内而刚得中", 将"柔得内"和"刚得中", 归结为施行"中孚"的两个基本条件; 又说"孚乃化邦也", 将"化邦"确定为"中孚"的终极目的。

因此, "中孚"的目的/作用就是要通过教化民众来化解矛盾, 而卦中阳刚而居中的二、五两爻, 就是肩负着"孚"化天下之仁的人。它们一个是圣明的君王, 一个是贤德的民间精英, 都是具有"龙德"的"大人"。所不同的是, 由于各自所处背景、地位不同, 所用的方式方法也有所不同, 其中九二在下用"鸣", 九五在上则用"挛"。

这是"中孚"的核心所在, 也是解读九二、九五的关键所在。以此为基础, 就不难看出:

九二的"鸣鹤在阴"与乾卦九二的"见龙在田"相对应, 都是在说九二虽然身份低位, 但是已经具备了"大人"之德, 可以对周围的人形成影响。因为九二的基本功用就是"德博而化", "鸣"就是其"孚"化天下的方式。

比之于人事, 九二是民间的精英, 有德而无位, 无位则无权, 无权则不能强制于人, 但仍可以通过言行, 来宣示其德行, 感化一方之民众。就如鹤鸣于山阴, 其子必能闻之而应和。需要指出的是, 这里用"鸣鹤"而不用"鹤鸣", 是为了突出九二行为的主动性, 是"孚"的一种具体表现。

关于"其子和之"的"子"，古来学者大多认为是指初九。通过上述分析，可以首先断定这种观点是错误的。既然九二和九五的目的是要孚化天下，那么其主要对象就应当是中间的两个阴爻，因此作为九二孚化行为——鸣鹤的回应与效果的"其子和之"，就应当是两个阴爻的行为所致。

从卦象上看，如下图：

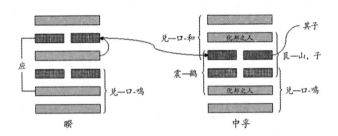

九二位于互艮之下，艮为山，因此有在山阴之象，互震为鹤，下兑为口，因此有鹤鸣之象。同时九二又与两个阴爻组成互震，互震为反艮，但是由于卦中是对称取象的，所以可以无视正反，这样自九二观之，反艮就相当与互艮，艮为子，因此三、四两个阴爻，都有"其子"之象。

但是六四又位于互艮上巽之中，巽为反兑，艮为反震，因此也有鹤鸣之象。同时卦变之前的现六四（原六五），又与九二正应，因此有经过卦变来和九二之鸣之象。且以九二观之，六四又有在山林之中之象（巽为木）。

综合上述，"其子"应当是指六四。

"我有好爵，吾与尔靡之"是通过当时人们较为熟悉，但又经常被忽视的细节，在此处用以进一步解释"鸣鹤在阴，其子和之"的含义。

"爵"是酒器，不是酒，对于饮酒这件事情而言，酒是主体，"爵"是细节。对于大多数饮酒的人而言，关注的是酒，而不是"爵"，有好酒莫说"好爵"，即便无"爵"又何妨？所以说"爵"不言酒，说明两点：

第一"我"对请"尔"饮酒之事的关注，已经超越了泛泛的酒的好坏的程度，上升到了对细节——"爵"的好坏的层次。

第二"我"与"尔"饮酒的关注焦点，也不仅仅停留于对酒食的贪恋，而是上升到了以"好爵"为媒介的情感乃至精神交流的更高层面。

无论是对细节的关注，还是情感的交流，说"爵"不言酒，所要强调的都是主人——"我"发自内心的真诚——"孚"，否则就成了酒肉之欢了。所以古人将"好爵"同时解释为好酒美器两重意义，是错误的。

"靡"是散，是共享的意思。古人宴饮，讲究通过相互的应和敬酒，来表达内心的诚意，而共享一只或同样的"好爵"，则更显主人——"我"的真诚。这样才能与"鸣鹤在阴，其子和之"中隐伏的父子真情，有相通之处。

象辞"其子和之，中心愿也"，借助鹤鸣子应的自然现象，说明了九二孚化天下的方式，是感化，是通过内心的共鸣，引导民众自然地归于教化。用现代的话说，就是依靠道德和榜样的力量，而非强制。

六三，得敌，或鼓或罢，或泣或歌。

【译文】遇到了同类之敌，或击鼓进攻，或退却作罢，或哭泣，或欢歌。

象曰：或鼓或罢，位不当也。

【译文】"或鼓或罢"，是因为所处的位置不当。

【解读】六三"得敌"是"中孚"的第一个条件"柔在内"的结果，即为了使"柔在内"，睽卦六五与九四交换，成为"中孚"的六四，与六三同处一卦之中。对于六三来说，则是"得敌"——同类为敌，两两成对。"敌"的本意就是匹配的意思。

"或鼓或罢，或泣或歌"具有两重含义：

一是通过四个"或"，形象地说明了，"中孚"各爻是以中间两爻为中心，对称取象的。因为只有这样，六三才能"或鼓或罢，或泣或歌"——互震为鼓，互艮为止（罢）；下兑为歌，上巽为泣。

二是说明六三因为焦躁而无所适从，再到由无所适从到随声应和的心态与行为。

其实这种心态是睽卦六三"见舆曳，其牛掣"的延续，只是随着卦变而更加严重罢了。因为在睽卦中，六三上下皆阳，因此虽然向下有乘阳之失，但是向上却有阳刚可依。卦变之后，由于"得敌"阻断了其向上依附于阳刚的通路，因此变得更加无所适从。又因为自身处于阴居阳位的状态，虽然才具不足，但内心却躁动不安，所以虽然无所适从，却又要有所从而安，于是就演变成了随声应和、人云亦云。

纵观六三, 活脱是一个衰败已久而不堪寂寞的破落贵族相, 与其自大壮的上六, 一变而六三, 再变仍处六三的"人生历程"正合。

象辞说"位不当也", 可以解释六三的问题, 但尚不足以究其根本。

六四, 月几望, 马匹亡, 无咎。

【译文】月亮即将到达望, 马匹走失了, 没有咎害。

象曰: 马匹亡, 绝类上也。

【译文】"马匹亡", 是指绝于同类而向上。

【解读】六四是参与卦变的一爻, 从卦象上看, 如下图:

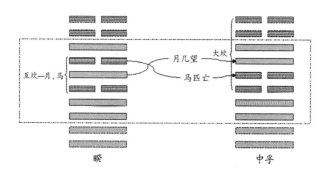

单就六画卦本身而言, 卦变之前, 六四为六五都在互坎中, 坎为月, 为马。卦变之后, 坎象消失, 作为互坎之主的九四, 升至九五, 因此对于六四来说, 有"马匹亡""月几望"之象。如果将六画卦展开成十二画卦，上述卦象就会更加明显。

从义理上说，六四与九五的换位，是在暌卦的基础上更进一步，彻底解决了遗留下来的阴阳不偕——阴柔仍旧占据尊位的问题。对于六四来说，卦变是从僭越的位置，回归正位；从上下皆阳，到专持一端上承阳刚的过程，因此虽然退居四位，仍旧"无咎"。

体现在爻辞中，"马匹亡"是指六四自上而下的变化，"月几望"则是指九四进至九五的变化，"几望"则是九五"刚得中"的体现。六四"马匹亡"而"无咎"，是以"月几望"——阳刚得居尊位，而持中为基础的。

象辞"绝类上也"的"绝"，是一个修饰"类"的副词，意思是说六四完全地亲比于上——九五。

九五，有孚，挛如，无咎。

【译文】有信诚，相互牵连的样子，没有咎害。

象曰：有孚挛如，位正当也。

【译文】"有孚挛如"，是因为其所处的位置恰当。

【解读】《周易》以阴阳相得——关系亲近而合理为有孚，因此纵观全卦，四个阳爻中只有九五堪称"有孚"。同时，九五与九二不同，九五是"飞龙在天"，既有龙之德，又有龙之位，较之九二不仅有孚化天下之能，更有孚化天下之责。因此不能局限于"感化",还要有所行动,以促进同化。这种行动就是所谓的"挛如"。

"挛"是相互牵系的意思,

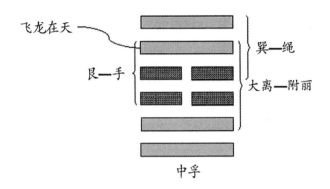

飞龙在天

巽—绳

艮—手

大离—附丽

中孚

在卦中九五居上巽,与两个阴爻共成互艮,又以二、三、四爻共成大离,巽为绳,艮为手,离为附丽,因此有用绳子捆扎、迫使两个阴爻附丽于己之象。在此基础上,将"挛如"理解为与九二有对应、配合关系,也是可以的。

强迫他人附丽于己,本为不当之举,因此应当有咎。但是因为九五"有孚"——是出于内心的真诚,而且阳刚又是阴柔之主,所以虽"挛如"却可"无咎"。

即如前面所述,"中孚"之术,最终的结果是敬而困之,还是敬而安之,归根到底就在于一个"孚"字,是困是安就在这一念之间。

象辞说"位正当也",一方面说明了"有孚挛如"是九五应尽的职责和应有的义务;另一方面也说明了九五与九二之间的差异。

上九，翰音登于天，贞凶。

【译文】神鸟鸣叫的声音达于天际，（坚持）正固则有凶祸。

象曰：翰音登于天，何可长也。

【译文】神鸟鸣叫的声音达于天际，怎么能流传长久。

【解读】上九是促使睽卦完成自大壮演变而来的一爻，因此其上具有浓重的激情色彩，在睽卦中就表现出对阴柔的怀疑与厌恶，视之为一身污泥的脏猪——"见豕负涂"。但是在睽卦中，因为仍旧与阴柔（六五）保持着联系，所以才能有所收敛——"先张之弧，后说之弧"。

自睽到中孚卦变之后，上九彻底脱离了与阴柔的接触，因此有"翰音登于天"之象，即彻底显露出了它的"亢龙"本性。虽然都是本性显露，但与初九的"志未变"不同，初九"志未变"说明其志向上、向心；上九的"登于天"说明其志向上、向外的。

不仅与"中孚"的时局不合，而且也与以"中孚"之术、孚化天下的九五之志不合，上不合于时，下不合于君，因此其断语，就从乾卦的"有悔"，变成当前的"贞凶"。

比之于人事就是，真理与道德固然是值得尊敬的"翰音"，但是一旦与时局不合，与天下利益、君王利益相冲突，那么继续大张旗鼓地不知变通地坚守之、树立之——"贞"，就难免会有"凶"。这个"凶"不仅仅是个人之凶祸，也可能是道义之凶祸。

所以象辞说"何可长也"——没有评断对错,只是说明行之不同。

小过——退以致衡

艮下震上 雷山小过

小过与中孚一样，都是经历了两次卦变之后，最终形成的相对稳定的形态。因此小过也同样是因为卦变过程不为解易者准确认识，而长期被误读的一卦。

小过与中孚互为变卦，以此为线索，就可以通过中孚的卦变过程，找到小过的由来。如前所述，中孚是经过了由大壮到睽，再由睽到中孚的演变过程而来的，将此过程逐一取其变卦，就会得出如下过程：

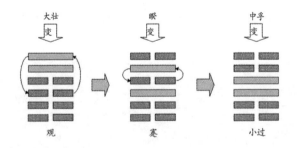

这就是小过的卦变过程。随后我们将看到，这个过程与卦辞、爻辞有着惊人的"巧合"之处。至于为什么六十四卦中，只

有小过和中孚是需要经过两次卦变才能形成这个问题，最好的回答应当是：

大壮和观这两卦，必须经过两次卦变，才能最终达到稳定的状态。

因为这两卦反映的都是，在阴阳消息的过程中，息长的一方已经过半，矛盾的焦点已经触及一卦之尊——五位，因此必要彻底攫取五、上两个爻位，方能告一段落，形成相对稳定的局面。再进一步成夬，成剥，则五位已得，不必再取；再退一步为泰，为否，则四位尚且未得，自然没有对五位的必得之志。

比之于人事，时局已经败坏过半，说明积弊已久，在上者也已经失去对天下的统御能力——失去了天命，因此单单让出宗庙之位，已经不足以安定天下，终须经历天命的变革，通过迎来一个全新的时代，涤去前朝遗患，归天下于亨通。所以虽然"小者"有所过，但终究与道合。反之，对于被逼迫的一方，则应当意识到，对方在大位在望之际，绝难甘心止步于四位。

只有在此卦变基础上，才能真正准确地解读小过的卦义，发掘其中的深意。

小过　亨，利贞。可小事，不可大事。飞鸟遗之音，不宜上，宜下。大吉。

【译文】亨通，有利于贞固。可以小有作为，不可以行为过激。（作为）飞鸟遗留下来的声音，适宜向下，不适宜向上传播。天下将会大吉。

【解读】关于卦名"小过"的"过",自古大致有三种理解：其一是根据彖辞"小者过而亨"而来的,通过的意思；其二是根据先儒为了解释卦辞中的"亨,利贞",而引进的矫枉过正的概念而来的,过分的意思；还有就是进一步引申而来的过错的意思。

在历代对小过卦的解读中,这三种理解又往往是被交叉运用的。笔者认为,上述三种意义,确实可以并存,但是在相对关系上,第一种"通过"的意思,是有卦象依据的本义。后两种意义,则是因为"通过"者是阴柔,与《周易》的基本原则有所冲突,而引申出来的意义。

这就是说,单就卦辞的解读而言,"通过"这个意义已经足以,不需要引入矫枉过正之类的概念。上图中的后半段,即由蹇经过六四与九五的交换,演变为小过的过程,清楚地显示了"小者过"的过程。

"亨"之所以能够成为"小者过"的结果,是因为卦变之后,卦象呈现出两个特征：首先下艮为小径,上震为大途,因此全卦有由小径而入大途之象,因此亨通；其次纵观全卦六爻,阴柔厚重于外,阳刚并列于内,有外柔内刚之象。因此虽然就上下而论,有阴柔居中、居尊之不足,但就内外而论,尚不失阳刚持中之正,因此也能亨通。

所以,"小过"是因为"小者过",而且导致阴柔（小）占据了卦中的主导地位,将阳刚包藏于中间而不得显露。但是其所由来,或者说目的,则是校正自观卦延伸而来的阳刚的不足,所以虽然过分,但其"过"也是矫枉过正的"小过"；虽然有所过错，也是"小过"。

如前所述，阴柔取阳刚而代之得尊位，仅为"小过"的根本原因就在于，最终的结果（卦象）实际上，仍旧由阳刚占据着枢纽的位置，这就是"小过"之贞——外柔而内刚，柔而不夺刚主。所以卦辞中的"利贞"，就是说要持守这种"小过"之贞，刚中之道。

比之于人事，其意义更为重大。因为三、四是臣子之位，虽然君王具有无上的显荣，但是古往今来，历朝历代，国家的砥柱枢纽，始终是臣子。国有贤臣，虽有昏君仍可保天下亨通，如武后虽然荒淫，但仍可续永徽之盛；奸佞当道，则虽有明君也必遭其殃，如一代霸主齐桓公，终死于佞臣易牙之手。

另一方面，任何一次改朝换代，虽然开国之君往往被其后世子孙神化得几近完美，但却未必与现实吻合。唯有一点一定是真实的，那就是以弱小而胜强权，除了天命机缘，其后必然有一班能臣干吏辅佐其事，这些人将随着政权的更迭，而成为国之栋梁。这一点才是新朝胜过旧朝的根本。

在卦象上的体现就是：如果静态地看观和小过两卦，观卦虽然有阳刚居尊，但是三、四两位尽是阴柔之辈；小过虽然由阴柔占据尊位，但是却由阳刚保持着枢纽。相较之下，优劣立判。

由此对"可小事，不可大事"的解读，也可大进一步。

在以往的解读中，"可小事，不可大事"被理解为是"小过"的结果，即外柔内刚固然可以成事，但是一旦过柔，则必然是"可小事，不可大事"。当然又可以据此引申出，在小事上，可以有所过，大事则不可；过错可小，不可大等等说辞。但都是局限于为人处世的"小理",与治国平天下的大道不可同日而语。

笔者认为,"可小事,不可大事"不是"小过"的结果,而是对"小过"者——阴柔(小)的警戒,即不可对阳刚打压太过。所谓"可小事",就是指可以取蹇卦中过气的九五而代之;所谓"不可大事",就是不能剥夺阳刚作为一卦枢纽的地位。

比之于人事就是,可以剥夺前朝的君王的王位,但是不能/应将前朝的文化、精英,一并铲除殆尽。原因是,在变革之初,掌权者自身往往在实际上,存在着才具不足的问题——如卦中的六五,需要来自外部的辅助。这是从阴柔的角度上来看的。

"飞鸟遗之音,不宜上,宜下,大吉",则是从阳刚的角度来看的。先儒不解卦变的过程,因此对此一句的解读,混乱不堪。

从卦象上看,所谓"飞鸟遗之音"就是指,卦变之前的九五,即卦中的九四。因为观卦为一个放大的艮卦,艮有鸟象,同时观卦中的两个阳爻,又都在天位,也有鸟之意。因此经过一次卦变之后,在蹇卦中残留于天位的九五,就有"飞鸟遗之音"之象。从义理上说,所谓"飞鸟遗之音"就是指,观卦中的阳爻,所代表的盛于前朝的,无形主流思想、文化传统,及其有形的载体——社会精英,在经历了变革之后,仍旧遗存至新朝的精华。

"不宜上,宜下"是通过飞鸟之音,来比喻改朝换代之际的文化传承问题:"上"则易散,不利于传承。王朝已覆,这些曾经的传统,在客观上已经失去了保护,所以如果"上",则必然要么遭受摒弃,要么接受改造,总之难以保全其本来面目;"下"

却可以教化民众，一方面补救观卦之不足，另一方面也可以使自身得到生存与发展——对于种子来说，只有进入大地才是最安全的。

"大吉"是天下之吉，因为通过"小者过"，不仅彻底根除了观卦中，阳刚的不良影响，结束了阴阳对立的矛盾，同时也保持了阳刚的枢纽地位。有去其糟粕取其精华之象，所以虽然"小过"，却可以得"大吉"之断。

至此再回顾"可小事，不可大事"，又可见其更加深刻而具体的含义，就是对前朝遗存的态度问题，如何通过对前朝精华的尊重与继承，保持文化传承的问题。这一点与后世中国，动辄以烧宫殿、拆城墙来抒发心中激情的草莽情怀相比，显然要理性要先进得多。

综合上述可以看出，"可小事，不可大事"与"不宜上，宜下"，实际是同一件事的两面，从相对主动的阴柔的角度来看，是应当注意"可小事，不可大事"；从相对被动的阳刚的角度来看，是应当注意"不宜上，宜下"。一个有意识地节制自身的行为，一个有意识地自求其安，最终必然能化解矛盾，导致亨通，实现平衡。

彖曰：小过，小者过而亨也。过以利贞，与时行也。柔得中是以小事吉也。刚失位而不中，是以不可以大事也。有飞鸟之象焉，飞鸟遗之音。不宜上宜下，大吉，上逆而下顺也。

【译文】小过，就是小者（阴柔）通过而导致亨通的意思。（小者)通过而有利于贞固的原因是,其他是顺应了天时而行的。柔爻得到了中位,因此小有作为会吉祥。刚爻失去本位而导致"不中",所以不可以大有作为。卦象有飞鸟之象,所以说"飞鸟遗之音"。"不宜上宜下,大吉"是因为,向上则逆,向下则顺的原因。

【解读】彖辞以"小过,小者过而亨也"解释卦名,其实已经将"小过"的本意揭示了出来,同时也说明了为什么"小过"可以导致亨通,只是需要以对卦变的准确判断为基础。具体参见前述的相关内容。

"过以利贞,与时行也"是在解释卦辞"利贞"。"过以利贞"可以作两种解读:一是以"利贞"的方式,或以之为目的,来"过";二是"过"而导致"利贞"的结果。总之是在说,卦象所示的"小过"是有利于"贞"的,而且也是应当坚守"贞"道的。"与时行"是"小过"之"贞"的依据。笔者认为所谓的"与时行",就是指卦变实际上观卦在变为蹇卦之后的延续。反映的是阴柔终将彻底占据主导地位,方能达到阶段性平衡的必然过程。

因此,此处的"时",实际上就是阴阳消息之时,就是天道运行之时。

比之于人事,就是一个王朝行将灭亡之时,通过宗庙之位的出让——在舆论、观念等方面迁就于进逼者,而换来的短暂"和平",只能是一个中间环节,不可能形成最终的稳定。因为时局仍旧在变化,终须将统治权完全交出,才能形成一个相对长久的稳定。即如晚清在将亡之时,于1906年9月颁发《宣示预备立宪谕》,设立"考察政治馆",搞所谓的"预备立宪",并先后进行了一系列所谓的"预备立宪"活动。虽然暂时起到了缓解社会矛盾的作用,但最终并不能改变其灭亡的命运。因为天时不可违。

"柔得中是以小事吉也。刚失位而不中,是以不可以大事也。"两句,分别是在解释卦辞"可小事"和"不可大事"的原因。但是如此将"事"之大小,完全归结于阳刚与阴柔对"位"的占据,虽然便于读者的理解,但同时也失去了"可小事不可大事"一句中蕴含的深刻道理,容易将解易的思路,引向寻常琐事。在这个问题上,需要读者参考前述相关内容,自行比较取舍。

"有飞鸟之象焉,飞鸟遗之音"是直接用卦体,来解释"飞鸟遗之音",因为卦中两个阳爻在中间,犹如飞鸟的身躯,四个阴爻分别排列于上下,有如飞鸟的羽翼。所以全卦有飞鸟之象。这种解读方式,虽然不能完全解释"飞鸟遗之音"的内涵,但其取象之法,对于后续六爻的解读,却是有益的。

"不宜上宜下,大吉,上逆而下顺也。"一句,是用"上逆而下顺"来解释卦辞"不宜上宜下,大吉"。先儒由于不解小过的卦变过程,而对此难以作出准确的解读。事实上,如下图所示:

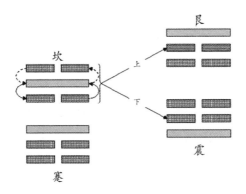

观卦变为蹇卦,已经使两个阳爻之一的上九,变为了六三,硕果仅剩的九五,就成为"飞鸟遗之音"。在继蹇卦之后,九五在上卦中有两种变化的可能,要么上行,使上卦变艮;要么是下行,使上卦变震。再如下图所示:

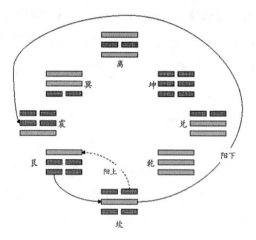

由于在后天八卦图中,蹇卦的下艮上坎,是沿逆时针方向发展的,所以:

如果九五上行,使上卦变艮其在运动方向上,就变成了倒退逆行;相反如果下行,使上卦变震,则恰为从坎出发"顺"(实际是逆时针方向)行一周,与下艮相契合,因此就变成了顺行。

在这逆顺之间,相信孔子所要体现的,就是一个"以时行"的"时"的概念。是想通过显性的逆顺颠倒,与隐性的"时",来强化"大吉"的合理性。这可能是基于当时人们的思维习惯、认知水平的一种论述方式。

象曰: 山上有雷, 小过。君子以行过乎恭, 丧过乎哀, 用过乎俭。

【译文】小过卦呈现出雷在山上滚动之象。君子观此象, 应当在行为上稍有过恭谨, 在丧失上稍有过哀伤, 在日常用度上稍有过节俭。

【解读】卦中下艮为山, 上震为雷, 因此有山上有雷之象。山本身高大威严, 雷有发于山上, 两者相互映衬, 本应更加剧其威慑力。但事实是, 起伏的山峦, 在延展雷声回荡的同时, 也消解了雷的巨响。因此山上有雷的结果是, 雷声绵长有余, 而威猛不足, 因此为"小过"。

"行过乎恭, 丧过乎哀, 用过乎俭", 举了三种在现实生活中的"小过"。在现实中, 之所以会出现这样的"小过", 原因一定是人心中有对"恭""哀""俭"的正确认识, 就是卦中所示的, 阳刚虽下仍具于一卦之中。同时之所以会"过", 原因可能是两个: 要么是出于矫枉过正的目的; 要么是出于显示自己内心刚正的需要。两种并为一种就是, 此君子并未臻于豁达, 还是个"小君子"而已。

初六, 飞鸟以凶。

【译文】以凶的方式使鸟飞(结果必然是凶)。

象曰: 飞鸟以凶, 不可如何也。

【译文】"飞鸟以凶"，是无可奈何的行为。

【解读】象辞中说小过有飞鸟之象，在六爻的取象中，也确实存在着飞鸟之象。即四个阴爻主要取象于应爻，犹如翅膀被身躯牵动一样。

初六"飞鸟以凶"的"飞鸟"不是一个名词，而是一个由"飞"和"鸟"组成的动宾结构，是使鸟飞的意思。"飞鸟以凶"就是用"凶"的方式，来使鸟飞。当然鸟飞的结果，也必然是凶的——双关语。

从卦象上看，初六位于一卦之初，而且处于下艮之中，因此应当静处于下。但是初六的正应是九四，九四为上震之主，震为动，因此有催动初六之意。

从义理上看，小过经过再变由观卦而来，已经彻底解决了原有的阴阳交争的问题，因此社会各个阶层，应当归于安定。但是初六本身是观卦中阴柔升进的动力来源，经过两次卦变，却始终处于一卦最下，犹如躁动小民，经历两次变革，仍未得进身，未见有利，难免心有不甘。加之九四遗贵，自五位而下与之相应，更激起非分之想，进而蠢蠢欲动。但是，九四的这种催动，无论对初六本身，还是对天下而言，都是危险的。所以说"飞鸟以凶"。

象辞"不可如何也"的意思，近似于无可奈何。主要是说明，初六的行动，有其身不由己之处。

六二，过其祖，遇其妣。不及其君，遇其臣，无咎。

【译文】越过其祖父, 却遇到了其祖母。未触及到君王, 却遇到了臣子。没有咎害。

象曰: 不及其君, 臣不可过也。

【译文】"不及其君, 遇其臣"的意思是, 臣下是不能越过的。

【解读】对于六二中的"祖""妣""君""臣"的具体所指, 自古众说纷纭。笔者认为只要把握三点, 解决这个问题并不难: 首先是"祖""妣"是亲缘关系, 应当从爻的属性入手, 即阳刚为阴柔之"祖""妣"; 其次"君""臣"是社会关系, 应当从爻位的尊卑入手, 即五为君, 三四为臣; 最后仍是遵循以应爻取象的原则。

按照上述原则:

六二的应爻是六五, 六五在九四之上, 因此"过其祖"; 六二又与九三亲比, 因此"遇其妣"。六二与六五不成正应, 因此"不及其君"; 六二与九三亲比, 因此"遇其臣"。

"妣"(祖母)不是"祖", 但辈分未变; "臣"不是"君", 但朝廷唯一。因此上述种种, 综合起来就是要说明, 六二的行为/状态符合"小过"之道——虽然小有过错、小有不足, 但仍能泰然处之。

其在卦象上的支持有两点:

首先是其自身以阴居二, 居中得正, 符合"柔得中"的标准, 行为持中有度。其次是有其与阳爻的关系, 符合阴柔上承阳刚的正道——相当于卦辞中的"利贞"。

自身持中有度，对外又能持守小过之贞，所以才能有"无咎"的断语。

象辞说"臣不可过也"，是在说"臣"的重要性，具体参见前述相关内容。

九三，弗过防之，从或戕之，凶。

【译文】（非但）不要超越，（而且）要防备它。追随它可能会受到戕害，有凶祸。

象曰：从或戕之，凶如何也。

【译文】"从或戕之"，说明凶险到了何种程度。

【解读】对于九三、九四以及上六爻辞的"弗**之"这一结构，先儒大致有两种解读方式，一种是"弗"＋"**之"，比如九三"弗过防之"就是"弗"＋"过防之"，是不过分防之的意思；另一种是"弗*"＋"*之"，比如九三"弗过防之"就是"弗过"＋"防之"，是（非但）不要超越，（而且）要防备它的意思。

笔者从其后者，因为前一种方式，在上六中是行不通的（先儒至此，也不再按原有模式解读），后一种方式，则可以通用于三爻。很难想象，在同一卦中，如此明显相似的句式，在不同的爻中，需要按照不同的方式来解读。

九三"弗过防之"的对象不是别人，正是新任之君六五。

"从或戕之"是说如果追随它，就会受到伤害，因为三四五组成互兑，兑为毁折，因此九三要"从"追随与六五，就会遭受毁折。"凶"的断语，是针对"从或戕之"而言的，是九三不"弗过防之"，将会遭遇的命运。

六五在九三之上，爻辞仍强调"弗过防之"，说明了两个问题：

首先是强调，九三应当遵循卦辞中"不宜上，宜下"的原则——上从六五就是"上"；其次是六五的问题——六五虽然居中，但是不正，所以不可追随亲近。

比之于人事，九三、九四、上六与六五的关系，就如同武后当政时期的君臣关系。由于武后当政本身不正，促使其必须不循正途，才能维系政权的稳定。其中一大特点就是，扩大科举规模，通过大量引进所谓的民间才俊，来牵制、压制李唐旧臣的势力。同时，李唐旧臣中，也不乏希望通过变节投诚，而求加官进爵之辈。此两类"臣"，都可归为不知"弗过防之"这个道理的九三，最终的命运，往往是在充当了武后的工具，失去了价值之后，随即又成为其彰显正道的工具，而遭受杀戮。其中最为著名的，就应当是那位发明了"请君入瓮"的酷吏来俊臣了。

九四，无咎。弗过遇之，往厉必戒，勿用，永贞。

【译文】没有咎害。不仅不逾越它，而且迎合之，（因为）如果前往则会有危厉，一定要戒惧，不能这样。（这样才能）永远正固。

象曰：弗过遇之，位不当也。往厉必戒，终不可长也。

【译文】不仅不逾越它，而且迎合之的原因是，所处的地（爻）位不当。前往则会有危厉，必须要懂得戒惧（而不前往）的原因是，（它）终究不能长久。

【解读】九四阳居阴位，不正；以阳刚上承阴柔，不当。而将断语"无咎"置于句首，是为了强调其行为，在"小过"之时的正当性。

自"无咎"之后的内容，都是在讲述九四的行为，和"无咎"的原因。

"弗过遇之"是说九四不仅不逾越六五，而且有迎合之意，这是九四的客观行为，原本应当是有咎的。

所以爻辞随即用"往厉必戒"来对九四的行为进行"辩护"。"往"就是"过"是对九四逾越六五的假设，"厉"是"往"的结果。"必戒"是说因为"往"必有"厉"，所以要有所告诫。这实际上是将九四"弗过遇之"的责任，从九四自身剥离开来，将其从自私怯懦，变为了随时而行的理性选择。

不能将"勿用，永贞"合为"勿用永贞"来解读，因为在前者中，"勿用"是"往厉必戒"的延续，是在进一步强调"往"的不可取的同时，引出原因——"永贞"。即不要前往，反而能保持永远的贞正。与卦辞的"利贞""不宜上，宜下，大吉"相合。（参见卦辞的相关解读）而后者则是不需要坚持永贞的意思，看似是随时进退，实则是市侩行径。

如果仍以武后当政为例，九四就如同那些懂得隐忍的李姓后人。

象辞"位不当也"就是"时不当","时不当"才能"小过"而"无咎"。"终不可长也"是说九四对六五"弗过遇之"的原因是六五本身并不能长久,因此可以静待其变,仍旧是一个"时"的问题。

六五,密云不雨,自我西郊,公弋取彼在穴。

【译文】浓密的云彩却没有带来雨水,从我的西郊而过,公用带绳的箭射取躲在洞穴里的它。

象曰:密云不雨,已上也。

【译文】"密云不雨"的原因是说,自己升上去了。

【解读】六五爻辞也是自古没有确解,原因仍旧是缺乏对卦变过程的了解。如下图所示:

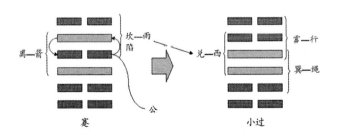

九四、六五是蹇卦时的六四、九五,在上坎中,坎为水,为雨。卦变之后,坎象消失,六五在互兑,上震中,兑为西,震为

行，因此有"密云不雨，自我西郊"之象。由于阳爻九五，才是坎卦之主，因此"密云不雨，自我西郊"，虽然出现在六五的爻辞中，却是针对阳爻——原来的九五、当前的九四而言的。

六五在蹇卦中是六四，因此为"公"；六四又为互离之主，离为箭矢，因此六四有箭矢之象；九五为上坎之主，坎为陷，因此有"在穴"之象。卦变之后，六四上九五下，且九五在互巽中，巽为绳，因此有被"弋取"之象——"弋"是带绳的箭。

综合上述，"公弋取彼在穴"就是，六四用弓箭射取九五，即六四取九五而代之，成为六五的意思。而六五可以这样的原因就是，曾经的九五现在的九四，是一个"密云不雨，自我西郊"——不能恩泽民众的君王。

这正是蹇卦仅仅是观卦变化的一个阶段，而不是最终结果，必须再变而成为小过的根本原因。

象辞以"已上"来解释"密云不雨"，可通，但是不妥。而且其中的"已"应当是自己的"己"的通假字。

上六，弗遇过之，飞鸟离之，凶，是谓灾眚。

【译文】（非但）不迎合反而超越它，飞鸟有离去之意，有凶祸。这叫作自起其祸。

象曰：弗遇过之，已亢也。

【译文】"弗遇过之"的原因是，自身已经变得亢进了。

【解读】上六是卦中唯一一个在六五之上的爻，而且又与之同性相敌，所以"弗遇过之"。

"飞鸟离之"是取象与应爻，上六与九三正应。上九自身在上震之终，而应爻却是下艮之主，艮为止，因此其动因与初六不同，不是来自外部，而是原因自身。是自身有飞离之意。上六有这样的行为，是因为上六是在由观至蹇的卦变中，从三位升迁而来的，因此因为与阳刚浸染已久，心态已经倾向于阳刚一方——其象辞说"志在内"，"以从贵"等。

"凶"是对其行为的评断，这一方面是因为自观至小过，虽然由阴柔居于尊位，但终究已经入于亨通，所以各爻以随时安处为宜，此时上六躁动，显然不合"与时行"之道，自然也就不"利贞"；另一方面，上六的行为，虽然是因为有感于阳刚而发，但是阴柔应当以阳刚为主，随阳刚而动，因此在卦中两个阳爻都通过对六五，采取隐忍的态度，以求维护亨通，有利于贞正之时，上六之动，不仅是有违主从之道，而且还有沐猴而冠之嫌。

所以说"是谓灾眚"——自起其祸、咎由自取的意思。

象辞的"已亢"就是"己亢"，是说上六自身处于亢进之中——认为自身已经（应该）可以脱离原有的群类了。

既济——贸然之失

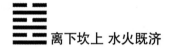 离下坎上 水火既济

　　既济与随后的未济是六十四卦中的最后两卦,其重要性自不待言,更加之卦名中蕴含的由完满而至不足的变易之意,而被自古以来后世解易者所顶礼膜拜。然而遗憾的是,这种膜拜却是建在一个不完整的,甚至是错误的认识上的。

　　古来的解易者,几乎无一例外地认为,既济是终结、停止的意思;未济则是没有完满、没有终结的意思。在此一停一动之间,演绎出变易无穷的道理。

　　笔者认为,创易的先圣确实是在六十四卦之末,向读者诠释和强调了变易的无穷性、永恒性。但并不是通过既济与未济两卦,而是通过中孚、小过,既济、未济四卦共同来完成的。其中中孚、小过是六十四卦中,唯一经过两次卦变衍生而来的,强调的是变易必须有所终结,必须要达到某种均衡态势,才能稳定下来,告一段落;既济、未济则是两个看似工整,但实际上却处于"中间状态"的变易结果,因此预示着变易的永恒性。

　　具体地说,既济是由泰卦经过九二与六五的换位演变而

来的；未济是由否卦经过六二与九五的换位演变而来的。表面看来，泰与否有天壤之别，但是从阴阳消息的角度来看，二者是完全一致的，都是阴阳爻数量各半，且升进者卑，消退者尊的平衡状态。因此卦变前后结果也是一样的，即都是息长的一方，在刚刚占据半壁卦象的情况下，就跃进到五位，占据一卦了之尊，导致升进者既有态势之盛，又占爻位之尊，而失去原有的平衡。

如果说，正是因为阴阳双方在卦变之前的不平衡，才使得大壮和观卦，必须经过两次卦变，成为中孚、小过之后，才能够完整一次完整的变易，达到稳定的状态的话。那么，自泰、否向既济与未济的演变构成，就是在打破了原有的平衡之后，形成了一个不平衡的结果。因此是不可能稳定的，是需要继续变易下去的。换言之，大壮到中孚，观卦到小过的过程，与泰卦到既济，否卦到未济的过程，虽然是形式相反，但原理却是一致。

这就是说，既济与未济一样，都是不平衡、不稳定的卦变中间阶段，都昭示着变易的永恒性。至于既济与未济之间名称上的区别，很可能是对卦中阴阳关系的描述。

既济 亨小，利贞，初吉终乱。

【译文】亨通的程度小，且有利于阴柔的一方，适宜正固，最初吉祥，终将陷于昏乱。

【解读】长久以来，一直有学者认为卦辞中的"小"字是衍文，经过上述分析之后，就会发现，这个"小"字非但不是衍文，而且是卦辞的核心。

"亨小"同时具有两种含义，一是亨通的程度小；二是亨通的主要受益者是"小"——阴柔的一方。在卦象上的体现就是，虽然各爻都居正有应，但是同时也普遍存在着，阳刚位阴柔所乘的问题。居正有应所以亨通，阳刚为阴柔所乘，则亨通的程度并不宽广，而且虽然表面上是因为阳刚升据尊位，而打破了平衡，但实际结果却是，阴柔是更大的受益者，所以说"亨小"。

"利贞"是针对阴阳各爻居正得位而言的。其在爻辞中的主要作用，是为"亨"提供依据。

"初吉终乱"是对既济的不稳定性的描述。"初吉"可以视为是卦变的初衷，以及卦变之后，最初阶段呈现出来的结果。"终乱"是对卦变发展前景的展望，即最终会演变为混乱。"初吉终乱"合在一起，恰恰说明了阴阳终须平衡，而打破了阴阳平衡的既济，最终仍需要/会诱发新的变易，来实现阴阳的平衡。其在爻辞中的主要作用，是为"小"提供理由。

比之于人事，虽然泰卦坤上乾下，反映的是君弱与民强之际，尚处于相对平衡的状态，而呈现出来的暂时的安泰景象，但是终究平衡尚未被打破。换言之，阳刚的力量无论在影响力（质）上，还是在数量（量）上，都尚没有超于阴柔，占据优势。甚至从某种意义上说，反倒是阴柔更盛一筹。

卦变过程所反映的，就是在此种背景下，阳刚贸然升进至九五，表面看来顺民心，应民意，然而实际的结果却是，无论是作为天下砥柱的诸侯之位的四位，还是作为民间领袖的二位，都由阴柔所把持。因此，九五虽然跃居尊位，却是自身陷于坎难,同时又缺乏必要支持的"光杆司令"状。这样的结局,当然是在最初的欣喜之后,终将归于混乱。

近现代人物中,与既济之九五最相类似的,大概就是民国的开创者,临时大总统孙中山了。卦中的六四就如同当时,由前清大吏摇身一变而成的割据一方的军阀;六二则如同散在民间的遗老遗少。

象曰:既济亨,小者亨也。利贞,刚柔正而位当也。初吉,柔得中也。终止则乱,其道穷也。

【译文】既济卦卦辞中的亨,是指小者(阴柔)的亨通。"利贞"是因为卦中刚爻和柔爻都居于正位。最初能够吉祥,是因为阴柔占据了中位(且居正)。(变易)一旦终止则会昏乱是因为,其行事之道是将要穷尽。

【解读】"既济亨,小者亨也"一句,是借解释"亨",来一并解释"亨小",即:既济中的亨,是小者之亨。先儒有将此句作为证明,卦辞中"小"是衍文的证据,认为如果卦辞中有"小",象辞就不用说"小者亨"了。其实恰恰相反,因为通常卦辞中的"亨",都是针对阳刚而言的,所以创易者为了强调,既济中的亨,是针对阴柔而言的,才用了"亨小"这种独特的结构。又因为这种结构的特殊性,所以孔子才在象辞之首,用了类似拆字的方式,对其加以解释。

"利贞,刚柔正而位当也"就是说,"利贞"的原因是,卦变之后能够促成各个刚爻和柔爻,都居正得位的效果。

"初吉，柔得中也"是说，"初吉"的原因是，因为阴柔（六二）占据了中位。这里面透露出两个信息：首先"初吉"与否，本来是卦变——阴阳共同运动的结果，现在却单说"柔得中"，显然具有以阴柔为主导的意味。其次是暗示了之后的六爻，反映的就是一个由"初吉"向"终乱"的演进过程。

"终止则乱，其道穷也"是在解释"终乱"，首先"终止则乱"解释了"终乱"的直接原因和方式，即因为最终会停止，而诱发了混乱。换言之，如果终而不止，也就会避免乱的出现，这实际上就是在强调，变易的永恒性以及变易的价值。

"其道穷也"是在解释既济卦中，为什么会有"终止"的问题。其核心作用，就是说明既济并不是最终的平衡状态，因此终将因为道穷，而导致变易的终止，变易的终止则将导致新的混乱，进而诱发新的变易——易在客观上是永恒的，没有终止。出现（暂时的）终止的原因只有一种，那就是道穷（道穷导致不同，进而导致沿其道发展的变易走向穷尽，即终止）。但由于易穷则变，变则通，所以当终止出现之后，易将通过"乱"，"自动重启"。

其在卦象上的依据就是，虽然卦中自始至终都存在阴乘阳的问题，但是在最终的阶段，仍旧可以随着爻序的递进，而有所缓解——在阴乘阳之后，也会出现阳乘阴的现象。只是在一卦之终，这种递进关系停止了，阴阳关系也最终被定格在了阴乘阳的结果上。

依靠爻序的递进来缓解阴乘阳的矛盾，可以视之为一种类似于自欺欺人的"道"，但是当这种递进关系最终停止之后，这种"道"也将不可避免地"穷"了。而阴乘阳的结果,不符合天地大道,所以必乱。

对此,由于不了解既济仅仅是卦变的中间阶段,这一关键信息。因此先儒的解释是,因为"初吉"而民心思安,思安日久必生变乱云云。虽然与六爻的内容较为贴切,但是以此来论"道",尚显有些不足。

纵观彖辞,不难发现,在既济中占有主导地位的,是阴柔而不是阳刚。这一点显然是不符合《周易》的基本原则的,作者却有意为之,一方面是因为这是大多数观卦者的直观感受;二是为了突出卦中存在的不合理性。

象曰: 水在火上,既济。君子以思患而豫防之。

【译文】既济卦呈现出水在火上之象。君子观此象,应当学会思虑忧患,并进行预防。

【解读】卦中上坎为水,下离为火,因此有水在火上之象。

"思患而豫防之",就是在居安思危的基础上,更进一步,有所行动。这既是由既济打破阴阳平衡,从泰卦而言的初衷——居泰之安而思危,方有既济之变。又是在"刚柔正而位当"的既济之时,所应持有的心态,以及应采取的行动,有所变易——居既济之安而思危,当有所变易(之心)。

初九,曳其轮,濡其尾,无咎。

【译文】向后拽它的轮子，弄湿了它的尾部，但是没有咎害。

象曰：曳其轮，义无咎也。

【译文】"曳其轮"而无咎，是因为理应无咎。

【解读】既济六爻的取象，也具有较为鲜明的，受到卦变影响的特征。概括地说就是，凡是参与卦变的爻，爻辞所反映的，都是其在卦变之后的境遇；凡是未参与卦变的爻，爻辞所反映的，都是其与卦变之爻的相互影响。

因此初九爻辞的取象，是与九五乃至阳刚整体造成的影响紧密联系的。具体地说，爻辞中的"其"并不是指初九，而是指阳刚整体。

"曳其轮"的实施者，是初九。"曳"（yè，向后拉拽）的对象是阳刚之轮九三——九三为互坎之主，坎为娇柔，有轮象，同时九三处于三个阳爻的中间，处于连接九五与初九的位置，也有轮的意味。

"濡其尾""濡"（弄湿）的是阳刚之尾初九。卦变之后，初九位于互坎之下，因此有被"濡"之象。从表面上看，"濡其尾"的应当是六二，但这里不说六二，而暗指是初九自身的行为。其用意是：一方面强调阳刚在卦变中的主导性，即六二之下，是顺应九五之上的推动而来的；另一方面则是要强调初九本身具有不欲上的本意。

因为初九本性就是"潜龙勿用"，以静止为宜，所以虽然其行为，与卦变中阳刚的运动，有不协调之处，在客观上对同类的升进，形成了拖累，却仍能"无咎"。象辞说"义无咎也"——理应无咎，就是这个意思。

比之于人事，初九未参与卦变，是继泰卦而来的小民之象，小民无义而重利、易激，因此在泰卦之时，既已因既得安泰之利，又无躁动之激，而有安顺于下之心了。加之既济之初，又有刚柔得正之安，更没有躁进之志。所以，即使为阴柔所乘，也会欣然处之。

初九的"曳其轮，濡其尾"，正是九五的悲剧性命运，既济虽"初吉"而"终乱"的真正根源所在。一言以蔽之，时未至也。

六二，妇丧其茀，勿逐，七日得。

【译文】妇人丢失了自己的头巾，不用去追，七天后自然会得到。

象曰：七日得，以中道也。

【译文】七天后自然会得到，是因为它深得居中之道。

【解读】关于"妇丧其茀"中的"茀"，自古有两种主要的解读，一是妇人的头饰、头巾；二是妇人出行时的车帘。笔者认为，取前者为宜。

因为，六二是参与了卦变的一爻，在卦变中六二自六五而来，前后对比二、五皆为居中，所不同的是一个尊一个卑，对于阴爻来说，一个正一个不正。因此六二之来，有去尊得正之象。

所谓"尊位"本身就是一种装饰品，何况对女性来说，居尊又有僭越之嫌。所以六二自六五而来，有去其装饰归于贞正之象。因此这里的"茀"，应当取头饰之意。

"勿逐，七日得"是说，六二不用因为失去了头饰而追逐，七天之后自然会找到。这其中除了上述的，因为居中得正而可以安处的意思之外。还与九五的爻辞之间存在着呼应（详见九五的解读），同时也暗示着既济这种卦变，不可能长期稳定。

象辞的"以中道也"，重点是强调六二可以安处静待。

九三，高宗伐鬼方，三年克之，小人勿用。

【译文】高宗征伐鬼方，历经三年才取胜，普通人不能尝试。

象曰：三年克之，惫也。

【译文】历经三年才取胜，说明（已经）很疲惫了。

【解读】高宗是指殷商的高宗，中兴之主武丁。鬼方是当时对西北羌戎的称谓。"高宗伐鬼方"既是西周以前，中原民族意义重大的一次战争，又是一场非常艰苦卓绝的战争。

从卦象上看，坤为邑有城邦、方国之意，而卦变的结果，就是九五自九二经历三个爻位，升进而来消除了坤象，有征"伐鬼方"，"三年克之"之象。因此爻辞中的高宗是指九五。

九三通过互离附丽于九五，且为两个离卦之交，一个互坎之主，离为箭矢，坎为弓，为心志，因此有欲仿效九五，征伐鬼方之志。

但是九三与九五的不同，不仅是当下的高低贵贱之别，更重要的是，与九五以及卦变之前的九二相比，存在着本质性的区别——九二、九五都是"大人"，而九三不是。换言之，九五之所以可以从九二进为九五，高宗之所以可以"伐鬼方"，都是因为他们拥有"大人"之质。

所以爻辞说"小人勿用"——小人是不能仿效的。通常在《周易》中，小人是指阴爻，此处的小人，是一个相对概念，指九三。

综合上述，初九是非但不欲上，而且往后"曳"，九三则是虽欲上，但才具不足。

象辞说"惫也"，表面上看是"三年克之"的结果，反过来就是，"伐鬼方"所需要具备的条件——有三年而不"惫"的能力。

六四，繻有衣袽，终日戒。

【译文】繻既可以成为衣服，又可以成为抹布，始终都要保持戒惧。

象曰：终日戒，有所疑也。

【译文】"终日戒"的意思是，应当有所疑虑。

【解读】"繻（rú）"是彩色的丝织品，自古至今属于"原料"的范畴。"衣"是衣服，"袽"是抹布，虽然都是"繻"的功用，但是却有天壤之别。

卦变之前，六四在上坤之中，坤为布帛，因此为"繻"。卦变之后，坤象消失，三个阴爻中，六四未动，另外两个一个在其上，另一个则坠入下卦，因此有"衣""袽"之分，天壤之别。这是卦变对六四造成的影响，实际上是一种唇亡齿寒、兔死狐悲之感。

"终日戒"就是六四对这种影响，作出的反应。因此其"戒"的对象，毋庸置疑就是九五。

象辞"有所疑也"，就是说六四始终对九五有所疑虑。

比之于人事，六四是未动（原有）之诸侯，九五是新任之君主，在殷商乃至西周，诸侯是君王的股肱，是天下的支柱，九五始终被诸侯所疑，其稳定性可想而知。就像孙中山，始终没有得到当时割据各地的军阀的忠诚，所以终究难以鼎定大局。

九五，东邻杀牛，不如西邻之禴祭，实受其福。

【译文】东边的邻居杀牛（祭祀），不如西边的邻居进行简单的禴祭，能够真实地得到福祉。

象曰：东邻杀牛不如西邻之时也。实受其福，吉大来也。

【译文】东边的邻居虽然杀牛，但不如西边的邻居合于天时。所谓"实受其福"，是说吉祥来得更大的意思。

【解读】既济之九五，也是自古以来解读各异的一爻。从卦象上看，如下图所示：

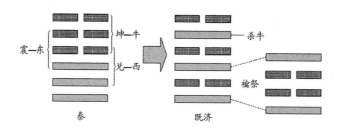

卦变之前，互震为东，互兑为西，上坤为牛。卦变之后，互震中的六五被九五所取代，坤象随即消失，因此有"东邻杀牛"之象——"杀牛"是太牢之礼，是盛大的祭祀；互兑中的九二被六二取代，与初九形成下离，离是一个缩小了的正反震的组合，正反震为祭祀之象，缩小之后，就是祭祀简朴之象，因此有"西邻之禴祭"之象。"禴祭"就是仅有蔬菜奉献的简单祭祀——正反震同时也是正反艮，艮有果蔬之象。

显然九五是"杀牛"的主角，六二是"禴祭"的主角，因此从义理上说，"东邻杀牛，不如西邻之禴祭"一句，就是九五的境遇，不如六二的意思。

"实受其福"进一步解释了，九五的境遇不如六二的原因。即六二虽然由上而下，却得到了实在的好处，反之就是暗指，九五虽然得居尊位，却没有得到实际的利益。体现在卦象上就是：六二虽然居下位，但是得以安然乘阳，且为下离之主；

九五虽然居上，但是却被六四所疑、上六所"濡"，身陷坎险之中。

就其根源就是，泰卦虽是阳长阴消，且阳刚已得卦象之半之时，但民心尚且偷安、民志未大启，因此九五的跃进，得不到实际的支持，即象辞所说的"东邻杀牛不如西邻之时也"。

"实受其福，吉大来也"则是六二顺时的结果，与卦辞"初吉"相呼应。

上六，濡其首，厉。

【译文】弄湿了它的头，有危厉。

象曰：濡其首厉，何可久也。

【译文】弄湿了它的头，有危厉，怎么能长久。

【解读】上六就是造成"终止"的节点，因此也是促成"乱"的关键。爻辞"濡其首，厉"，来形象地解释了造成"乱"的直接原因。

从全卦的连贯性上看，"其"应当是指阳刚，"首"则是指阳刚之首九五，"濡其首"除了九五在上坎之中以外，更主要的是取自于上六以阴乘阳这一事实。阴乘阳不符合《周易》的基本原则，有违天道，所以有"厉"。

如果从卦变对上六的影响来看，"其"又可以指阴柔，甚至指向上六本身，"首"则可以是指阴柔之首上六，"濡其首"的取象就是,九五的升进,陷上六于上坎之中,坎为水。

无论上述哪种解读,象辞的"何可久"都说明了"乱",以及变易的必然性——头没于水中,能坚持多久呢?

笔者认为,不妨同时取上述两种意义,可能更为贴切。即如当年的孙中山与袁世凯,虽然曾经互呼万岁,终究反目成仇,且无论谁是谁非,但对他们自身而言,相信都有被对方"濡其首"之感。

未济——僭越之耻

䷿ 坎下离上 火水未济

在《周易》中存在着,一显一隐两种卦象变化规律,所谓显就是阴阳消息此消彼长的变化过程;所谓隐就是藏于可见的阴阳消息背后的,不变的,阴随阳动阳为阴主,即阳刚始终变易的主导者的基本原则。

在阳长阴消之时,这两个规律是统一的。但是阴长阳消的过程中,这两个规律就会产生"矛盾"——表面看来是阴柔进逼,推动阳刚逐渐消退,实际上却是因为阳刚的自行消退,促成了阴柔的升进。比之于人事更容易理解,任何一个朝代的灭亡,表面看来都是被外力推翻的,而实际却都是由于自身在统治上的昏庸无道,造成的必然结果。反之一片太平盛世,哪里会有盗匪的生存空间?!

未济与既济既互为覆卦,又互为变卦,因此存在着极大的相似性。但是二者也确实存在着许多不同之处。这些不同之处的来源,就在于它们在卦变之前,所处的阴阳消息的状态不同。

既济是由泰卦演变而来，未济是由否卦演变而来（九五与六二互换）。泰卦处于阳长阴消之时，因此其卦辞是站在阳刚的角度上来陈述的，而且由于阴阳消息的方向，直接体现着阴随阳动的原则，因此其爻辞也是自下而上，顺序展开的；否卦处于阴长阳消之时，表面看来阴柔是推动卦变的主导者，所以其卦辞是站在阴柔的角度上来陈述的。阳刚才是变易的真正主导这一规律，则在其爻辞中得到了更多的体现。

在未济的爻辞中，可以明显地感觉到，同时存在着由阴阳消息规律——阴爻运动方向决定的自下而上，和由阴随阳动原则——阳爻运动方向决定的自上而下的，两条主线。相比之下，前者提供了更多的取象的依据，后者则提供了更多的取义的依据。

对上述信息的掌握，是解读未济卦的关键。否则卦中的许多语句，都将无法准确把握。

未济 亨。小狐汔济，濡其尾，无攸利。

【译文】亨通，小狐狸在将要渡过河流之际，弄湿了尾巴，没有得到任何好处。

【解读】既济卦的卦辞以"亨小"起首，未济卦则只用了一个"亨"字，这是因为：

首先，既济卦的卦辞，是站在阳爻的角度来陈述的，所以面对对阴柔有利的结果，用了"亨小"一词。而未济卦的卦辞，是站在阴爻的角度来陈述的，所以面对同样是对阴柔有利的结果——阴柔占据了卦中的尊位，只用了一个"亨"字。

第二，既济卦是在打破了泰卦的平衡之后，形成的一种不稳定的结果；未济虽然也是在打破了否卦的平衡之后，而形成的一种不稳定的结果，但是泰卦体现的是一种安泰和谐的状态，否卦则是阴阳不交的危局。因此既济可取的仅仅是居安思危的态度，防止了阴柔的进一步升进，所以只能"亨小"；未济却因为促成了阴阳的交通，而能"亨"。

第三，泰卦阴上阳下，而阳刚的本性就是上行，阴柔的本性就是下行，因此卦变中的运动，都是随性所致；否卦是阴下阳上，因此卦变中的运动，是需要逆性而为的。加之最终导致的结果，是打破了阴阳的不交的危局，所以体现出更强的利他性。

这是既济与未济之间的不同之处。卦辞的后半部分，则更多地是在讲述二者的相似之处。

"小狐汔济，濡其尾，无攸利"的意思是说，小狐狸在即将济度成功的时候，弄湿了尾巴（导致失败），没有得到任何好处。

对应于既济的卦辞，显然"小狐汔济"就相当于既济卦的"初吉"，"濡其尾，无攸利"则相当于，既济卦的"终乱"。"初吉终乱"是既济"亨小"的原因，同样"小狐汔济，濡其尾，无攸利"就是未济"亨"的理由——既济"终乱"所以只能"亨小"，未济虽"无攸利"，但终究不乱，所以可以称"亨"。

关于卦辞中"小狐"取象，古来大致有两种观点，一是以艮为狐，二是以坎为狐，相较之下，以艮为狐更为生动。但是笔者认为，均不如直接将其认作是对阴柔的称谓，因为既济、未济都是未能促成平衡的中间状态，都有所不足之处，但是由于既济卦辞是针对阳爻而言的，因此言辞较为中性。未济卦辞则是针对阴爻而言的，因此言辞相对尖刻，以"小狐"为喻，说明阴爻在息长尚未过半之时，即行跃进尊位之举的行为，就如同一只不知深浅的小狐狸，贸然济度，虽然最初会有所成就，终将因为才具不足，而功亏一篑。

象曰：未济亨，柔得中也。小狐汔济，未出中也。濡其尾，无攸利，不续终也。虽不当位，刚柔应也。

【译文】未济能够亨通，是因为阴柔得到了中位。小狐狸即将渡过河流（但并未完全渡过），是因为阴柔未出中位。弄湿了尾巴，没有任何好处，是因为不能持续到最终。虽然各爻并不当位，但仍旧刚柔相应。

【解读】比较"既济亨，小者亨也"，与"未济亨，柔得中也"两句，不难发现，无论是既济还是未济，亨通都直接表现在阴柔上的。具体地说，就是参与了卦变的阴爻，在卦变前后的变化上——既济中六五自上而下至六二，为去尊得正，因此"小者亨"亨在得正。以此类推，未济中六二自下而上至六五，为去正得尊，应当是亨在得尊，而象辞却说是因为"柔得中也"。显然存在着一定的矛盾。

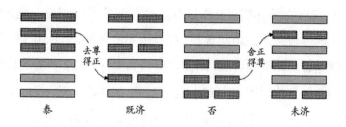

于是随后就用"小狐汔济，未出中也"进行了补充说明。虽然"小狐汔济，濡其尾，无攸利"连在一起，才是对未济之亨的完整描述，但是相较于"濡其尾，无攸利"来说，"小狐汔济"更能体现未济之亨，或者说更是未济之所以可以称"亨"的基础。因此"未出中也"，既然可以是"小狐汔济"的理由，也就同样是未济可以"亨"的原因。

综合上述两句，就可以得出一个结论：未济之"亨"，亨在柔得尊而不失中道，或者说亨在阴柔深得中道，虽得/求尊而不失。

这其中，事实上已经暗含了阴随阳动的观点。因为如果是六五主动求尊，那么阴居阳位为不正，阴居尊位为僭越，早已超越了中道的范畴。先儒所推崇的，《周易》贵"中"，得"中"就是得"正"的观点，过于绝对。应当视得位的主、被动关系等具体情况而定，否则一切六五与九五之间，又当怎样区别呢？

"濡其尾，无攸利，不续终也"是说，由仅仅息长至三爻的阴柔，所实施的向尊位的跃进行为——小狐的济度终将以"濡其尾，无攸利"收场的原因是无法持续到最后。实际上就是在说，阴柔的才具不足，较之既济中说阳爻行不当时（九五小象），更逊一筹。

"虽不当位，刚柔应也"一句，是站在卦变前后的宏观变化的角度，来对"亨"进行的补充说明。即虽然存在"虽不当位"的问题，但毕竟在打破了阴阳不交的局面之后，仍保持了"刚柔应"的状态。

象曰：火在水上，未济。君子以慎辨物居方。

【译文】未济卦呈现出火在水上的（非常）之象。君子观此象影响懂得，谨慎地辨别物类，正确地确定其归属。

【解读】卦中上离为火，下坎为水，因此有火在水上之象。在卦变之前，否卦是阴阳不交，卦变之后，由火在水上之象观之，同样有不相交融之象，由此也可见，自否至未济的变化，仅仅是形式上的转变，而并没有根本性的转变，因此尚无法实现真正的平衡。

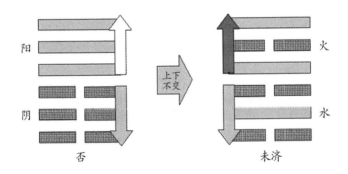

"慎辨物居方"的意思说，审慎地分辨物类，确定其归属。这应当是在提醒人们，要有自知之明，不能像小狐那样，在能力和经验都不充分的情况下，就将自己归为了"老狐"一类，贸

然行"老狐"之事。否则即使最初有"汔济"之象，结果也会因为
"濡其尾"，而"无攸利"。

初六，濡其尾，吝。

【译文】弄湿了尾巴，有吝难。

象曰：濡其尾，亦不知极也。

【译文】会弄湿尾巴，说明（在行动之初）没有考虑到最终的
结果。

【解读】沿着阴柔自下而上的运动方向，位于一卦最下的
初六就是"其尾"，如果按照时序来看，初六"濡其尾"则是阴
柔运动的终结。

从卦象上看，经过卦变之后，初六进入下坎之中，坎为水，
因此有"濡其尾"之象。由此看来，导致初六的直接原因，似乎
应当是阳爻九二，但九二是卦变的结果，因此导致初六的"濡
其尾"的整个卦变过程。又因为，初六"尾"的取象，是沿着阴
柔的运动方向而确定的，即是以阴柔为主导的原则来确定的。
所以导致初六"濡其尾"的正是阴柔（否之六二）的跃进。

所以象辞说"亦不知极也"，"极"就是终的意思，"不知
极"就是（知始）不知终的意思。

错不知悔，导致由吉转凶为"吝"，因此有断语"吝"透露
出更多的信息：

首先，与既济初九"濡其尾"而"无咎"，所传达的安于现状、不欲动的心态相比。未济初六因为"濡其尾"而感到"吝"，说明其止情非所愿，而仅仅是受到外力的影响，或由于力所不及所致。换言之，初六是欲动（上）的。

其次，"吝"不仅仅是针对初六的评断，更是针对阴柔（运动）的整体评断。

九二，曳其轮，贞吉。

【译文】向后拉它的轮子，坚持贞正，就能吉祥。

象曰：九二贞吉，中以行正也。

【译文】九二之所以能够通过坚持贞正，而得吉祥，是因为它能够持中而行正道。

【解读】九二在卦变中的运动方向是自上而下，"曳"是向后拉的意思，因此其所"曳"的只能是阴柔（六五）之轮——六三（参见既济卦中相关解读）。

如前所述，八五的运动方向，以及产生运动的基础，都是由阳阳消息的进程决定的，如今九二"曳其轮"，阻碍其进程，是明显地与"时"相悖的行为，按理应当"凶"。但断语却是"贞吉"——坚持贞正，就能吉祥。充分说明了一点：阳刚才是变易的真正主导者，换言之九二的运动方向，才是"正"的方向。

所以象辞说"中以行正也"——居中而行正道。

因此，这里的以及九四中的"贞"，都不是建立在爻位正的基础上的，而是在强调要持守以阳刚为主导的原则，保持作为阳爻的基本属性。落实到九二上，就是虽然通过互离与六五相连，如果按照以六五为主导的原则，九二应当附丽于六五，但实际上却是坚持自己的运动方向（向下），通过"曳其轮"，而阻止阴柔的进一步升进。

如果比之于人事，就会看得更加清楚。九二来到下卦，是"大人"之象，具有德化万民、邦国的能力，因此其结果必定是成为下卦两个阴爻之主，通过自身的影响聚民心，启民智，使天下从昏暗中挣脱出来。

如果说，既济中下卦的两个阳爻，不欲或不能随九五而上，是其卦变最终不能稳定的根本原因的话。那么未济中九二对下卦中两个阴爻的影响，就是使六五虽升进却失去根基，导致卦变最终只能以"无攸利"而告终的原因。

六三，未济，征凶，利涉大川。

【译文】未能渡过，征进有凶祸，（不）利于跨越大河。

象曰：未济征凶，位不当也。

【译文】未能渡过，征进有凶祸，是因为其所处的爻位不当。

【解读】六三位于下卦，因此有"未济"之象。

"征凶"类似与既济九三的"小人勿用"，是告诫其不可效法六五而冒进。从卦象上看,六三位于两坎之交,进退皆险,上虽有应(上九),但已经孚于六五(见上九爻辞),因此征进必凶。

从义理上说,六五因跃进而"亨",是因为"柔得中"——得尊而不失中道,而六三自身已然不中不正,因此无论其征进到何处,都不可能是不失中道,所以必凶。

象辞说"位不当也",应当主要是指其不居中。

关于爻辞中的"利涉大川",虽然后世解易者,也曾煞费苦心地为其作解,但是笔者认为,还是应当接受南宋朱熹的观点,即"利"字的前面,遗漏了一个"不"字。加上这一字,爻辞立刻就顺畅通达了。

九四,贞吉悔亡,震用伐鬼方,三年有赏于大国。

【译文】坚守阳刚之贞,就会吉祥,忧悔就会消失。追随君王去征伐鬼方,历经三年因为有功,而得到封赏。

象曰: 贞吉悔亡,志行也。

【译文】坚守阳刚之贞,就会吉祥,忧悔就会消失,是因为其心志得到了践行。

【解读】先儒在解读九四时,无不为其中的"贞吉"而苦恼,因为九四自身不中不正,何"贞"之有。于是,只好推说这是一个诫辞,是告诫九四应当"贞"。

其实只要明确了此处的"贞",是指阳刚之贞,是指阳刚主导变易的原则这一点,那么九四爻辞,几乎与既济的六四无异。

九四因为坚守阳刚之贞,因此而"悔亡"——为阴柔所乘之悔,自然消亡。这就是说,九四虽然在六五之下,却并不承阴,不对六五采取顺从的态度,这一点与六四的"有所疑"如出一辙。只不过,九四是阳刚,具有主动性,因此可以守"贞";六四为阴柔,虽有不甘,也只能"终日戒""有所疑"。

二者的另一个相似之处就是,都象征着天下诸侯并不支持新进之君。

"震用伐鬼方,三年有赏于大国"一句,是在进一步更加形象地说明,九四如何能够守其贞。

表面看来,卦变是阴柔主导的,因此如果有所征伐的话,也应当以阴柔为主导。而九四的"震用伐鬼方,三年有赏于大国",显然是在说,九四追随原来的九五,现在九二去征伐鬼方,并且因为有功,而得到封赏。鬼方取象于卦变之前的坤象,在既济卦中,就已成定论。

所以,"震用伐鬼方,三年有赏于大国"一句的真正用意是说,虽然表面上是六五跃进到了尊位,九二下到卑微之地,其实不然,九二(阳刚)才是征伐的主导者,其下行的目的是为了征伐鬼方。

所以,以"震用伐鬼方,三年有赏于大国"来解释"贞吉悔亡",就是说九四只有不为表面现象所迷惑,坚守阳刚对阴柔的主导性,其被阴柔所乘之"悔",才能消亡。

比之于人事,六五虽然得尊而不使中道,但毕竟一无治国之才，二失同类之拥。作为有阳刚之质的一方诸侯，岂能轻易追随其后。若然如此，非但自身不利，而且也无利于天下，最终必然追悔莫及。

象辞"贞吉悔亡，志行也"，所谓"志行"，只能是主导者的言语，随人身后，有悔不堪者，有什么资格谈"志行"？

六五，贞吉无悔，君子之光，有孚吉。

【译文】坚守阴柔之贞，就不会有悔，由于具备君子的风范，会因为有诚信而得吉。

象曰：君子之光，其晖吉也。

【译文】所谓"君子之光"，是说其外在的行为，能够使之得吉。

【解读】六五是阴爻，阴柔之贞，可以从两个方面来考量，一是阴居阴位，得正而贞，对于六五来说，显然说不通；那么就只有是更高一层次的贞，就是阴随阳动，乘阳奉主之贞，这一点六五是叫以做到的。

因此六五的"贞吉"，实际上就是在说，其自下而上的跃进，是遵循阴随阳动、乘阳奉主的原则，守"贞"而行的，因此虽然"不正"却未失中道，虽然有以阴居尊之嫌，但仍可得"吉"。

"贞吉"说明行为正当，因此可以"无悔"。

这就是说，真正打破否卦阴阳不交的困局的，仍旧是阳刚（九五），阴柔（六二）的升进，只是顺应、配合于阳刚的行为而已。至此，再来回顾六三、初六，就可见到更深一层的含义了：

六三征凶，是因为现六五的升进，是配合原九五的"征伐"的行动，因此不能效仿；

初六则是才智不足的小民，无法理解"征凶"的道理，而只能贸然仿效，结果自取其辱——"濡其尾"。即从阴柔的整体问题，深化到了其个体之上。

六五是阴柔，不能成为君子，但是其行为是迎合于君子，追随于君子，因此其得尊而不失中的行为，具有君子的特征，有"君子之光"。

"有孚吉"是"君子之光"的体现，也是对"贞吉"的注解。因为六五是阴柔，其"有孚"必然以上承阳刚为基础，在卦中就是上承上九。六五阴柔居尊位，而仍能上承上九，正是其行为不失中道，有"君子之光"的体现，也是其当守之"贞"。

以上种种，都透露出六五这个君位，具有明显的一个代理性、临时性，随时处于可能还政于阳刚、再生变易的准备之中。比之于人事，很可能是来自于物欲未熏、世风尚醇的禅让时代，或者是人们的美好愿望之中。后世之中，确实难以寻觅一个与之相匹的实例。

象辞说"其晖吉也"，"晖"是外显的光芒，而非事物的实体，用于此处，应当是指六五的行为。

上九，有孚于饮酒，无咎。濡其首，有孚失是

【译文】在宴饮中有诚信，没有咎害。弄湿了它的头，则即使有信诚，也有失妥当。

象曰：饮酒濡首，亦不知节也。

【译文】饮酒以至于弄湿了头，也可谓不知节了。

【解读】上九与六五相"孚"，六五在互坎之中，坎为水，为酒，因此有"有孚于饮酒"之象，人与人之间因为能够以诚相见，而把酒言欢，本无过错，因此说"无咎"。

但是，上九与六五"有孚于饮酒"并非偶然，因为从卦象上看，二者均为不正，说明其"孚"并非建立在正道之上——一个有位无民而得"孚"，必然有受宠若惊之感；一个得尊不正，正欲以"孚"而显其"贞"。于是就必然产生了后续的结果——"濡其首"。

饮酒虽然"无咎"，但是到了"濡其首"的地步，显然不应当。因此爻辞说，"有孚失是"——即使"有孚"也有失妥当。

"濡其首"与既济上六类似，体现的也是上九与六五之间的相互作用的结果，但是侧重于六五。通过象辞"亦不知节也"可知，上九有总括全卦，以终解初的作用——六五从时序上看，是阴柔的运动之初，正是因为起初就不知节，才导致了最终力有不逮，而在"沉济"之时，"濡其尾，无攸利"。

系辞传上

前 记

《系辞传》是孔子对《周易》中所含思想的阐发,对后人理解《周易》具有不可估量的价值。

孔子所处的时代,是一个社会关系、价值观念等等都处于激变之中的时代。虽然《周易》在周王室有意无意地推动下,在没落贵族逐渐平民化的带动下,日趋走向大众,走向普及。但是另一方面,作为《易》的原始掌握者、最权威的解读者——巫师,不仅早已失去与君王相当的政治影响力,延续而来的"史""巫"等官吏,也因为日渐失去自己的独立性,而成为越来越纯粹的王权的附庸与工具。因此,可以断定的是,即使在孔子时代,真正能够完整地解读《周易》的人,也已经寥寥无几了。否则,孔子也就没有必要为了研读《周易》,而"苇席三绝"了。

这就是说,孔子对《周易》的解读,尤其是在六十四卦体系之外的《系辞传》的内容,主要是源于孔子自己的思想,是其独立思考的结果。

《周易》是《易经》经由夏商周三代演变而来的结果，孔子又是生活在西周已去、战国将至的时代。此时西周的价值观念，非但早已成为当时社会的准则，更有可能已经成为了人们怀念的一种美好。因此我们完全有理由相信，孔子对《周易》的解读，是以西周的基本价值观为基础，以其所处的时代的变革为参照，再与其自身的思想体系相结合，而最终形成的。

所以，与其将《系辞传》看作是对《周易》的解读，不如将其看作是正在/刚刚从《周易》中破茧而出的，儒学思想的雏形，更为恰当准确。

第一章

天尊地卑，乾坤定矣。卑高以陈，贵贱位矣。动静有常，刚柔断矣。

【译文】因为天尊贵，地卑贱，乾坤之间的关系就确定了。尊卑高低关系确立后，贵贱也就各有其位。动静各有其常态，刚柔关系就明确了。

【解读】在夏商周三代中，与《易经》的逐渐演进成熟并行的是，社会财富的私有化和社会关系的等级化。反之，作为之前历代统治者思想荟萃的《易经》，也必然与之紧密联系。虽然夏代的《连山》，殷商的《归藏》已经失传，但是仅从流传至今的《周易》中，就可窥见《易》与当时社会关系、社会主流价值观念之间的紧密程度。

孔子显然是敏锐而准确地把握住了这一点，因此以"天尊地卑，乾坤定矣。卑高以陈，贵贱位矣。动静有常，刚柔断矣。"开《系辞传》之篇，述《周易》之要。

"天尊地卑，乾坤定矣"，直言不讳提出"尊卑"，这个经历了夏商周三代的"进化"，才逐渐被社会所接受，所公认的有关社会关系的基本概念。对此，我们不能站在今天的社会背景下，去理解，去看待。进而简单地认为，"尊卑"是对人权的践踏，对人性的束缚，而应当回到当时的历史背景下。在那样一个，人口密度已经足以诱发以争夺食物为目的的战争；生产力水平，已经可以使人类具有自我毁灭的能力，却不足以形成阻遏战争的军事威慑；政治的成熟水平，尚远远不足以形成和维持群体共信的时代，只有以"尊卑"观为基础的等级制度，才能够有效地阻止人们，因为对私有财产的无限追求，而引发的战争。最大限度地维护整体的共同利益——族群的生存与发展。

一言以蔽之，在当时的历史背景下、传播手段下，"尊卑"观不是某个人或者某个集团人为创造的，而是社会自然进化的结果，是当时人们的共同选择。

以"天地"言"尊卑"，是孔子惯用的，想来也是当时的人们惯用的论述方式，即设天道为公理，以自然证事理。在当时的人们眼中，天地人三者，是构成世界的三个主要组成部分，而所谓"尊卑"是以"人"为参照物建立起来的：

因为"天"高高在上，人只能仰视，又因为"天"的"喜怒哀乐"——雨旱阴晴寒暑等，对人们赖以为生的农业生产，起着决定性的作用，所以人们对"天"是深怀敬意的。

因为"地"被踩于人的足下，而且随着生产力的进步，人们越来越多地获得的所谓改造自然的能力，就是体现在对大地的征服上，因此人们对土地的敬畏，是随着生产力的进步，而逐渐消退的。

综合上述，以人为介，以当时的生产力为背景，就必然得出"天尊地卑"的观点。

天地是人们当时能见可知的，最具代表性的阳物与阴物，"乾坤"又是《易》中阴阳的代表，因此从"天尊地卑"，到"乾坤定矣"首先在易理上，解决了阴阳之间关系的问题。即明确了以阳尊阴卑的基本原则。

在卦象中"乾坤"是天地的代表，"乾坤定矣"是"天尊地卑"在卦象中的表现，体现着卦象对自然的准确"模拟"，也就在事实上证明了，卦象乃至以卦象为基础的《易》，与自然、天道之间的几近完美的契合程度。

单就卦象而言，"乾坤定矣"既可以直接理解为，是确定了先天八卦的整体结构——先天八卦是按照生成原理排列的，因此确定了乾坤两卦的位置之后，其他六卦的位置也就确定了；也可以理解为，是确定了六画卦中的上下关系。根据随后的语句分析，应当更倾向于后者。

"卑高以陈，贵贱位矣。"中"卑高"是互文关系，相当于说以低为卑，以高为尊。

从社会关系上看，这是在将原则性的"尊卑"关系，具体化、形式化，成了可见的高低贵贱的区别。应当说，这就是所谓"礼"的由来和功用。

从卦象上看，这是从静态的角度，对"乾坤定矣"——上尊下卑关系进行的细化。即一卦六爻自下而上，逐次体现着由卑到尊的递进关系。

社会关系与卦象的紧密结合，体现着当时等级制度，从出现到成熟，再到完善的过程。说明至少到孔子时代为止，等级观念，已经成为社会的核心基础。事实上，孔子的所谓"君君、臣臣、父父、子子"的观点，就是等级观念。而孔子之所以要游历列国，宣扬其主张，一个很重要的原因就是，曾经严格的等级制度，正在逐渐松动、瓦解，而由此引发的社会动荡，甚至杀戮和战争，又在孔子眼前愈演愈烈，使他愈发感觉到"礼"——等级制度的重要性。

"动静有常，刚柔断矣。"描述的是动态的"尊卑"关系。所谓"有常"就是"尊卑"关系，在运动关系中的体现。借此，我们也可以对"尊卑"有更进一步的理解，即"尊卑"的基础，并非一定是相对的高低、快慢，而是绝对的不同。"动静"之间就是绝对的不同，因此可以用来与"尊卑"相对的。

"动静有常"的意思是说，动静各有其常态，就是动者主动，静者主静，各守其常。由此可见，所谓的"尊卑"观，最终的目的就是为了让人们，各守其常。与老子的"鸡犬相闻，老死不相往来"同意。这是在没有警察的情况下，维持邻里和睦的唯一途径/指望；是在既没有地理阻隔，又没有核威慑的情况下，维持国际和睦的唯一途径/指望。

"动静有常，刚柔断矣"的意思是说，刚柔在卦象中，各有动静之别，具体地说就是阳刚主动，阴柔主静。这就是阴随阳动的原则的产生基础,即阴柔以静为其常态,因此不可能主动行为。动又是变易的基础,因此可以进一步推知,阳刚才是一切卦象变易的主导。阴柔仅仅是随之而动,填充其变动之后遗留下来的空间,以此来协助其完成变易的追随者、辅助者而已。

方以类聚,物以群分,吉凶生矣。在天成象,在地成形,变化见矣。

【译文】观念道理以门类相区分,万事万物以群体相区分,吉凶由此而生。上述关系表现在天上,就形成各种天象,表现在大地上,就形成各种地形,由此变化就可见了。

【解读】这两句是在总论《周易》中的吉凶变化。

其中值得注意的是,"方以类聚"与"物以群分"是在分言事物的两个方面,不能将其混为一谈。因为从句式上看,两句几乎完全一致,只是结尾一"聚"一"分",按照象辞中经常出现的互文见意的写作方式,可以推知,这两句中的"方""物"同时都有"聚""分",即"方以类聚"——分,"物以群分"——聚。

因此"方以类聚,物以群分"首先说明了一个问题:"方"与"物"各有不同的"聚""分"标准,"方以类""物以群"。所以"方"与"物"必然有所区别。

前人以"方"为道,为方向,笔者认为是可取的。结合现代的观点,具体可以有如下对应关系:"方"为道理,"物"为物理;"方"为精神,"物"为物质;"方"道义,"物"情感;"方"为无形的观点,"物"为有形的事物。总之,"方"与"物"针对于两种不同的事物关系。对应于卦象之中，"方"就是指以易理为基础的阴阳（爻）关系，"物"就是指以爻的属性为基础的阴阳（爻）关系。

由于评断聚与分的标准不同，因此就易理而言，同性相斥，异性相吸，所以阴阳异性相遇为"类"。就爻的属性而言，则是同性为"群"，即以阳遇阳，阴遇阴为"群"。

所谓"吉凶生矣"，就是说在上述，"方"与"物"的"聚"与"分"之间，就会产生吉凶的变化。

这是因为，在任何事物上面，都可以找到抽象的"方"，和具象的"物"两种不同的属性，因此任何两个事物之间的接触，都会产生如下的一个"关系"矩阵：

方1	方2	分/聚
物1	物2	分/聚

简而言之，就是合则聚，不合则分。当聚得聚固然是吉，当分不分则会有凶。因此可以根据卦中各爻的相互关系，来推断出彼此之间的吉凶关系。虽然后世之人，将此借来作为认定《周易》是占筮之书的证据，更有无数宵小之辈，借题发挥演绎出诸多蒙世之术。然而，单就《周易》中的这种吉凶观本身而言，确实非常科学而严谨。它体现了最基本的观点，那就是，任何矛盾都不是单方面造成，因此由矛盾而导致的结果——无论吉凶好坏，也不是由单方面决定的。这就是说，人们的一切行为的结果，都要受到周围环境的影响与制约。相同则相合，则能得到较好的结果——吉；相悖则不合，则会得到较差的结果——凶。

"在天成象，在地成形，变化见矣"是继前一句而来，即"在天成象，在地成形"的主语，仍旧是"方以类聚，物以群分"这一基本规律，"象"与"形"都是"方"与"物"，或"聚"或"分"的结果。

然而天地万物始终在演进变化，天象地形也随之而变，因此说"变化见矣"，即"方以类聚，物以群分"这一基本规律，所导致的结果，不是静止而是变化，这种变化是通过天象、地形显现出来的。

与前一句的"吉凶生矣"相结合，就会知道，作者的本意是在说，"吉凶"正是在"变化"中产生的——变化改变了事物原有的关系，因此在彼此之间产生"方"与"物"的矛盾，进而产生出或"聚"或"分"的变化，进而产生出或吉或凶的结果。而这个吉凶的结果，又将诱发新的变化。所以，在"方以类聚，物以群分"的基本规律的作用下，变化将长期地进行下去，直到达到一个相对稳定的状态，或者受到外部力量的影响，发生新的转变。

是故，刚柔相摩，八卦相荡，鼓之以雷霆，润之以风雨。日月运行，一寒一暑。乾道成男，坤道成女。

【译文】所以，阳刚和阴柔相互摩擦撞击，八种卦象相互激荡，如同在雷霆的鼓动，风雨的滋润，日月运行，完成一个寒暑变换。乾阳代表男性，坤柔代表女性。

【解读】"是故"承上启下，说明此一段，是前文"在天成象，在地成形"而来的。主要是要讲述，所成之象的功用——卦象的形成。

"刚柔相摩，八卦相荡"分别从爻和卦的组合两个方向，概述了六十四卦的构成。从爻的角度来看，六十四卦中的任何一卦，都是阴阳两种爻画"相摩"——相互摩擦撞击的结果，其中也就必然包含着由"方以类聚，物以群分"决定的各种聚散分合，以及由此而来的吉凶关系。

从卦的角度来看，六十四卦中的任何一卦，又都是由三画的八卦"相荡"——相互推荡叠加而形成的。其间也必然包含有，由于各种卦象之间的相互激荡，而衍生出的各种矛盾与吉凶。

前人也有将"刚柔相摩"，看作是在解释八卦的产生过程。用这种方式来解读八卦（三画卦）的产生，固然可通，但是笔者认为，在这里"刚柔相摩，八卦相荡"两句结构完全相同，说明"刚柔"与"八卦"应当是平等的关系，而不应当是由前者来解释后者。

"鼓之以雷霆，润之以风雨。日月运行，一寒一暑"是在进一步解释，由八卦而六十四卦的衍生过程的同时，将卦象的变化，与"天象""地形"结合起来，以此来证明，卦象由来的客观性，以及卦象对自然规律——天道摹画的准确性。

"雷霆""风雨""日月"，分别是震、艮、巽、兑、离、坎等六卦。"一寒一暑"则是对应于阴阳消息的变化周期。

"乾道成男，坤道成女。"是将乾坤在衍生出六十四卦的过程中的作用与分工，进行了明确，说明了既不同又不可分隔的关系。因此，此间的乾坤，即相当于阴阳、刚柔。而用"男女"为喻，不过是为了给读者，提供一个与"天地"相比，更加熟悉的思考模型而已。

乾知大始，坤作成物。乾以易知，坤以简能。易则易知，简则易从。易知则有亲，易从则有功。有亲则可久，有功则可大。可久则贤人之德，可大则贤人之业。易简而天下之理矣，天下之理得而成位乎其中矣。

【译文】乾负责不断创始，坤负责做成万物。乾通过"易"的特性来创始，坤因为有"简"的特性才能做成万物。"易"则容易被了解；"简"则容易被模仿。容易被了解，才能产生亲近感。容易被模仿，才能形成真正的业绩。有亲近感则可以长久，有业绩才可以发展。能够长久，才是贤人的特性，可以发展才是贤人的事业。所以明白了"简"和"易"之道，也就掌握了天下的道理，掌握了天下的道理，成功就是必然的了。

【解读】"乾知大始，坤作成物。"在文中起着承上启下的作用，前文说"乾道成男，坤道成女"，以男女之道比喻乾坤、阴阳在化育万物、衍生卦象中的相互关系，此处则进一步明确二者的具体分工——"乾知大始，坤作成物。"其中的"知"是主管的意思，这两句的内涵，与乾卦、坤卦彖辞中的"大哉乾元，万物资始"，和"至哉坤元，万物资生"，基本上是一致的。

但是无论是卦辞，还是爻辞，都未曾明示乾何以能够"资始"，坤何以能够"资生"，因此《系辞传》在此提出"乾知大始，坤作成物。"这个话题，就是要引出下文，解决上述遗留的问题。

"乾以易知，坤以简能。"就是乾"资始"，坤"资生"的方式与原因。此处的"知"与前一句中的"知"是一样的，意思是说：乾通过"易"的特性来"知大始"，坤因为有"简"的特性才能"作成物"。

"资始""资生"关乎万物造化，以万物之纷繁复杂，这两项工作自然堪称艰难。又何以"以易知""以简能"呢？

这是因为乾的基本属性是动而健，坤的基本属性是顺而静，因此坤的"作成物"，表面看来艰难复杂，但就其本质而言，不过是顺应/响应于乾的运动之后的简单行为而已。而乾的动而健，也是并非是主动造作的表现，因为健的特征是"其动也直，其静也专"，即无论动静都是有一定规律可循的。换言之，乾之动是顺应于某种规律的运动，因此看似复杂的"资始"，也就变得容易了许多。

一言以蔽之，乾之"资始"是顺应于天道，坤的"资生"是响应于乾动，都不是也不需要自身的任何造作，因此才能"以易知""以简能"，来完成"资始""资生"这样看似繁复艰难的工作。反之，如果打破这种顺应关系，企图置天道、天时于不顾，而奢望通过自身的造作，来"资始""资生"，那么非但不"易"、不"简"，而且也是不可能成功的。

"易则易知，简则易从。易知则有亲，易从则有功。有亲则可久，有功则可大。可久则贤人之德，可大则贤人之业。"一段的内容主要解决了两个问题：一是通过一系列的递推，进一步详细地说明了，为什么"易"和"简"能够"资始""资生"；二是完成了"易""简"自天道向人事的延伸。

"易则易知，简则易从"一句，说明了"易"和"简"的基本作用——"易"则容易被了解；"简"则容易被模仿。对此可以从两个方面来理解：首先从"方以类聚，物以群分"的解读来看，"易知""易从"就意味着，容易形成群类，容易聚合，因此而且容易得到"吉"的结果。反之，就会因为"方不类""物不群"，而造成离散。其次从"圣人作而万物睹"角度来看，"易知""易从"决定着"圣人"与"万物"之间的沟通是否成功，以及最终产生的效果问题。

能够形成群类，才能产生亲近之感。能够产生效果，才能形成真正的业绩。因此说"易知则有亲，易从则有功"。

"有亲则可久，有功则可大。"又是一个起承上启下作用的语句，因为天道无情，无所谓"久"和"大"，"久"和"大"是带有明显的人为特征的概念，是人们对所从事的事业，持有的一般追求。所以这一句是将关于"易"与"简"的讨论，从天道引向人道，从普遍引向特殊的一句。

"可久则贤人之德，可大则贤人之业。"一句，则是完全将"易"与"简"，落实到了人道之中。其中不难看出，作者以"贤人"比附天道的用意。

比之于人事，所谓的"易""简"之道，更加容易理解。

"易则易知，简则易从"就是说，无论一项计划、政令或者事业，只有其核心内容容易（被人理解），才容易被人接受，只有其具体的执行过程简单，才容易实施完成，也才会有人愿意跟从。

"易知则有亲,易从则有功"是说,容易被人理解接受,才能够产生亲和力、凝聚力,容易被实践完成,才能够形成实际的业绩。

"有亲则可久,有功则可大。"是说,拥有亲和力、凝聚力,才能够长久执行,能够产生实际的阶段性业绩,才能逐渐将事情做大。

"可久则贤人之德,可大则贤人之业。"就是说,能够长久,才能成就"贤人"的特性,能够发展壮大,才是"贤人"的功业。

反之,许多看似宏伟、巧妙的计划,之所以难以践行,或者践行之后,并不能产生出良好的效果,甚至中途夭折。另一些看似不成熟的计划,无意的行为,最终却能发展成推动历史的重大事件,或者延续百年的企业。一个根本的原因,就在于前者过于造作,而背离了"易"与"简"的基本原则,要么因为不"易",而在初始阶段就让人无法理解;要么因为不"简",而在执行阶段难以推行,最终导致不可久、不能大的结果。

再进一步地说就是一个,是否顺天道应天时的问题。

第二章

圣人设卦、观象、系辞焉而明吉凶,刚柔相推而生变化。是故,吉凶者,失得之象也。悔吝者,忧虞之象也。变化者,进退之象也。刚柔者,昼夜之象也。六爻之动,三极之道也。

【译文】圣人创立卦象，通过观象和附注文字，来明确吉凶关系，通过阳刚与阴柔的相互推荡，来模拟变化。所以，所谓的吉凶，就是得与失的征象。所谓悔吝，就是忧虑的征象。所谓的变化，就是进退的征象。所谓刚柔，就是昼夜的征象。六爻的运动，象征的就是天地人三极的运行之道。

【解读】"圣人设卦、观象、系辞焉而明吉凶，刚柔相推而生变化。"一句，是在概述成卦的基本原理。

其中的"圣人设卦、观象、系辞焉而明吉凶"说明了，卦、象、辞三者之间的关系，简言之就是，"象"是卦的核心，是形成卦义的基础，"辞"仅仅是对卦象的注解而已。换一种更形象的说法就是，象与卦属于同一种语言体系，辞则是用通用的文字，对其作出的翻译、解读。决定吉凶的不是辞而是象，即如《周易尚氏学》所言："象而吉则辞吉，象而凶则辞凶。辞有吉凶，皆象之所命，圣人只明之而已。"

所以，后人在解《易》的时候，不能脱离象的范畴在没有卦象依据的情况，对辞进行阐发。否则，其所得只能看作是一种个人心得，而不能看作是对《易》的解读。

根据前面的解读可知，"刚柔相推而生变化"一句，就是在进一步说明"吉凶"是如何产生，即所谓吉凶，就是在卦中刚柔爻的变化，导致的"方""物"的"分""聚"关系的变化中，产生出来的。而卦中爻的"刚柔相推"变化，实际就是卦变的表现，因此表面上是爻的变化，实际上是卦的变化，表面上是"刚柔相推"，实际上是象的变转，决定了吉凶结果。

但是对与"刚柔相推"的具体方式，自古以来却有很大的分歧，概而言之，有两种最基本的观点。

第一种是"横向"相推。如下图所示：

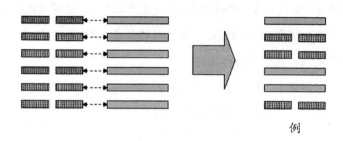

例

持有这种观点的人，其主要依据就是阴阳相生共存的原理，认为在任何一个位置上，都同时存在着阴阳两种力量，卦象中阴阳爻，即刚柔爻的变化，就是阴阳在某一特定爻位上，相互变化的结果。这种观点的优势在于，能够完整地衍生出所有的六十四卦的卦象。

第二种是"纵向"相推。如下图所示：

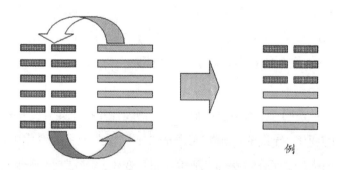

例

持这种观点的人，实际上是将卦象看成了一个由十二消息卦为骨干，或隐或显的六阴六阳同时存在，相推循环，显现于卦象之上的片段。这种观点的优势在于，能够更准确地反映，阴阳之间的消息变化。但其不足之处在于，只能直接形成十二消息卦的卦象，其它五十二卦，都需要在十二消息卦的基础上，再变而来。

对于这种观点的取舍，在此姑且不论，留待在后续的解读中，逐渐明确。

"是故，吉凶者，失得之象也。"这一句，解释了《周易》中所谓吉凶的确定方法，即有所得为吉，有所失为凶。然而"得失"是一个相对概念，是经由比较而产生的结果，因此这一句也间接地说明了，卦变思想在成卦过程和解易过程中的重要性——卦中的吉凶，必然是对卦变前后的得失，进行了比较之后，才得出的结论。反之，"吉凶"是对卦象的整体论断，只有通过比较卦变前后的变化，才能够确定与之相对应的得失所指，才能真正了解先圣的用意所在。

"悔吝者，忧虞之象也。"这是在解释，卦辞、爻辞中经常出现的"悔吝"的意义。其中"悔"是悔恨、忧悔，人只有遭逢苦难，才能知悔，而只有知悔，才有可能得吉，因此悔来自于凶，而趋向于吉。"吝"是人因安乐放纵而产生的种种不当行为，因此吝来自于吉，而趋向于凶。这是二者的本质性区别。

"变化者，进退之象也。"重新说回了爻、象的变化问题。上述对卦变过程，持第一种观点的人认为，此处的"进退"，在卦象上的体现，就是阴阳爻在某一爻位上的进退，即仍旧是横向的进退——左右的移动；持第二种观点的则认为，所谓的"进退"，是指爻在位序上的进退，即是纵向的进退——上下的移动。至此仍旧无法准确地判定，二者之间孰是孰非。

"刚柔者，昼夜之象也。"一句，可以从两个层面来理解：一是就某一爻而言；二是就一卦的整体而言。所谓"昼夜"与前述的"男女"一样，不过是一种为了增进理解，而使用的比喻，其目的是为了强调阴阳之间的本质性区别。就某一爻而言的"昼夜"，就是要么阴，要么阳。那么就一卦而言的"昼夜"，就是应当是要么乾，要么坤。然而昼夜实际上是一个渐进的，阴阳消息循环交替的过程，而这是上述"横向相推说"，所无法准确反映的。因为其在事实上，是将一卦六爻，分裂成六个相对独立的"阴阳系统"来考虑，而不是将六爻作为一个相互推动的整体来看待的，其阴阳的交替，是在各个爻位上，局部展开的。

"六爻之动，三极之道也。"是对这一段文字的总结，同时也更加充分地说明了，各爻之间的"刚柔相推"，是纵向进行的这一事实。原因有二：

其一"六爻之动"一语中的，不仅将"六爻"视为一个整体，而且将其运动也视为一个整体。反之，如果按照横向相推的观点，就应当表述为"六爻之化"——各自的阴阳的转化。

其二虽然关于"三极"有两种不同的说法，一是以初二两爻为地，以三四两爻为人，以五上两爻为天的三才说；二是以初四两爻为下极，以二五为中级，以三上为上级的三极说。但都是沿着纵向来定义的。先圣以此为卦象之道，就说明前文的"相推""进退"，以及因此而产生的吉凶，也都应当遵循此道，在纵向展开进行的。

是故，君子所居而安者，易之序也；所乐而玩者，爻之辞也。是故，君子居则观其象而玩其辞，动则观其变而玩其占。是以自天佑之，吉无不利。

【译文】所以，君子是生存于卦象所示的时局之中，所能实践体验的，就是爻辞所对应的不同境遇。所以，君子闲来无事则观察其卦象，玩味其系辞，有所行动则观察其变化，玩味其占筮的结果。于是就可以得到来自上天的佑护，吉祥没有任何不利因素。

【解读】这一段概述了三个问题：人与《易》的关系；应当如何学《易》；应当如何用《易》。

"君子所居而安者，易之序也；所乐而玩者，爻之辞也。"一句，是在讲述人与《易》的关系。"君子所居而安者，易之序也"一句是以"居而安者"为主语，"易之序"是指《易》中各卦所处的位序。又因为六十四卦的位序并非偶然，而是对应于不同的时序，对应于不同的时局，所以"君子所居而安者，易之序也"一句的意思就是，人是生存于卦象所示的时局之中。

"所乐而玩者，爻之辞也。"的意思，就是所能实践体验的，就是爻辞所对应的不同境遇。在这里"玩"应当是演习、实践的意思。而句中的"安""乐"等词，则是一种假设的事实——在任何一卦，任何一种时局中，处于任何一爻所对应的进程中，身份下，都有可能得到吉凶不同的结果，顺天应时则吉，否则凶。卦与爻不过是确定了天时，而吉凶则是在人行为之后的结果。

"君子居则观其象而玩其辞"一句是在说，应当如何学

《易》。这里的"居"是静止,也可以解作闲来无事之时等等。
"观其象""玩其辞"就是孔子给出的,学习《周易》的方法。

"观其象"仍是在强调,"象"在《易》中的重要性,"象"才是
《易》的灵魂所在。"玩其辞"中的"辞"包含了卦辞和爻辞两个
方面,"玩"是玩味的意思,仅一字,既道尽了学《易》的艰辛,又
说破了学《易》的机窍。即对《易》的理解,必须也只能建立在
反复地、缜密地、深入地思考的基础上。舍此别无它途。

"动则观其变而玩其占"是在讲述如何用《易》的问题。但
是需要指出的是,此处的"占"与后世的占卜,既有相似之处,
又有明显差异。

《周易》强调占变不占静,占老不占少,即在通过揲蓍法形
成一卦之后,视其中的老阴、老阳为变爻,经过其阴变阳,阳变
阴的转化之后,又形成新的变卦。(详见后叙关于揲蓍法的解
读)而占卜者,所要"玩"的就是这变化前后的爻、象、卦、辞的
变化,进行是得是失的分析,进而得出是吉是凶的判断。其间不
仅需要对卦象、爻辞、卦辞有着深刻的理解,而且还需要具有
丰富的社会人文见识,不经过长期系统的学习与训练,是无法
胜任的。这就是为什么,直到秦汉为止,官方司职占卜的官吏,
仍旧需要世袭的一个重要原因。

后世绝大多数的易卜之术,不过是借用了卦象的基本结
构,对吉凶的判断,却是建立在五行生克的基础上。与此处所
言的"占",根本不可同日而语。

"是以自天佑之,吉无不利。"是对这一段的总结,站在孔
子的时代背景下看,这固然是对《周易》,尤其是其在占卜上的

应用赞美之辞。

但是如果抛开其中的狭义占卜之意，或者说不用今时今日的易卜概念，来看待当时的《周易》在占卜中的作用。我们就会发现，《周易》与当时掌握《周易》的少数专业占卜者之间的配合，实际上起到的是，引导人们（尤其是君王），顺应天道，遵守秩序的作用。反之，人如果能顺应天道，遵守秩序，自然就会"吉无不利"。

第三章

象者，言乎象者也。爻者，言乎变者也。吉凶者，言乎其失得也。悔吝者，言乎其小疵也。无咎者，善补过也。

【译文】象辞（卦辞）是卦象的整体判断。爻辞是用来描述变化的。所谓的吉凶，是对得失的判断。悔吝，是指有小的瑕疵。所谓的无咎，是指善于弥补过失。

【解读】这一段是在进一步解释卦的体例。

"象者，言乎象者也。爻者，言乎变者也。"两句是在讲象辞和爻辞。这之中的"象"，就是卦辞，象的本意是判断、断定的意思，因此"象者，言乎象者也"就是说，卦辞是卦象的整体判断。只是由于后来，孔子针对《周易》中的"象"作了传，于是后人就将原来的"象"称为卦辞，而将孔子作的传，称为象辞。

"爻"是指爻辞，"爻者，言乎变者也"的意思是说，爻辞是来描述变化的。一卦由六爻组成，因此"爻"所揭示的"变"，无疑是在卦的框架之内的变。对此前人常将一卦比作一个大的时代背景，而六爻则是这个时代的六个不同阶段。这种比喻，在认知上是可取的，但是就具体情况而言，却是有局限的。因为随着"变"的方式不同，六爻所反映出的"变"的内容，也各有不同。概括地说，既可以是逐次渐进的六个不同阶段，也可以是各自独立的六种不同情况。

此外，文中的"象"与"变"，在事实上是一种互文关系，不能将其孤立地看待。即象是变之象，变是象之变。卦之象有变，爻之变也有象。因为《易》的精髓就是变易，因此一旦将象看作是静止的，或者用静止的眼光去看象，就必然会导致对"象"与"爻"的误读。

"吉凶者，言乎其失得也。悔吝者，言乎其小疵也。无咎者，善补过也。"三句是在进一步说明，《周易》中常用断语的通例。

"吉凶者，言乎其失得也。"的意义，前文已述，不再重复。

"悔吝者，言乎其小疵也。"是说，出现"悔吝"的断语，意味着有小的瑕疵。根据第二章中关于"悔吝"的解说可知，"悔"之所以是"小疵"，是因为事虽发，因为知悔而不致于大；"吝"之所以是"小疵"，是因为事虽发，因为起初为吉，因此尚未大。

"无咎者，善补过也"说明，所谓"无咎"就是善于修补已经出现的过错。因此"无咎"之前必有"悔"，"悔"则知"补"方能"无咎"。所以，"无咎"好于"悔"，是由"悔"变"吉"的中间阶段。

虽然文中没有直言"咎",但是通过"无咎者,善补过也",就可以推知,"咎"就是不"善补过也"。同样是过错已经出现,但是却不知悔改,是错上加错的结果。因此"咎"应当较之于"悔吝"更差,是由"吝"变"凶"的中间阶段。

是故,列贵贱者存乎位。齐小大者存乎卦。辩吉凶者存乎辞。忧悔吝者存乎介。震无咎者存乎悔。是故,卦有小大,辞有险易。辞也者,各指其所之。

【译文】所以,贵贱之分表现在爻位上,大小的区别表现在卦中,吉凶的辨别隐藏于辞中。对"悔吝"的忧虑(与否),是吉凶的转折点。有所行动而能无咎的原因,是因为知悔。所以,卦有大小之分,辞有险易之别。辞的作用,就是指明要去的方向。

【解读】既然"吉凶"是"失得之象",那么就必须通过对得失的计算评估,才能够得出最终的判断。此段中的"列贵贱者存乎位。齐小大者存乎卦。辩吉凶者存乎辞。"三句意义相互连贯,其作用是详细说明,决定"吉凶"的得失的计算方法。

"列贵贱者存乎位"说明爻位是有高低贵贱之分的,具体地说就是上贵下贱。由此可知,在得失的计算中,每个爻位的影响力,或者形象点说加权系数是不同的。这就为进一步的计算,确定了模式,打下了基础。

"齐小大者存乎卦"是说,在一卦形成之后,就可以"齐大小"——计算得失,前人没有理解这三句实际上在讲述,如何计算得失，因此面对"齐大小"就难免会有茫然之感，进而将其彼此孤立地理解为："齐"是正，"大小"分指阴阳等等。其实"齐大小"就是通过爻位的加权值，和阴阳刚柔在各爻的分布，以阳为正，以阴为负，来计算卦变前后的得失，有所得则吉，有所失则凶——古人虽然不见得明确正负的概念，但是只要懂得加减即可。

"辩吉凶者存乎辞"是说，辨识吉凶需要通过"辞"，但前文已述，"辞"不过是对象进行的注解，因此简单记述吉凶的是"辞"，而真正决定吉凶仍旧是"象"，仍旧是通过象的变化，产生出来的得失的变化。

"忧悔吝者存乎介。震无咎者存乎悔。"两句，是对前面三句的补充。因为吉凶是两种极端的状态，而创易的目的，也并不仅仅是为明吉凶，更重要的还是教导人们如何趋利避害。因此作为吉凶的中间状态的"悔吝""无咎"等，在现实中更具实际意义，因此必须加以说明。

"忧悔吝者存乎介"，一方面是说"悔吝"是吉凶的中间状态，同时也是在说，对"悔吝"的忧虑（与否），是吉凶的转折点。其中的"介"是临界、边界的意思，吉凶的交接之处，既是吉凶的中间状态，又是吉凶的转折点。

"震无咎者存乎悔"的意思是，有所行动而能无咎的原因，是因为知悔。也就是说，"震"——动是在知悔的前提下的行动，这种行动就是前文所说的"补过"。能够"补过"，才能"无咎"。

"卦有小大，辞有险易。辞也者，各指其所之。"是对前文的总结,"卦有大小"的"大小",应当就是指得失,卦的得失决定着吉凶的结果,体现在辞上就是"辞有险易"。

但即如前述,先圣创易的目的,并不仅仅是为了说明吉凶而已,更重要的目的是要指导人们趋利避害,所以又说"辞也者,各指其所之"——辞的作用,就是指明要去的方向。"所之"就是要去的方向,就是人们可以趋利避害的方向。即凶可以通过知悔而渐至无咎,其至可以渐至于吉,因此当趋;吉可能生吝,吝可能因为不知悔而转凶,因此当避。等等。

第四章

易与天地准,故能弥纶天地之道。

【译文】《易》与天地自然相一致,因此能够完全与天地之道相契合。

【解读】这一章主要是在阐述,《易》与自然法则即天道之间的关系,并借此来论证,《易》的深邃与广博,以及绝对正确性。

"易与天地准,故能弥纶天地之道。"是对上述问题的总论。"易与天地准"就是说,《易》——无论是其呈现出来的象,还是隐匿其中的变易的规律,都不是人为的凭空造作,而是完全来自于,对自然规律的总结与仿效。"准"就是一致的意思,"与天地准"既说明《易》是与"天地"自然完全一致的,也说明《易》是来源于"天地"自然的。这一点,与老子的"道法自然"，基本上是一致的。

正因《易》与"天地"自然完全一致，才"能弥纶天地之道"。所谓"弥纶"就是完全契合的意思。"天地之道"就是自然规则，自然法则。这就等于是说，《易》之道，就是天之道；《易》之象，就是天道运行之象。

仰以观于天文，俯以察于地理，是故知幽明之故。原始反终，故知死生之说。精气为物，游魂为变，是故知鬼神之情状。

【译文】通过仰望观察天象，俯身查看表现在大地上的机理，来了解幽暗与明亮的缘故。通过追原事物的初始，反究事物的终了，来了解关于生死的观点。通过研究精气聚敛成物，魂魄的游离而产生变化，来了解变化莫测的鬼神的情状。

【解读】这一段是在具体讲述，"易与天地准"的原因。其中的"幽明""死生""鬼神"，都是当时最重大，也是人们最关注的有关"天地之道"的课题。孔子通过列举创《易》者是如何解决这几个课题的，来强调《易》之道，的确是与天之道紧密"弥纶"契合的。

换言之，"仰以观于天文，俯以察于地理，是故知幽明之故。原始反终，故知死生之说。精气为物，游魂为变，是故知鬼神之情状。"分别讲述的是，创易者如何了解"幽明""死生""鬼神"这三大问题的，或者说《易》中关于这三大问题的解答，是如何产生的。

"仰以观于天文，俯以察于地理，是故知幽明之故。"是说，圣人通过仰观天文俯察地理，来了解了"幽明"产生的缘故。这个"幽明"的本意应当就是，昏暗与明亮。进而昏暗之时无不可见，明亮之时物才可见，因此又可引申为可见与不可见，有形与无形等概念。这些问题，对于文明初开时期的人们来说，无疑是最神秘，也最需要解决的问题。如果《易》不能解释这些问题，那么也就无从谈及"与天地准"了。

先儒将"以"字解读为用，将"仰以观于天文"讲作，是用易理去观察天象。虽然单就文字而言可通，但是若从逻辑关系上讲，显然是错误的。因为《易》是从自然中，先抽象再形象而来，用来将天道引入人伦，用社会比附自然的"模型"，而不是进行"科学探索"的工具。

"原始反终，故知死生之说。"是说，通过观察自然界中，生物的"始终"，来了解人类"死生"的道理。而通过"原始反终"，以及《易》中明显的阴阳消息循环往复的观点来看，《易》的生死观，具有一定的轮回特征。这种观点，就生命个体而言，已经被今天的科技所证明，是不正确的。但是就整个物质系统而言，则显然是正确的。所以如果将此处的"死生"的范畴，拓展到整个物质系统层面，那么就会看到，某一个有形的物体，不过是其中所含物质（比如分子、原子）的一种特定存在方式而已，其死，就是该物质的这种存在方式的结束，随之而来的就是，以另一种方式而存在的开始。

"精气为物，游魂为变，是故知鬼神之情状。"死生是可见的变化过程，鬼神是不可见的变化过程，但二者之间又存在着紧密的联系。以人为例，人因为有神而生，因为死亡而成鬼。

古人无法准确地描述生死、有形无形之间的变化过程，于是就形象地认为"精气为物，游魂为变"，即通过"精气"的聚合而生成包括人在内的有形的事物；通过"游魂"——魂的游离，而发生变化，这个变化就是"魂"的消散过程，就是生命的消耗过程，就是物质的湮灭过程。最终导致人的死亡，有形之物的消失等等。

一言以蔽之，就是通过研究事物的聚散、生成与湮灭，来了解不可见的"鬼神"——变化。

综上所述，易理中对于"幽明""死生""鬼神"等重大问题的解决，完全是通过对自然现象、规律的观察总结而来的，因此"易与天地准"是真实可信的。

与天地相似，故不违。知周乎万物而道济天下，故不过。旁行而不流，乐天知命，故不忧。安土敦乎仁，故能爱。

【译文】正因为与天地自然相似，因此不会违背天道。正因为万物有全面的了解，其道足以匡济天下，所以才不会遗漏。应用广泛却不会陷于流散，乐天知命，所以没有忧虑。安其所处敦厚于仁义，所以能够去爱人。

【解读】这一段是在证实了《易》能"弥纶"天地之道之后，讲述由此而来的《易》的基本特征，以及《易》对人的影响。

"与天地相似，故不违。知周乎万物而道济天下，故不过。"两句主语都是《易》，是在讲述《易》在"行为"上的基本特征。

"与天地相似，故不违"是说《易》因为与天地——自然完全相似，是自然的摹本、模型，因此其"行为"——展现出来的规律，完全都是自然规律，是天道的反映，所以不会有违于天道。

"知周乎万物而道济天下，故不过"是说，《易》中所包含的智慧，涵盖所有的世间万物，因此在"道济天下"的时候，能够没有任何遗漏和偏差。

合此二句，说明《易》具有与自然一样的普遍性、公平性、客观性、合理性等等特征。由于创《易》所能够影响的，以及真正关注的，都是人类的社会生活，因此如此煞费苦心地保障《易》与自然的契合，归根结底就是要实现两个目的：一是通过师法自然，来寻找管理和维护人类社会的办法；二是通过取法自然，来强化统治的合理性。

这两句虽然按照字面理解，是以《易》为主语。其实在义理上，也可以将主语看作是运用《易》、遵循《易》来统御天下的君王。

"旁行而不流，乐天知命，故不忧。安土敦乎仁，故能爱。"两句，是在讲述《易》对人的影响，或者说学习《易》的意义所在。因此其省略的主语，应当是普通（非君王）的学《易》者。

"旁行而不流"是一个过渡性语句，同时针对《易》和学易者都具有相似的意义。所谓"旁行"就是涉及广泛的意思，"不流"就是不流散不变异的意思。"旁行而不流"就是内容涉及广泛，学易者可以触类旁通，但基本原理却不会随之流散、变异的意思。

这是《易》可以由天地的摹本，成功地向在人类社会中的应用转换的关键所在，如果做不到"旁行而不流"，就有可能在转换的过程中出现变异，发生偏差，也就失去了其承自天地的，诸如普遍性、公平性、客观性、合理性等等一切美好特性，也就失去了应用价值。

"乐天知命，故不忧。安土敦乎仁，故能爱。"是人们学易之后产生的两个结果——"不忧""能爱"。

"乐天"就是依靠于天，顺应于天。"知命"就是理解顺应于客观规律。其中的"命"，既不是生命的意思，更不是命运的意思，而是指不以人的意志为转移的客观规律。因此，"乐天知命"就是人们通过对《易》的学习，由于对天道、客观规律有了更深刻、清晰的认识，从被动的受其左右，变为主动的顺乎其中的结果。欲求而不得方有忧，而导致欲求而不得的原因，则往往是因为人们的"求"是有违天道的，所以一旦能够"乐天知命"，就自然会因为行为顺乎天道，要么因为没有非分之求，要么因为有求必得，而没有忧虑——"不忧"。

"安土"就是安其所处、随遇而安的意思。"敦乎仁"是敦厚于仁义、仁爱的意思。"安土"是"敦乎仁"的基础条件，若然不能随遇而安，必然是见异思迁，见异思迁必起争夺之心，争夺之心起则仁爱之心无。

综观上述两句，共同之处在于，都有止人非分之想，争夺之心的意味。不同之处在于，"乐天知命"重理智、重理性，更加超然，有道家之风；"安土敦乎仁"重情感、重人性，更加富有责任感,有儒家之形。

所以,由此可见:《易》同为儒道两家之根;儒学的精髓,实为自《易》中破茧而来。

范围天地之化而不过,曲成万物而不遗,通乎昼夜之道而知,故神无方而易无体。

【译文】能够模拟天地的造化之功,而不会有任何偏差。能够完美地模拟万物,而不会有任何遗漏。能够通晓昼夜变化之道,而拥有智慧。因此莫测的变换没有一定之规,变易之道也没有有形之体。

【解读】"范围"在这里的用法,与现代通行的意思有较大的出入,需要将两个字拆开理解,其中"范"的模范的意思,"围"是周围、摹画的意思。因此"范围天地之化而不过"就是指《易》,或者通于易道的圣人的行为,能够模拟天地的造化之功,而不会有任何偏差。

"曲"是曲尽详细的意思,"曲成万物而不遗"就是能够完美地模拟万物,而不会有任何遗漏。

"通乎昼夜之道而知"的意思是说,能够通晓昼夜变化之道,而拥有智慧。需要指出的是,所谓昼夜之道仅仅是一种代表,因为昼夜之道就是幽明之道,就是有形无形之道,就是阴阳变化之道。

所以上述三句,实际上是在本章之末,对全文进行了总结,重申了《易》的博大,和《易》与天地之道的统一性。特别之处在于，通过"范围""曲成""通"等几个动词，将重点转移到了，《易》对天道中的变易的模拟之上，因此最后以"神无方而易无体"对举。

阴阳不测则谓神，因此神是指阴阳变化的不确定性，故"无方"。此处的"易"是变易的意思，变易本身是一个动态的过程，因此无形无体，反之一旦出现了形体，变易也就告一段落了，所以说"易无体"。

第五章

一阴一阳之谓道。继之者，善也。成之者，性也。仁者见之，谓之仁。知者见之，谓之知。百姓日用而不知，故君子之道鲜矣！

【译文】有一阴即有一阳就叫作道。使其连续不断的是"善"。使之凝聚成形的依据是"性"。仁慈的人看到它，称之为仁。智慧的人看到它，称之为智。百姓每天都运用它，却不知道它的存在，所以君子之道很少有人了解。

【解读】"一阴一阳"不同于"阴阳"，阴阳既是构成万物的"气"的两种不同属性，也是"气"的两种不同形式。"一阴一阳"则是阴阳之间的关系，是"气"通过阴阳化育万物的规律。

因此，对于"一阴一阳"需要从动静两个方面来理解：

静态地看，"一阴一阳"就是指阴与阳之间的共生关系，具体地说就是：有阴即有阳，有阳即有阴；无阴即无阳，无阳即无阴；没有无阴之阳，也没有无阳之阴。

动态地看，"一阴一阳"就是指阴与阳之间的互成关系，具体地说就是：阴无阳不动，阳无阴不成。就是"乾元资始"，"坤元资生"所反映的内容。

所以"一阴一阳"所体现的就是，阴阳之间既相对而生，又相互为用的关系，用现代的话说，就是对立统一关系，这就是"气"通过阴阳化育万物的基本规律，因此称之为"道"。

"继之者，善也。成之者，性也。"两句，是在具体讲述"一阴一阳"之"道"是如何运行的。

"继"的本意是将断了的丝连接上，因此"继之者，善也"的意思就是，使其连续不断的是"善"。也就是说，推动"一阴一阳"之"道"延续不绝的动力，是"善"。所谓"善"就是上天化育万物的生生之德，就是"乾元资始"之德，因此是阳的作用。

"成之者，性也。"的意思是，使之凝聚成形的依据是"性"。所谓"性"是某一具体事物的独有特征，如同某个人的基因特征，是指在阴阳流转的过程中，某一特定"时刻"，以某一种特定的阴阳关系，落实到某一个特定的事物上时，体现出来的特性。这是"坤元资生"之德，因此是阴的作用。

通过太极图，可以更加形象地理解这两句的含义，如下图所示（示意图）：

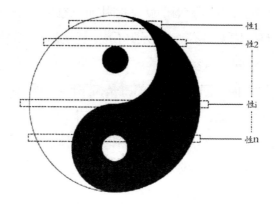

太极图中呈现出来的阴阳相推相生的运动，之所以能够生生不息地延续下去，就是因为有"善"的存在，而使阳刚始终有"资始"的动力，进而推动阴柔随之而动。从太极图中任意截取一段，就会形成一种特定的阴阳关系，这就是所谓的"性"，不同的"性"，就可以形成不同的物。

虽然上述内容，仅仅是一种示意，但仍旧可以从中进一步认识到，之所以说"继之者，善也。成之者，性也。"，而不说"继之者，阳也。成之者，阴也。"，是因为"善"与"性"都属于"道"的范畴，既客观存在，又无象无形，因此与"道"同属形而上的范畴。阴阳虽然无形，但有象，有象就属于形而下的范畴。

所以"善"与"性"为体，阴阳为用。阴阳分别以"善"与"性"为宗；"善"与"性"分别以阴阳为手足。形象地说就是："善"与"性"是阴阳实践道的依据——阳因为"善"的存在而动；阴依据"性"而成物。阴阳是"善"与"性"实践"道"的"工具"。

"仁者见之，谓之仁。知者见之，谓之知。"两句是讲，人们对"道"的认识。其中"知"就是智，智与仁是人性中的阴阳两个极端，阳为仁，智为阴。以此言事，就是要通过取诸两端，而涵盖全部。

"仁者"是具有"仁"的特性的人，"知者"是具有"智"的特性的人，因此"仁者见之，谓之仁。知者见之，谓之知。"，就其本质而言，仍旧是"成之者，性也。"的体现。事实上，"见"——人的观点的形成，本身就是一个"成"的过程，自然也要符合"成之者，性也"的规律。

"百姓日用不知，故君子之道鲜矣！"中的"百姓"，虽然也是指普通大众，但与现今的"百姓"略有不同，因为那个时代的"百姓"，基本上是没有受教育机会的，因此说"百姓"，就带有"无知的人"的意思。显然又较之前述的"仁者""知者"更下一层，所以"日用不知"——说明"道"是客观存在的，只是无知之人通常不会体察到而已。但是无论远古还是现代，真正"有知"的君子终究是少数，所以"君子之道鲜矣"。"鲜"在这里读"xiǎn"，是少的意思。

显诸仁，藏诸用，鼓万物而不与圣人同忧。盛德大业至矣哉！富有之谓大业，日新之谓盛德。

【译文】表现为仁，藏匿于实际应用之中，鼓动生成万物，却不与君王一样忧虑，盛美的德行宏大的事业已经达到了极限。所成就的事物的种类丰富，才叫作大业。每天都能迁善更新才叫作盛德。

【解读】这一句讲述的是"道"在人类社会中的功用,具体地说就是"显诸仁"和"藏诸用"两种方式和渠道。

"显诸仁"的意思就是,表现为"仁"。"仁"在人类社会中的作用,与前文"继之者,善也。"中的"善"是一致的,都是阴阳变易的动力来源,起的是阳的作用,体现的是"道"在推动变易上的功用。

"藏诸用"的意思就是,藏匿于实际应用之中。是说,"道"是隐藏于人类社会一切实践背后的客观规律,是一切现实的背后成因,与前文"成之者,性也。"中的"性"是一致的,都是阴阳相互为用,化育万事万物的内在规则,起的是阴的作用,体现的是"道"在生成事物上的功用。

"鼓万物而不与圣人同忧。"中的"鼓"用法巧妙,同时涵盖了上述动静两种意义,既有鼓动推动的意思,又有从无到有逐渐生成的意思,综合阐释了"道"的功用。此间的"万物"虽然涵盖广泛,但与前文联系,仍旧应当侧重指向人类社会内部的事物。

"道"无知无欲,无私无求,因此虽然能够"鼓万物",但却不会有任何的情感过程。圣人虽然睿智,奉行天道于人类社会之中,但终究因为有情而与"道"不同,不可避免地会因为有得而喜,有失而忧。所以,虽然"道"与"圣人"都能够"鼓万物",但是"道"却不会像"圣人"那样产生忧虑——"不与圣人同忧"。

举例而言,"道"有"善","圣人"有"仁",其共同的特点都是有所谓的"生生之德",但是"道"不会因为人的生老病死而忧虑，因为人之生死乃是客观规律，是物质循环的一个组成部分，一人之死，释放出的物质，很可能会在另一地点，另一时刻，成为另一人的组成部分。但是"圣人"则会为人的生老病死而忧虑，所以人类才会不断地致力于医学研究，以期延缓衰老延续生命。但是从客观上讲，这种努力显然是有违天道的，是对自然物质循环的干扰与破坏。由此就可以看出，"道"与"圣人"的本质区别。

"盛德大业至矣哉！富有之谓大业，日新之谓盛德。"是对"道"的功用的赞叹，其中"富有之谓大业"是说，"道"的功业之大，是体现在所成就的事物的种类丰富，无所不包，对应于前文的"藏诸用""成之者，性也"。"日新之谓盛德"是说"道"的德行之所以盛人，是因为其有日新月异的特征，能够生生不息变化无穷，对应于前文的"显诸仁""继之者，善也"。

生生之谓易，成象之谓乾，效法之谓坤，极数知来之谓占，通变之谓事，阴阳不测之谓神。

【译文】不断地产生新事物，就叫作变易。"成象"的工作是由乾来完成的，"效法"的工作是由坤来完成的。通过穷极蓍数来测知未来，叫作占。通晓变化就叫作筮，阴阳之间变换的不确定性，叫作神。

【解读】这一段，由对广泛的"道"的论述，转向对"易"的论述，实际上就是通过对《易》的基本概念的解释，来说明"道"与"易"之间的相通性，证明易理就是"道"的准确摹画。

"生生之谓易"中的"易"不是指作为图书的易，而是指作为《易》的核心——变易的易。对这一句，前人的解读通常停留在阴阳相生的层面上，虽然是正确的，但是容易产生在变易的过程中，阴阳是有规律地出现的误解。因此，不如将其更进一步地剖析开来。

文中的第一个"生"是动词，同时兼具来自阴阳两个方面的含义，一是创始（阳），一是形成（阴），二者缺一则不成变易——变易本身也是一种事物，也需要有一个生成的过程。

文中的第二个"生"是名词，是指各种被创始、被创始的事物，可以是生命，可以是物体，也可以是某种变化。

因此"生生"，就是不断地产生新事物的意思，这一生生不息的行为，就是变易。就是"道"的"大业盛德"的体现。

"成象之谓乾，效法之谓坤"是将"道"的阴阳，进一步落实到卦象之中，即乾坤。

"成象之谓乾"的意思是说，"成象"的工作是由乾来完成的。"象"无形，可观瞻而不可触用，形象地说就是一种范例，其作用是确定标准和模仿的依据。

"效法之谓坤"的意思是说，"效法"的工作是由坤来完成的。通过"效法"，一次可以推论出两个结论：一是必须先有可效之法，二是必然在"法"的基础上，产生出更具体的结果。

这就是说：

■ 乾之"成象"，必定在坤之"效法"之先。反之，坤必然是"效法"于乾之"成象"之后。所以，卦象中的乾就相当于阳，在变易过程中起着创始的作用；坤就相当于阴，起着生成的作用。

■ "成象之谓乾"就是"乾元资始"的意思,就相当于"继之者,善也";"效法之谓坤"就是"坤元资生"的意思,就相当于"成之者,性也"。

■ "成象之谓乾"就是"圣人作而万物睹"中的"圣人作","效法之谓坤"就是"万物睹"。

通过这样的比附关系,《易》中的乾坤,就成了天道中的阴阳,在《易》中代表。由乾坤衍生而来的六十四卦,也就成了由阴阳化育而来的万物的摹画。

"极数知来之谓占,通变之谓事"这两句是在讲述,《易》的占卜原理。详见稍后第九章的解读。

"阴阳不测之谓神"是在解释"神"的含义,显然"神"也是由阴阳变易而来的一个概念。结合前述的"一阴一阳之谓道","生生之谓易"两句,可以将"道""易""神"这三个产生于阴阳变易的概念,做一个归纳:

■ 决定阴阳变易的必然性和规律性的是道;

■ 阴阳变易过程的本身叫作易;

■ 阴阳变易过程中的不确定性是神。

由此反观,如果将"生生之谓易"简单地解释为是阴阳相生,就容易抹杀"神"的存在。事实上,"一阴一阳"共生互成,是阴阳之间的内在规律,决定了自然界中平衡的基本法则,但就具体的外在表现,或者说某一特定变易过程中的,某一特定阶段而言,阴阳关系未必是平衡的,在表现上也未必是交错出现的,这就是不确定性,就是"神"——变易的神妙之处。

第六章

夫易广矣大矣！以言乎远则不御，以言乎迩则静而正，以言乎天地之间则备矣！

【译文】《易》广泛而博大！用它来描述深远的事物，则没有什么能控御它。用它来描述浅近的事物，则能够稳定不邪。以它来描绘天地之间的事物，可谓完备。

【解读】这一段是本章的起首，是在通过对《易》的赞叹，将论述从道理转向功用。

"夫易广矣大矣！"是对《易》的直接赞美，具体而言"大"主要针对乾而言，"广"主要针对坤而言。

"以言乎远则不御"的意思是，《易》所包括的内容无所不包，应用的范围无远不及，因此用它来描述"远"方的事物，则没有什么能控御它——不受任何限制。

"以言乎迩则静而正"的意思是，《易》所包括的内容又细致入微，因此用它来描述"迩"——近的事物，则能够稳定不邪——准确完整。

综合上述两句，就是说易理囊括远近巨细一切事物。因此说"以言乎天地之间则备矣！"——以它来描绘天地之间的事物，可谓完备。需要注意的是"静而正"的"正"，决定了"备"字所指的完备，既有范围上的完整性，又有内容上的准确。

夫乾,其静也专,其动也直,是以大生焉。夫坤,其静也翕,其动也辟,是以广生焉。

【译文】乾的特性是,其静的特征是能够专一不变,其动的特征是刚直不弯,所以能够推动新事物(的出现)。坤的特性是,其静的特征是闭合,其动的特征是开张,因此能够推广新事物。

【解读】这一段是在通过介绍乾与坤的特性,来说明其功用。之所以需要重申乾坤的特性,是因为虽然乾坤在《易》中的作用,相当于自然界中的阴阳,但是乾坤毕竟是阴阳在卦象中的映射,是卦象对阴阳的摹画。所以其特性与阴阳相似,但又有独特之处。

由于变易归根到底是通过动、静变化,表现出来的,因此对乾坤特性的描述,也着重于其各自在动与静形态上的特征。

"其静也专"是乾在"静止"状态时的特征,但是"专"字却透露出了另外一种意义,因为"专"是单纯、专一的意思,是相对于变动无常而言的。由此可知,乾的"静"并不是绝对的,在运动意义上的"静止",而是相对于变动而言的,是方向上的专一不变。换言之,乾的"静"是对其"动"的某种恒定性的描述。

"其动也直"是乾在"运动"状态的特征,如前所述,乾的"静"是对其"动"的某种恒定性的描述,而这一句就通过对其运动方式的描述,解释了"恒定性"产生的原因。所谓"直"最直接的理解就是,方向的恒定,再进一步的引申,还可以是方式、速度等方面的恒定。

综合上述两点，就会发现，虽然文中言及了乾的动、静两个方面，但事实上，却是在说乾是主动的、永动的，而且其运动方式也是稳定的、专一的。

"是以大生焉"是说乾所具有的功用，前文曾说"生生之谓易"，而乾坤又是阴阳在《易》中的代表、映射，所以乾的功用，就相当于阳的功用。"大生"中的"生"，与"生生"中的第二个"生"字同意，"大"是一种具有创新性、资始性的延伸。与前面所说的"继之者善也""显诸仁""成象"等的意义相当。

"其静也翕"是坤在"静止"状态时的特征，"翕"与合同意，是闭合的意思。"其动也辟"是坤在"运动"状态时的特征，"辟"就是开的意思。因此综合上述两句可知，坤的所谓动静，不过是在"原地"的开合而已。所以，乾、坤运动的参照物是不同的，或者说乾坤的运动方向也是不同的。

"是以广生焉"是坤的功用，"广"体现的是"生生"中前一个"生"字的另一方面内涵，即（在乾的基础上的）增广拓展。与前面所说的"成之者性也""藏诸用""效法"等意义相当。具体的说，坤之静——"翕"，就是取法于乾的过程，坤之动——"辟"，就是效法于乾的拓展、增广的过程。

通过下图，可以更加直观地理解上述内容：

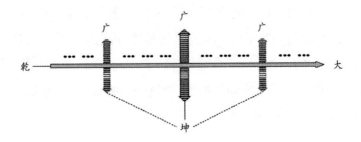

乾"其静也专，其动也直"地永动着，不断地扩大、延伸着易的影响；坤则在不同的节点上开合，合的时候取法于乾，开的时候，将通过"效"将所取之法，推而广之。乾与坤的相互配合，最终实现了易/道的广大。如果没有坤的配合，乾不过是一条永动的线，不会产生任何实际的效果；如果没有乾的引导，坤的开合也会失去了实际内容，而毫无意义。

广大配天地，变通配四时，阴阳之义配日月，易简之善配至德。

【译文】《易》的广大与天地相配，《易》的变通与四季变换相配，阴阳与日月相配，简易之道蕴含的善，与天地的大德相配。

【解读】这四句既是通过说明《易》中的几个基本概念，与自然、人事之间的对应关系，来赞美《易》、易理的博大精深。同时也提供了一种，学《易》的思考方法，即可以通过天地对万物的化育，来理解《易》的广大；可以通过四时更迭的过程与规律，来理解《易》的变通——穷则变，变则通；可以通过日月，来理解阴阳；可以通过圣人的"至德"——至高无上的德行，来理解易简对《易》的作用。

所谓"易简"对应于人事，就是一切顺其自然，既没有私心利欲，也不刻意人为造作。以道家言就是"无为而治"，以儒家言就是"因俗制礼"。

第七章

子曰："易其至矣乎！夫易，圣人所以崇德而广业也。知崇礼卑，崇效天，卑法地，天地设位而易行乎其中矣。成性存存，道义之门。"

【译文】孔子说："《易》已经至善至美吧！《易》，是圣人用来通过崇高其德行，而广大其事业的工具。"要崇尚智慧，在礼节要尽量地谦卑，尊崇效法天的尊贵，谦卑效法于大地卑顺，天地的地位明确了，变易也就自然发生了。将成就的美好德性固化下来，就是通往道义的大门。

【解读】这一章是在讲述，"圣人"也就是所谓圣明贤德的君王，应当如何将《易》学以致用的问题。因为"圣人"——君王的主要职责是统御天下，治理国家，因此君王对《易》的学习和运用，也就是《易》在政治上的应用。言由孔子之口而出，说明这实际上是，孔子或者说是儒家的基本政治观。

起首一句子曰："易其至矣乎！"，是孔子对《易》的赞叹，同时也说明此后的观点，即使不是孔子的原述，也至少是出自孔子的思想。

"夫易，圣人所以崇德而广业也。"直译过来就是，《易》对"圣人"的作用/价值/功用是，通过"崇德"——崇高其德行，来"广业"——广大其事业。

这就是说，"广业"是"崇德"的结果，"崇德"是"广业"

的基础和前提。换言之,就是说"圣人"首先应当提高个人的德行,既然是通过《易》提高,所以这种提高的结果,一定是与"道"的契合,在此基础上"广业"则将是必然的。

然而上述逻辑是建立在"天道"的客观性的基础上的,忽略/回避了《易》仅仅是对"道"的模拟,以及《易》仅仅只能对人性有所影响等等,一系列从天道向人性转化过程中的现实问题。因此只能是一种政治理想而已,更准确地说,仅仅是孔子/儒家的政治理想而已。即所谓的以德治国。

事实上,对于任何一个君王来说,向来只有"道"和"术"——"道"是规律、是原则;"术"是方法、是手段。而没有德行——君王之大德就是天下的昌盛,天下的昌盛,是靠对"道"和"术"的掌握与运用实现的。

因此"崇德而广业"反映的是一种,来源于平民,由于只能自下向上看君王,看政治,而因为无知、无责和无奈,产生出的一种简单的、理想化的认识。体现的是儒家在政治上的唯心性。

这种思想无疑对后世中国影响深远,最直接的结果就是,在相当程度上约束了君王的行为,削弱了君王个人对政治的影响,在相当程度上,实现了具有古代中国特色的"民主政治"——毕竟这种思想,是一种发端于平民的思想。使整个东亚地区,成为世界上相对稳定、富庶的一个区域。但同时也束缚一国之君的创造力,削弱了国与国之间的竞争性,在相当程度上减缓了生产力的进步速度。

反过来看,就会发现这种思想,在应用上的局限性,或者说是需要一定的前提保障的，这个前提就是，国际竞争压力不太大，社会变革不太剧烈。也就是说，适应于具备相对完整的自主性，和地区主导地位的时候，才能够实行。打个比方说，就是在具有完全制空权的前提下，才能实行的陆战策略。

这就是为什么孔孟始终不能为当时的君王所用，而后世中国却可以藉此雄踞世界东方，而当列强竞起的时候，晚清又会轰然崩塌等等，一系列问题的根本原因。

"知崇礼卑"是在具体地解释，如何"崇德"的问题。"知"就是智，"礼"是礼节，是行为规范。"知崇礼卑"的意思就是，要崇尚智慧，在见识、学问上，要有较高的追求；在礼节、行为上，要尽量地谦卑。

虽然就文意而言，是在针对"圣人"而言的，而且也是每个人提高自身修养的必由之路。但实际上仍旧是，至少可以说也是一种平民的政治理想。具体地说，就是反映着孔子所处的春秋末期，随着知识的第一次大普及，民间知识精英，对于打破贵族对政治的垄断，参与国家政治生活的要求空前膨胀。因为，由"知崇礼卑"很容易推导出尊重知识、淡化血统、任人唯贤的平民政治观。

"崇效天，卑法地，天地设位而易行乎其中矣"中的"天地"，主要取其在贵贱上的象征意义，"崇效天，卑法地"就是说"崇"的意思，就是尊重，"卑"的意思就是表现出顺从的心态。"天地设位而易行乎其中矣"的意思就是，随着在"知"和"礼"上的尊卑态度确定之后，一切变通就会自行发生，社会就会按照"道"的规则，不断地演进下去，前文说的"广业"的目标，也就可以实现了。

用现代的话说，"崇效天"就是设定目标，"卑法地"就是确定行为规范，之后人们就会按照一定的行为规范，去追求目标。毫无疑问地说，在儒学成为统治哲学之后，"知崇礼卑"就是后世中国各个王朝统御人民的基本手段，从东西汉朝的举孝廉，到唐宋以后的科举，无不宗此四字之说。

"成性存存，道义之门"一句，又说回到"圣人"如何崇德修身的问题上来。"道"是客观的，是无法真正被某个人掌握和控制的，是《易》所要模仿的对象，人只能通过《易》来学习道、了解道。通过前文的"继之者，善也。成之者，性也。"可知，在永动的"道"的面前，"成性"是人们唯一能够从中获取指导，取得可效之法的手段。"存存"是存之又存，体现的是一种与"百姓日用而不知"相对的，既睿智又恭谨的态度。因为"成性"也是客观的，但又往往被人们在懵懂中所忽视，只有"圣人"才能"成性存存"——在"成性"之后，有意识地将其继承下来，才能真正地领悟和秉承"道"的真谛。

打个比方说，"道"犹如在人们眼前，稍纵即逝的景致，普通人虽然身处其中，却要么视而不见，要么稍加感叹即将其置于脑后。"圣人"则像艺术家一样，要么将其拍摄下来，要么将其绘画出来，要么将其用文字记述下来，不仅使景致成为了永恒，而且还能从中体味到更深远的意义。

因为"圣人"——君王具有主导天下的能力和责任，世人的言行需要睹其作而后动——模仿、效法他的言行，因此一旦"圣人"做到了"成性存存"，实现了"崇德"的目标，那么其德行，其所存之性，就会成为社会公认的"道义"，随着人们的模仿而普及。所以说，圣人的"成性存存"，是全社会的"道义之门"。

第八章

圣人有以见天下之赜，而拟诸其形容，象其物宜，是故谓之象。圣人有以见天下之动，而观其会通，以行其典礼，系辞焉以断其吉凶，是故谓之爻。

【译文】圣人看到了天下事物的最为深奥之处，模拟其形状外貌，准确表现事物的特征，所以才称之为象。圣人看到了天下事物的变动，通过观察其会聚通常规律，然后再确定行为的规范，附注上言辞以评断吉凶，所以称之为爻。

【解读】这一段是在讲述，卦、爻的象与辞的形成与意义。

"圣人有以见天下之赜，而拟诸其形容，象其物宜，是故谓之象。"一句，讲的是"象"的问题。在《周易》系统中，大致存在三种不同的象，一是阳爻和阴爻表现出来的阴阳之象；二是八经卦所具有的各种基本取象，参见《说卦传》中的相关内容；三是各卦、爻因为变易而生成的象。

由于辞是后人对象的注解，所以可以推知，在《易》的原始状态中，"象"就是书写《易》的"语言"，各种不同的取象方法，以及对"象"的取舍原则，就是这种"语言"的语法。较之于后世的文字，"象"的优势在于：

作为一种比喻的手法，能够更加形象生动，而且准确地阐

释相对深奥的道理;

具有更大的兼容性和灵活性,能够涵盖更加宽泛的内容,同时也给读者留下了更加广阔的思维空间。

总的来说,《易》以"象"喻理,既是一种经过深思熟虑,精巧设计的选择,又是在文字尚不够成熟的背景下的无奈之举。当然还有一种可能就是,《易》在最初很可能是掌握在神职人员手中的,而高度符号化的卦象,以及对其解读的方法,就很可能是当时神职人员所专用的一种"语言"。这种现象在现存的许多带有原始色彩的宗教中,仍能看到。

因此"辞"的出现,在某种意义上,就是《易》开始世俗化的标志。但是"辞"毕竟具有极大的局限性,因此不能完全取代"象"的作用。而且"象"作为书写《易》的原始"语言",是"辞"的依据,是"辞"与卦和《易》之间的纽带。也就是说,"辞"只能是对"象",而且很可能仅仅是某一种"象"的注解,"象"才是形成《易》的基础,也是后世学习《易》、解读《易》的工具。

"圣人有以见天下之赜"的意思是说,圣人看到/了解了天下事物的最为深奥之处。讲的是"象"的产生基础,即圣人造"象"并非主观臆造,而是建立在对客观事物的审慎观察,深刻了解的基础之上的。所谓"赜(zé)",就是指事物的最本质的特征。

"拟诸其形容,象其物宜"的意思是,模拟其形状外貌,准确表现事物的特征。讲的是"象"的产生办法。

正因为"象"是在对事物具备了深刻的理解,对其本质特征有了准确的把握之后，对事物作出的模拟，所以"象"才能够以点带面，才能够达到传神的效果，才能够称之为"象"——"是故谓之象"。

"圣人有以见天下之动，而观其会通，以行其典礼，系辞焉以断其吉凶，是故谓之爻。"一句，讲的是爻的问题。

起首一句"圣人有以见天下之动"，说明爻是对"动"的模拟。"观其会通，以行其典礼"是讲爻的具体形成过程，即先"观其会通"——观察（天下事物变化）运动的"会通"，然后再"行其典礼"——确定行为的规范。

"会通"，会是汇聚、交会，通是畅通。由汇聚交会而畅通，说明爻所反映的不是泛泛的变化，而是变化过程中的节点，对应于变化的不同阶段、不同类型等等。掌握了这些重要的节点，就可以准确地把握变化全貌。

同时对于学《易》之人来说，理解了爻，也就在理解了变化的基本规律的同时，还明确了在不同的节点上，最容易出现的行为特征——"典礼"。

"系辞焉以断其吉凶"的意思是说，通过爻辞来对，在相应的"节点"上的典型行为，进行吉凶的评断。据此人们就有了趋利避害的方向。

虽然现代关于"爻"字的解释，几乎都是与卦画有关的，但是通过其字形，以及"是故谓之爻"一句可以推想，"爻"字本身可能具有判断、选择的意思。

言天下之至赜而不可恶也，言天下之至动而不可乱也。拟之

而后言, 议之而后动, 拟议以成其变化。

【译文】在说明天下最深奥的事物时, 不能用轻恶的态度; 在说明天下最本质的运动时, 不能杂乱无章。在有所比拟模拟的前提下, 然后再来言说。在有所审议的前提下, 然后再来有所行动。正因为有拟议的过程, 才能准确地模拟和表述变化。

【解读】这一段是对前文的总结, 是对《易》的创作手段的概括。

"言天下之至赜而不可恶也, 言天下之至动而不可乱也" 两句, 说的是 "言" 的基本/通用原则。意思是说, 在说明天下最深奥的事物时, 不能用轻恶的态度; 在说明天下最本质的运动时, 不能杂乱无章。反之, 就是说对于绝大多数人而言, 在言说 "至赜" 的时候, 都会用轻恶的态度, 在言说 "至动" 的时候, 都会杂乱无章。这是先抑后扬的表达方式, 目的在于突出创易者的艰辛与伟大。

"拟之而后言, 议之而后动, 拟议以成其变化。" 就是对创易手段的概括。"拟之而后言" 的意思是说, 在有所比拟模拟的前提下, 然后再来言说 "至赜"。"拟" 在这里说明了两个问题, 一是《易》之所言, 是有所依据的; 二是说明存在 "象" 的问题, 说明《易》的表达方式是既准确又生动的。"议之而后动" 是说, 在有所审议的前提下, 然后再来言说 "至动", 或者有所行动。这个 "议" 很可能是对应于爻, 即指将变化分割成不同的节点, 然后再来阐述的意思。

"拟议以成其变化" 的意思是说, 正是因为《易》的创作,具有上述"拟"和"议"两个特征，才能准确地模拟和表述变化。

"鸣鹤在阴，其子和之，我有好爵，吾与尔靡之。"子曰："君子居其室，出其言善，则千里之外应之，况其迩者乎？居其室，出其言不善，则千里之外违之，况其迩者乎？言出乎身，加乎民，行发乎迩，见乎远。言行，君子之枢机。枢机之发，荣辱之主也。言行，君子之所以动天地也，可不慎乎？"

"同人，先号啕而后笑。"子曰："君子之道，或出或处，或默或语。二人同心，其利断金；同心之言，其臭如兰。"

"初六，藉用白茅，无咎。"子曰："苟错诸地而可矣。藉之用茅，何咎之有，慎之至也。夫茅之为物，薄而用可重也。慎斯术也以往，其无所失矣。"

"劳谦君子，有终吉。"子曰："劳而不伐，有功而不德，厚之至也。语以其功下人者也。德言盛，礼言恭。谦也者，致恭以存其位者也。"

"亢龙有悔。"子曰："贵而无位，高而无民，贤人在下位而无辅，是以动而有悔也。"

"不出户庭，无咎。"子曰："乱之所生也，则言语以为阶。君不密则失臣，臣不密则失身，几事不密则害成。是以君子慎密而不出也。"

子曰："作易者，其知盗乎？易曰：'负且乘，致寇至。'负也者，小人之事也；乘也者，君子之器也。小人而乘君子之器，盗思夺之矣！上慢下暴，盗思伐之矣！慢藏诲盗，冶容诲淫。易曰：

'负且乘，致寇至。' 盗之招也。"

【译文】 中孚九二说："鸣鹤在阴，其子和之，我有好爵，吾与尔靡之。" 孔子解释说："君子居处于其家中，说出好的言论，则即使在千里之外也会有人应和，何况于附近的人？居处于其家中，说出的言论不够善美，则即使在千里之外的人也会背离他，何况于附近的人？言语从自己身上发出，施加于民众，行为发于近处，但效果却显现于远方。言行，是君子立世的枢机。枢机的发动，是荣辱的根本。言行，是君子用来鼓动天地万物的手段，能不慎重吗？"

同人九五说："同人，先号啕而后笑。" 孔子解释说："君子之道，无论外出还是居处，无论沉默还是发表言论。只要二人同心，那么就犹如锋利的刀刃，能够斩断金属；同心的言论，给人的感受，犹如闻到了兰草的芳香。"

大过初六说："初六，藉用白茅，无咎。" 孔子解释说："假如放在地上可以。用白茅铺垫，又何咎之有，是谨慎至极的表现。白茅作为一种物件虽然微薄，但用处却可以十分重要。慎重对待而行事，就不会有什么闪失。"

谦卦九三说："劳谦君子，有终吉。" 孔子解释说："有功劳而不炫耀，有功绩而不自居恩德，是敦厚至极的表现。这是在说，拥有功绩却能甘处人下的人。道德讲求盛大，礼节讲求恭谨。所谓谦，就是通过恭谨保存其地位的意思。"

乾卦上九说："亢龙有悔。" 孔子解释说："尊贵而没有实位，居高而没有民众，有贤人在下位却不能形成辅助，所以一旦行动，就会有忧悔。"

节卦初九说："不出户庭，无咎。"孔子解释说："纷乱的产生，都是由言语引起的。君往不能保守机密，则会失去臣下，臣下不能保守机密，则会失去自身遭受损失，对即将发生的事情，不能保守其密，则危害就会形成。所以君子要慎守机密，而不泄露出去。"

孔子说："创作《易经》的人，难道懂得盗贼的心理？《易》中说：'负且乘，致寇至。'背负，是从事体力劳动的小人的工作；车乘，是君子使用的器具。身为小人而乘坐君子的器具，则盗贼就想着来争夺了！君上轻慢，臣下暴戾，则盗寇就想着来征伐了！轻慢于宝藏就会招致贼盗，妖冶其容颜就会招致淫邪。《易》中说：'负且乘，致寇至。'是指贼盗是如何被招引来的。"

【解读】以上七段文字，是孔子对部分卦辞、爻辞的进一步阐发。相关内容，多被后世解易者所引用，并作为重要的依据。笔者认为，更应当将其视为是，孔子根据象和辞，引发出来的更加深入的思考，是对卦辞、爻辞寓意的一种拓展。因此有的是可以作为解读的依据，比如说"亢龙有悔"，是因为其"贵而无位，高而无民"；有的则仅仅是孔子的个人感悟，比如说"不出户庭，无咎。"是因为"乱之所生也，则言语以为阶。君不密则失臣，臣不密则失身，几事不密则害成。是以君子慎密而不出也。"不能一概而论。

第九章

天一地二，天三地四，天五地六，天七地八，天九地十。天数五，地数五，五位相得而各有合。天数二十有五，地数三十。凡天地之数，五十有五，此所以成变化而行鬼神也。

【译文】天数一地数二，天数三地数四，天数五地数六，天数七地数八，天数九地数十。天数有五个，地数也有五个，在五个不同的位置上，相互对应，而各自相合。天数之和是二十五，地数之和是三十。因此总计天地之数，就是五十五，这就是用来形成变化，而展现莫测的基础。

【解读】这一章重点在于讲述《易》的"数"，以及基于"数"的筮法。具体到这一段，是在讲述《易》对于"数"的基本认识。

"天一地二，天三地四，天五地六，天七地八，天九地十。"就是将从一到十十个数字分为两大类，一类为天数，一类叫地数，用现代的话说就是，奇数为天数，偶数为地数。说明创易时代的中国先民，已经懂得了数字的奇偶性。之所以，仅仅说道十为止，是因为这是个数字已经足以表现一切，在自然数基础上可能出现的各种运算和变化。

"天数五，地数五"就是说，天数地数各有五个。

"五位相得而各有合"一句自古以来大致存在两种解读，一是将"相得"理解为前述的一与二，三与四等等的对应关系。将"各有合"理解为各自相加求和的意思。这样解读最大的好处是简洁明了，而且还与后面的"天数二十有五，地数三十"相连贯。不足之处是，过于简单，无法与"成变化而行鬼神"相呼应，即无法解释，"数"与变化的关系。

另一种解读是以河图为基础, 并与五行相结合的。如下图所示:

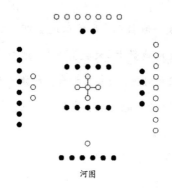

河图

河图反应的是奇偶数之间的生成关系, 文中的 "相得" 在此处被理解为一与六、二与七、三与八、四与九、五与十之间的对应关系。"各有合" 则被理解为一与六相合, 同居北方, 属水; 二与七相合, 同居南方, 属火; 三与八相合, 同居东方, 属木; 四与九相合, 同居西方, 属金; 五与十相合, 同居中央, 属土。这样随着五行的引入, 如下图所示的相关生克变化, 也就随之而来了。

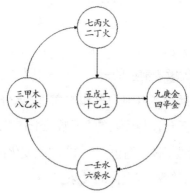

这种解读的最大好处，就是能够更有效地解释"数"与变化之间的关系。不足之处就是，无法准确地确定创易时代的先民，是否已经具有了五行的概念。

但是有一点是可以确定的，那就是，既然先人将数字的奇偶关系，对应于天地，那么必然是有一定象征意义的，而这个象征意义，就是"数"与变化之间形成关联的基础。由此看来，五行概念的引入，也是可通的。换言之，即使在创易时代，并没有完整的五行概念，也应当有其他的类似概念，来充当数字与事物/变化之间，相互联系的媒介。只有这样才能解释，为什么数字能够"成变化而行鬼神"。

大衍之数五十，其用四十有九。分而为二以象两，挂一以象三，揲之以四以象四时，归奇于扐以象闰，五岁再闰，故再扐而后挂。

【译文】大衍之数是五十，用其中的四十九。将其分为两个部分，以象征两仪，再拿出一根放在一边，以象征天地人三才。四个一组、四个一组地去数两部分的蓍草，以象征四季，将产生的余数，放到一边。以象征闰年，由于五年中有两个闰年，所以要将两部的余数都放到一边。

【解读】这一段是在讲述利用《周易》占卜的筮法，或者更准确地说是成卦之法。

关于"大衍之数"的由来，至今没有准确的说法，但是可以肯定的是，"大衍之数"必然是以前述的"天地之数"为基础，发展而来的。一种相对直观的理解，就是在上述的"各有合"的过程中，五始终是天数与地数之间相合的媒介——1+5=6，所以一与六合，其他以此类推，因此五已经存在于六到十，这个五个数字之中了，而且十本身就是两个五的组合，完全可以涵盖五，所以从天地之数中，将五隐去不算，非但不会抹杀五的存在，而且还能更好地体现五，在天地数之间相互衍生的过程中的作用。

所以"大衍之数"就是在天地之数的基础上，隐去了在衍生过程中，起着中枢作用，但自身却基本上没有衍生出新数字的"五"（十就是两个五），而仅仅计算了参与衍生过程的其他九个数字的结果。在化繁为简的同时，丝毫没有损害其代表性。

"其用四十有九"是说，真正在成卦时使用的，是四十九。古人成卦用揲蓍法，即通过"四营"——对蓍草的四次操作，根据最终得出的数字，来确定卦画的阴阳，以及变与不变。因此"其用四十有九"就是在五十根蓍草中，先拿出一根不用，对剩余的四十九根进行操作。关于为什么用四十九，自古众说纷纭，但有一点是肯定的，即只有用四十九，才能在最终才有可能形成或六，或七，或八，或九，四个能够用来成卦的余数。

"分而为二以象两，挂一以象三，揲之以四以象四时，归奇于扐以象闰，五岁再闰，故再扐而后挂。"几句所说的就是揲蓍法的具体操作步骤。

"分而为二以象两"是第一步，即将49根蓍草任意分成两份。"象两"就是象征两仪，象征阴阳，象征天地的意思。未分之前，49根蓍草是一个整体，犹如一个没有发生变化的"一"，

"分而为二"之后就发生了变化,而最终的余数,以及相应的卦象,也即源于此一分。所以其作用就像太极生两仪一样,既是一切变化的基本形式,也是一切变化的发端。

"挂一以象三"是第二步,就是将已经分为两部分的蓍草中,再拿出一根放在一边。"象三"就是象征天地人三才的意思,因此这拿出的一个,就代表着人。

"揲之以四以象四时"是第三步,"揲"是数的意思,"揲之以四"就是四个一组、四个一组地数。此时两部蓍草一共有48根,但是前述两个步骤,决定了每个部分的数目的不同,也就是决定了,经过"揲之以四"之后,各个部分所剩余的数字的不同。

需要指出的是,"揲之以四"所产生的余数,与今天的余数观念稍有不同,在1、2、3之外,还包括4。由于48是能够被4整除的,所以两部分的余数之和,必然是4或8。

"象四时"的意思就是说,此处之所以用"四",要"揲之以四",是因为要与四时——四季相对应。这种说法在今天看来,难免有以壮声色之嫌,但如果站在当时的时代来看,则体现着先民,对自然规律的尊重,对与自然和谐相处的强烈意愿。

"归奇于扐以象闰,五岁再闰,故再扐而后挂。"是最后一个步骤。"归奇于扐"就是将经过"揲之以四"产生的余数,放到一边的意思。"奇"就是指余数。"以象闰"是说,这一操作的意义是,象征闰年。"五岁再闰"是指按照当时的历法,五年中要有两次闰年。"再扐而后挂"就是再一次将余数,放到一边的意思。事实上,就是将另一部分产生的余数,也放到一边的意思。只不过是为了强调，筮法与天道的统一，而将其比附于闰年之说。

简而言之，这一步的操作就是，将所有的余数，都放到一边的意思。

这样经过分二、挂一、揲四和归奇四个步骤，就完成了一"易"。此时剩余的蓍草数就是44或者40，在此基础上再重复两次这样的操作，即共计经过三"易"，才能最终形成一爻。

因为三"易"之后，用48减去所有余数的总和，所得的数字只有四种可能：每次余数总和都是8，得出的24；每次余数总和都是4，得出的36；以及位于其间的，28和32。这四个数字，再被4除，就会得到6、7、8、9这四个数字，其中6为老阴成卦后要变，8为少阴成卦后不变，7为少阳成卦后不变，9为老阳成卦后要变。

乾之策，二百一十有六。坤之策，百四十有四。凡三百有六十，当期之日。二篇之策，万有一千五百二十，当万物之数也。

【译文】乾卦对应的蓍草数，是二百一十六。坤卦对应的蓍草数，是一百四十四。共计三百六十，与一年当中的天数相当。上下两篇所有卦象对应的蓍草数，是一万有一千五百二十，对应于万物的数目。

【解读】由于《周易》的占断原则是占老不占少，所以卦中阴爻以六表述，阳爻以九表述。通过上述介绍，我们知道，所谓六和九，实际上就是最终剩余的蓍草数，分别为24和36的两种结果。

"乾之策, 二百一十有六"的意思就是说, 构成乾卦的"策"——蓍草数是216。即每一爻都为九, 就都对应着36根蓍草, 总计六爻就是36×6＝216。同样的方法可以计算出,"坤之策, 百四十有四"——24×6＝144。

两项之和是360, 恰好是当时历法规定的一年的日期数, 所以说"凡三百有六十, 当期之日"。今天我们已经没有办法确定, 这是后世解易者联想出来的"巧合", 还是创易的先人, 有意为之的结果。但确实为易占的可信性, 提供了支持。这可能就是后世之人, 对此愿意津津乐道的原因之一吧。

"二篇之策, 万有一千五百二十, 当万物之数也。"一句的由来是, 易经分为上下经两部分, 故称"二篇"。在上下经的六十四卦中, 共有384爻, 阴阳爻各有192个, 按照上述的计算方式, 计算其"策"数就是: 36×192＋24×192＝11520。"当万物之数也"就是与"万物"的"万"相对应。即可以象征万物的意思。

上述种种, 都是通过数字, 在筮法与历法, 以及自然界之间的"巧合", 来强化和突出, 筮法的可信性、权威性等等。对于现代的读者, 尤其是对占卜并不十分认同的读者来说, 完全可以从另一个角度来看待这个问题。

即创易的先圣, 已经具备了相当深刻的数学知识, 而且通过其以数字为媒介, 在筮法与自然事物之间构建联系这一事实, 就可以看出, 其对自然事物观察和思考的缜密, 以及所具有的高超的抽象能力。据此, 也确实可以佐证其所创之《易》, 绝非臆断人为, 而是确有坚实的事实依据。因此对人类的行为, 也必然有指导意义。

是故四营而成易，十有八变而成卦。

【译文】所以经过四次操作而成为一"易"，一共经过十八"易"才能形成一卦。

【解读】所谓"四营"就是指前述的分二、挂一、揲四和归奇四个步骤，"四营而成易"就是说，经过上述四步操作，才能算作一"易"——一次完整的变化。

"十有八变而成卦"说明，要经过三"易"才能形成一爻，一卦六爻，所以要总计十八"易"——"变"，才能形成一卦。

这是从爻是卦的基本组成单位，以及筮法的具体操作方法的角度，来说明成卦过程的。

八卦而小成，引而伸之，触类而长之，天下之能事毕矣。

【译文】形成八卦之后，仅仅是小成，继续引申拓展，以之为基础进行叠加，才能更全面地模拟自然万物。

【解读】这一句是从，以八经卦为卦的基本组成单位，来解释成卦的过程——八卦怎样衍生出六十卦的。

"八卦而小成"是说八经卦虽然各有其象，能够在相当程度上，模拟自然展现规律，但是终究是"小成"——是有局限的，不能包纳世间的一切事物与变化。于是需要加以拓展，延伸。

"引而伸之，触类而长之"就是对八经卦的拓展方式，也是八经卦衍生出六十四的具体办法。对其的解读，应当同时兼顾卦象的生成，和卦义的延展两个方面。"引"和"触类"，在卦象的生成上，是说要以八经卦为基础；在卦义的延伸上，也是在说，要以八经卦的象作为基础。"伸之""长之"，在卦象的生成上，是说所谓的拓展，就是在八经卦的基础上，进行卦象的叠加，即每一卦都与八卦相叠加，形成新的八个六画卦。在卦义的延伸上，是说在八经卦基础上的延伸。这种延伸可能就会包括，上下卦、互卦、伏卦等一系列，由于卦画的叠加，产生的象的变化。

正是因为相对静止单一的三画卦，在经过叠加之后，所能涵盖的内容，和所能表现的变化的复杂程度，都出现了飞跃式的提高，所以才能更全面地模拟自然万物——"天下之能事毕矣。"

通过这一段陈述，我们似乎可以看到，在《易》的逐渐成熟发展的过程中，似乎确实存在一个由八卦，向六十四卦跃进的过程。而其背后很可能就是，生产力从石器向青铜器演进，社会关系从部落联盟向奴隶制封建国家演进，导致的社会关系的复杂程度，出现爆炸式的跃进的大背景。

显道神德行，是故可与酬酢，可与祐神矣。子曰："知变化之道者，其知神之所为乎！"

【译文】显现天道，使人的德行与之契合，所以可以用来指导人事交往，可以有助于应对不测了。孔子说："了解变化的人，就可以知道变化不测的结果"。

【解读】"显道神德行，是故可与酬酢，可与佑神矣。"讲的是《易》，或者更具体地说是易占的功用。"显道"与"神德行"是两件事，"显道"是将隐秘于万物之中的，本来不可知的"道"显现出来，使之变为可知。这无疑是《易》的最伟大的贡献，也是先圣创易的根本目的。"神德行"是对学易者，或者说占卜者而言的，此处的"神"用作动词，是说能够使人的行为，与"神"相类似。"神"在《周易》中是阴阳变化莫测的意思，因此"神德行"——使人的行为，与"神"相类似，就是使人的行为，符合于"道"，契合于"神"，而不被其变化莫测的结果所困扰的意思。

"可与酬酢，可与佑神"是更深的功用，"酬酢"原本是指相互敬酒的意思，因此"可与酬酢"就是可以用来指导人事交往的意思。"可与祐神"并不是能够得到神的保佑的意思，而是可以有助于应对不测的意思。

综合上述三句可见，易占的根本作用就是，通过将本来不可知的"道"显现于人们的眼前，来端正人们的德与行，使之合于道。因此既可以用来指导人事交往，又能够应对莫测的变化。一言以蔽之，就是趋利避害。因为人们行为的初衷，始终是要趋利避害的，之所以会有事与愿违的结果，往往是由于对事物发展的规律，以及最终的必然结果缺乏了解的原因，所以一旦能够将过程与结果，提前揭示出来，人们自然不会为了自寻凶祸，而作出有违天道的事情来。

子曰："知变化之道者,其知神之所为乎!"既是孔子对《易》的赞美,又是对《易》、易占的功用的高度概括。

"知变化之道者"就是《易》,就是得到了易占的启示的人。由此我们也可以看出,"变化"本身不是"道","变化之道"——变化的规律才是"道"。而《易》的基本作用,就是对天下所有的"道"的模拟,易占的作用,就是将某一个具体的"道",显现出来,让占者可以了解。

"其知神之所为乎"是一句反问,因为"神"的本意是"阴阳不测",所以"知神之所为",就是知道变化不测的结果的意思。"神"之所以为神,就是因为其具有不确定性,导致人们对其难以把握。一旦变为可知,也就从不确定,变成了确定,自然也就失去了其神秘性。对于要面对它的人来说,就可以泰然自若地选择趋避之策了。

由此我们可以看出,易占所具有的巨大的社会导向作用,即通过对客观规律的揭示,利用人们天生的趋利避害的心理,将人们的思想、行为统一到与天道的和谐中来。这一点,与后世主要以个人利益得失为目的进行的占卜,有相似之处,但本质却截然不同。应当说,无论《易》在早期所起的帝王之书的作用,还是后来逐渐衍生出来的占卜之书的作用,其本质都是以统一社会的道德观念,和谐人群内部关系为目的的,是治国治世之书,是国之重器。

第十章

易有圣人之道四焉，以言者尚其辞，以动者尚其变，以制器者尚其象，以卜筮者尚其占。

【译文】《易》在四个方面，与圣人之道相合，希望通过学易，来提高和丰富语言的人，则要重视《易》中的辞；希望通过《易》来指导自己行动的人，那么就应当关注于其变；希望通过学易来了解如何制造器物的，应当关注于其象；希望通过《易》来卜筮的人，则要注重其占断内容。

【解读】这一章是在讲述《易》的功用。这一段则是对《易》的功用的概述。

"圣人之道"就是天道，因为"圣人"是对那些德合天地，智周万物的人的特定称谓，因此凡是"圣人"，其德行必然与天道相和谐。之所以要说"圣人之道"而不说天道，就是要强调其在具体应用上的价值。

"易有圣人之道四焉"就是说，《易》在四个方面，与"圣人之道"相合，或者说《易》包含有四种"圣人之道"。

"以言者尚其辞，以动者尚其变，以制器者尚其象，以卜筮者尚其占。"是在具体言说四种"圣人之道"，其实也是《易》的四种最主要的功用。

"以言者尚其辞"是说，如果期望将《易》运用于语言，或者希望通过学易来提高和丰富语言的人，则要重视《易》中的辞，也就是卦辞、爻辞中的语言。对此的理解，必须回到当时的时代背景中，在上古时代，书籍是一种特殊的媒体，其主要的作用是记录与军国大事有关的内容，比如当时的"书"，就是史书的意思。这就是说，对于当时的普通人来说，几乎是无书可读的，换言之，在民间可以读到的书，很有可能只有《易》一种。而《易》又是出自王室成员，或者神职人员之手的作品，其文字修辞一定是符合当时的官方语言习惯的，所以对于想学习和掌握官方语言的民间人士来说，《易》就不遑是一本语文教材。所以说"以言者尚其辞"，说《易》在修辞上体现着"圣人之道"。

"以动者尚其变"是说，如果是希望通过《易》来指导自己行动的人，那么就应当关注其"变"。因为爻的作用就是展示变化的过程，因此关注其"变"，就是要关注其爻的内容。如前所述，爻辞的内容，是对卦象所对应的一个完整的变化中，不同节点的描述。在这些节点上的应对之策，才是人们身处时局、事局之中时，最需要掌握的行动指南。所以文中的"动"，应当也是带有节点性意义的行动抉择。

"以制器者尚其象"的意思是说，希望通过学易来了解如何制造器物的，应当关注于其象。这一句很可能是后人加入的内容，因此是存在相当的谬误的。因为《易》的象，是对万物及其变化的模拟，因此应当是先有物后有象，而且象也是一种重在说理的符号语言，并不是对物象的刻画。所以，非但不能以《易》象为依据"制器"，而且《易》象说得也完全不是如何"制器"的事。

"以卜筮者尚其占"是说，希望通过《易》来卜筮的人，则要注重其"占"。这个"占"应当是指卦辞、爻辞中的吉凶悔吝等断语。这些断语，对于占卜者来说，就是趋利避害的方向标。至于没有明确断语的情况，"占"的内容实际上也隐藏于"辞"中，可以通过对"辞"的体会，而有所领悟。

综合上述，辞、变、象、占就是《易》的四项最基本，能够发挥其功用的组成部分，而其所对应的功用则是对人们言、动、制器、卜筮四个方面的指导。

是以君子将有为也，将有行也，问焉而以言。其受命也如响，无有远近幽深，遂知来物。非天下之至精，其孰能与于此？

【译文】所以君子将要有所作为，有所行动的时候，通过语言来问卜。其接受到发问之后，就会像回声一样有所回应，无论占问的内容是远是近，是深是浅，都能马上知道未来的结局。如果不是通晓天下最为精深的道理，谁能做到如此程度？

【解读】这一段是在讲述易占的运用。虽然"是以"于此有承上启下之意，但是从语义上看，显然又与前文不相联系。很可能是在历代传抄的过程中，出现了某种差误。

"君子将有为也，将有行也，问焉而以言"就是说，"君子"要有所行动作为的时候，通过语言来问卜。"问焉而以言"与后世所说的，一事一占的意思相近，即凡是占问应当有所特指，不能期望以一卦解释所有的问题，这样一则不现实，二则也缺乏必要的诚意。

文中用"君子"，说明当时的占卜，已经开始平民化，《易》

也从宫廷走向了民间。

"其受命也如响","其"是指《易》或者易占中使用的蓍草,"受命"就是接受君子的发"问"。"如响"就是如同回声、回响一样,准确及时。即一旦"受命"就会马上做出回应的意思。

"无有远近幽深,遂知来物。"是"响"的内容,也是君子问卜的结果。"无有远近幽深"是针对君子问卜的内容而言的,即无论占问的内容,在地理上是远是近,在道理上是深是浅的意思。"遂知来物"的意思是,都能马上知道"来物"——未来的结局。

"非天下之至精,其孰能与于此?"是一句对《易》的赞美之辞。

参伍以变,错综其数。通其变,遂成天地之文;极其数,遂定天下之象。非天下之至变,其孰能与于此?

【译文】反复多次地变化研判,错综往复地计算其数,(所成的卦象)相通与变化,于是成为天地的文采;穷极其变数,才确定大卜的征象。如果不是通晓天下最复杂的变化,谁能做到如此?

【解读】"参伍以变,错综其数。"是对筮法的概括,"参伍"的解释自古不一,但总的来说都是多次反复,或者综合研判的意思,因此"参伍以变"是在说,筮法中的变化,是繁复而严密的。笔者认为这其中,可能包含着,前述的各种与历法等方面的比附关系。即指筮法中的变化,是有所指、有所依的。"错综其数"就是对数字进行反复计算的意思,对应于筮法中的多次计算。

根据前述的筮法,可以知道,"参伍以变,错综其数。"这两件事,是紧密联系的。具体地说,"错综其数"是在"参伍以变"的基础上展开的,其运算的结果,其实就是"变"的结果的数字形式——最终的6、7、8、9,归根到底是由前面的多次变化决定的。

"通其变,遂成天地之文;极其数,遂定天下之象。"是对筮法得出的结果——卦象的描述。"通其变,遂成天地之文"是指所成的卦象,因为卦象是对天地间事物与变化的摹写,所以称之为"天地之文"。"极其数,遂定天下之象"是针对卦象背后的变化而言的,因为"极其数"简单的理解就是穷究其数的意思,而穷究其数的结果,就是在简单的奇偶——阴阳关系的基础上,进一步明确出"老少"的区别,进而决定变与不变的问题。事实上,直到这一步位置,筮法才真正告一段落,作为易占依据的卦象,才真正形成。

所以,笔者认为,虽然"通其变,遂成天地之文""极其数,遂定天下之象"两句的意义极为相似,但是在内容上,还是存在一定的递进关系。

根据上文可知,"非天下之至变,其孰能与于此?"应当是对筮法的赞美,而"至变"一词,说明筮法中的反复变化,甚至其中包含的各种比附关系,才是筮法的核心所在。

易无思也,无为也,寂然不动,感而遂通天下之故。非天下

之致神，其孰能与于此？

【译文】《易》没有思想也没有作为，寂静不动，有所感应的时候，就能通晓天下的事物变故。如果不是最神妙莫测的事物，谁能做到如此？

【解读】这一句是对易占的赞美。

"无思""无为"原本是"道"的特征，由于《易》是"道"的摹画、模型，因此也同样具备这些特征。但是作为易占之用的《易》，终究是有形的——象、辞皆有形，所以较之无形无象的"道"略逊一等，只能做到"寂然不动"。有形之物就有可能有所动作，而所谓"寂然不动"，就是"无思""无为"，在其行为上的表现。

"感而遂通天下之故"与前面的"受命也如响"基本一致，描述的是《易》对占卜做出的反应。"感"就是有所感，就是感受到占卜者的卜问，就是受到了筮法中诸多变化的触动，就是"受命"。"通天下之故"就是通晓天下的事物/变故的意思，就是"如响"的回应。

所以，"非天下之致神，其孰能与于此？"就是对《易》在占断上的表现的赞叹。

夫易，圣人所以极深而研几也。惟深也，故能通天下之志；惟几也，故能成天下之务；惟神也，故不疾而速、不行而至。

【译文】《易》是圣人用来穷尽深奥，研判几微的工具。正是因为能够穷尽最深奥的道理，所以才能了解天下的物理人性。正因为预先了解天下的欲求，所以才能完成治理天下的工作。正因为与莫测的神妙相契合，所以才能不急疾却能迅速，没有行动却能到达。

【解读】这一段是在讲述，"圣人"——君王如何用《易》的问题。

"夫易，圣人所以极深而研几也。"说明，圣人用《易》的的方式，或者所要解决的问题不外乎两个，一是"极深"——穷尽深奥；二是"研几"——研判几微。

"惟深也，故能通天下之志"是在进一步解释"极深"的作用，所谓"天下之志"就是天下的物理人性，因为圣人通过学易，而能够穷尽最深奥的道理，所以才能了解天下的物理人性。

"惟几也，故能成天下之务"是在进一步解释"研几"的作用，"务"是人之所求，"天下之务"就是天下的欲求，是欲求就尚未显现，因此"研几"的作用，就是预先了解天下的欲求。作为一个具有圣人之质的君王，能够了解天下的物理人性，能够预先了解天下的欲求，自然就会应对自如，赋天下予安康了——"成天下之务"。

"惟神也，故不疾而速、不行而至。"是对前两句的总结和归纳，"神"是阴阳莫测，具体到人事就是结果的不确定性，但是圣人在"极深"和"研几"之后，已经可以预知事物的结果了，也就是相当于掌握和控制了"神"的不确定性。没有了不确定性，自然可以"不疾而速，不行而至"，即后世所说的有的放矢、事半功倍的意思。因为所谓的"疾而不速""行而不至"的原因，基本上都是在行动的方向上出现了错误。再进一步推究，就是对事物变化规律缺乏了解和把握，也因此迷茫于"神"的不确定性之中。

子曰："易有圣人之道四焉"，此之谓也。

这一句，应当是衍文，因为与前后文，都缺乏必要的联系，而且自身的内容，又与前文有所重复。

第十一章

子曰："夫易，何为者也？夫易，开物成务，冒天下之道，如斯而已者也。是故，圣人以通天下之志，以定天下之业，以断天下之疑。"

【译文】孔子说："《易》是做什么用的？《易》是创始万物，成就功业，包纳天下所有道理的，如此而已。所以圣人运用它来通晓天下的物理人情，运用它来鼎定天下的功业，运用它来判断天下的悬疑。"

【解读】这一章以孔子的一个设问——夫易，何为者也？《易》是什么，或者说《易》是做什么的？起首，引出从哲学角度对《易》的阐释。

"夫易，开物成务，冒天下之道，如斯而已者也。"是对前一个设问的回答，也是对后续诸多"是故"的起始。

"开"就是创始；"成"就是成就、完成；"冒"是涵盖、包纳，"冒天下之道"就是涵盖、包纳天下所有道理的意思。这其中有两点值得注意：

首先在《系辞传上》的开篇之初，曾经说"易弥纶天地之道"，这里又说"冒天下之道"，其中从"天地"到"天下"的变化，恰恰说明了《易》在沟通自然与人伦，在作为人类社会比附于、模拟于自然世界的工具上的作用。

其次，严格地讲《易》无论作为一部书，还是作为一种哲学，都不具备"开物""成务"的能力，这种能力，只有在《易》被圣人——君王所接纳和运用之后，才能具备或者说显现出来。由此可见《易》在最初，就是一部君王的"工具书"，或者更形象地说，就是一部"治国手册"。

"如斯而已者也"的意思就是，就是这样而已。与前面的设问相呼应，完成一个完整的问答过程。

"是故，圣人以通天下之志，以定天下之业，以断天下之疑。"以及随后的六个"是故"，原则上都是由"开物成务，冒天下之道"，推导出来的结果。但这一句，又具有总论的作用。说明《易》对圣人——君王来说，或者说《易》在圣人——君王手中，所能具备的三个方面的主要作用。

"通天下之志"前文已述，不再重复。

"定天下之业"与"成天下之务"相似，但有所不同，"业"是事业，是在君王——圣人的角度上讲的，"务"是追求，更多的是站在民众的角度上讲的。二者的统一性在于，圣人只有通过"成天下之务"——满足民众的欲求，才能"定天下之业"——实现自己的事业。

"断天下之疑"直接的理解可以认为,是针对占卜而言的。至少在西周时代,《易》的占卜功能,确实曾经被君王有意地利用,来统一天下的思想观念。如果在更早的夏商时代,《易》的"断天下之疑"的作用,可能更多体现在,神权对王权的支持上。应当类似于印加、玛雅等文明,通过祭祀等活动,来强化君王及其决策的权威性。所以,"断天下之疑"虽然与占卜祭祀有关,但其根本仍旧是一种政治统治手段。

是故,蓍之德,圆而神;卦之德,方以知;六爻之义,易以贡。圣人以此洗心,退藏于密,吉凶与民同患。神以知来,知以藏往,其孰能与于此哉! 古之聪明睿知、神武不杀者夫!

【译文】所以,蓍草的特性是圆通变化,而神妙莫测;卦的特征是方正不变,而能够了解;六爻的意义在于将变易展示出来。圣人以此来洗涤心灵,将占筮的结果退藏于密室,一切吉凶都与人民一同承担。因为通晓了莫测之"神",因此可以预知未来,又因为有足够的智慧,因此可以包纳许多过往的经验。谁能做到这一点呢?必是古来的既聪明又睿智,既神武,又不嗜杀的人!

【解读】这一段继前段圣人如何用易而来,讲述的是,圣人——君王如何运用占筮,来统御国家的问题。

起首一句"蓍之德,圆而神;卦之德,方以知;六爻之义,易以贡。",在进一步解释了筮法中相关概念的意义的同时,也在暗中与前文的易之用——"通天下之志","定天下之业","断天下之疑"相呼应,解释了筮法/占筮的作用。

"蓍之德，圆而神"是说，蓍草的特性是"圆而神"，"圆"是圆通变化的意思，"神"是阴阳莫测的意思。因此蓍草，即在筮法中对蓍草进行的反复操作过程的作用，就是能够将事物的变化莫测显现出来，与世间万物及其变化形成呼应。因此"圆而神"的作用应当与"通天下之志"相当。

"卦之德，方以知"是说，卦的特征是"方以知"，其中的"方"的本意应当是模拟，说明通过对蓍草的操作，而得出的卦象，实际上就是对天下万物的模拟。但是蓍草的操作是变化不定的，而卦象是相对固定的，所以"方"又可以进一步引申为确定不变的意思。"知"当与"方"的本意相对时，应当是"智"的通假，是充满/具有智慧的意思。当与"方"的引申意义相对时，应当就是"知"，是能够了解知道的意思。

综合上述，这一句的意思就是：卦的特性是通过模拟，将变化相对固定下来，使之成为可了解的内容，因此卦是包含了丰富的智慧的。这就是说，卦是具有宏观上的指导意义的，因此"方以知"的作用应当与"定天下之业"相当。

"六爻之义，易以贡"是说，六爻的意义在于"易以贡"，"贡"是告示的意思，"易以贡"就是将变易展示出来的意思。变易往往是人迷惑的根源，因此"易以贡"的作用应当与"断天下之疑"相当。

在介绍了筮法中主要要素的基本特性与功用之后，接下来就开始正式讲述圣人——君王，如何运用占筮以治国的问题了。

"圣人以此洗心，退藏于密，吉凶与民同患。"一句，说明了圣人运用占筮的三个方面，或者说三个步骤。

第一步是"洗心"。"洗心"就是洗涤心灵的意思，因为《易》与天地齐，是天道的表现，所以圣人通过占筮首先感受到的就是天道，而圣人又具有顺天应时的本性，因此在感受到天道的同时，就会放弃和修正自身的私欲，使内心顺应于天道，这就是"洗心"。用现代的话说就是公而忘私。

第二步是"退藏于密"。可以从两个方面来理解，一是直观形式上的"退藏于密"，即将占筮所得的结果记录下来，并藏于密室之中。无论是现代的考古发现，还是相关的文献记载，都可以证明这一过程，确实存在过。二是实际应用上的"退藏于密"，即圣人——君王并不将占筮的结果公示于众，这主要是因为，按照当时的观点，民众是懵懂无知的，只能了解与眼前利益攸关的事情，只能被利益所诱导而行，因此一旦将一个相对远期的结果，提前告知他们，反而会引起诸多不必要的猜疑。因此君王要对占筮的结果"退藏于密"。

最后是"吉凶与民同患"。这一句实际上是解释了前一句，说明了"退藏于密"的必要性。

首先"吉凶与民同患"说明了一个非常客观的事实，那就是虽然经过了占筮，进行了趋利避害的选择，但在实际过程中，仍旧会有吉凶变幻，而这些吉凶应当是变化过程的必然节点，就如同人生中必然要经历的起伏一样，即如后世所说的"天将降大任于斯人也，必先苦其心志……"等等。但这与常人、普通民众的认识是有出入的，在绝大多数人心中，既然经过了占筮，做到了趋利避害，就应当一路坦途毫无险阻，一旦告诉他前路尚有凶祸，而且需要经过凶祸，方能得吉，就难免会造成恐慌与畏惧。这就是君王要对占筮的结果"退藏于密"的根本原因。

其次"吉凶与民同患"说明了圣人——君王，如何在占筮的基础上，引领民众前行的方法。就是与之吉凶同患。用现代的话说，就是通过以身作则，身先士卒，在凶祸面前坚定民众的信心，在吉祥面前约束民众的轻浮。这一点在客观上，带有很强的，由公推产生的部落领袖的遗风，对于后世的君王来说，"吉凶同患"则只能是一种象征性的行为了。比如：

> 贞观二年，京师旱，蝗虫大起。太宗入苑视禾，见蝗虫，掇数枚而咒曰："人以谷为命，而汝食之，是害于百姓。百姓有过，在予一人，尔其有灵，但当蚀我心，无害百姓。"将吞之，左右遽谏曰："恐成疾，不可。"太宗曰："所冀移灾朕躬，何疾之避？"遂吞之。——《资治通鉴》

"神以知来，知以藏往，其孰能与于此哉！"既是对圣人用占的总结，又是对圣人的赞叹。其中"神以知来，知以藏往"是对圣人用占的总结，"神以知来"就是说通过占筮而通晓了阴阳莫测之"神"，因此可以预知未来；"知以藏往"就是说，因为有足够的智慧，因此可以包纳许多过往的经验。

如果更进一步探究，那么"神以知来"应当侧重于占筮，"知以藏往"则更应当侧重于对卦象的研究与学习。

如果将两句联系在一起，并且结合圣人的实际应用过程，则应当是因为"藏往"而智，因为智才能"知来"，因为"知来"才"神"，因为"神"才具有权威，因为具有权威，才可能使民与之"吉凶同患"。占筮在这个过程起的，其实是一个强化权威的作用。

"其孰能与于此哉!"——谁能做到这种程度呢!是对能够深谙易理、精通占筮的圣人的赞叹。

"古之聪明睿知、神武不杀者夫!"实际上是孔子心中"圣人"的形象。"神以知来,知以藏往"故而"聪明睿知",而"神武不杀"则是圣人以占筮治国的结果,"神武"意味着威严,"不杀"既是体现着仁慈的特征,也说明以占筮——易理——天道统御天下,可以"不杀"。

因此"聪明睿知"是圣人学易、用占的个人结果,"神武不杀"是圣人学易、用占的政治/社会结果。

是以明于天之道,而察于民之故,是兴神物,以前民用。圣人以此斋戒,以神明其德夫!

【译文】所以能够通晓天下之道,能够体察民情的由来,于是推广占筮的应用,引导人民的行为。圣人以此为目的进行斋戒,就可以使其德行达于神明了。

【解读】这一段仍旧是在讲述,圣人如何将占筮用于御民的。

"明于天之道,而察于民之故"上继前文,讲述的是圣人通过学易和占筮,所能得到的结果。即一是能够"明于天之道",二是能够"察于民之故"——了解民情的由来。"明于天之道"不仅是知道了自然变易的规律所在,更是明确了天道不可违的原则,即明确了顺天应时的价值所在。"察于民之故"也不仅仅是知道了民情所在，更是明确了在现象背后的，导致民情变易的规律。天道是自然规律，只能顺应不能违背，民情变易的规律，同样是客观规律，同样只能顺应不能违背。

所以"明于天之道，而察于民之故"背后的意思，就是圣人懂得了需要通过因势利导，而非强力控制的方法来统御人民，治理国家。

"是兴神物，以前民用"就是圣人据此采取的具体手段，"神物"就是指用来占筮的蓍草、卦象等等，"兴"是兴起，既有使用又有推广的意思。"前"是引导的意思。"是兴神物，以前民用"合在一起就是：于是使用/推广占筮的方法，来引导人们的行为。

"兴"的两种意义，在时间上应当是先后主次之分的。在殷商之前，应当主要是"使用"，即圣人——君王通过占筮等来强化其决策的权威，以引领民众的行为；在殷商后期尤其是西周时代，应当主要是"推广"的意思，即通过占筮将《易》，及其所蕴含的易理推广到民间，使之成为社会道德观念的基础，起到"前民用"的作用。

"圣人以此斋戒，以神明其德夫！"是说，圣人以此为目的"斋戒"，就可以"神明"其德行。古人的斋戒，分为致斋和散斋两种，其中致斋通常时间较短，但是内容苛刻，也称作"斋"；散斋相对于致斋而言，时间较长但内容较为松弛，也称作"戒"。但是无论斋还是戒，都是古人在从事重大事件之前，表示诚敬的方式，这里应当是指学习《易》理，或者进行占筮的准备工作。"神明"在此处是一个动词，可以理解为，提升到接近

"神"的程度的意思。

是故，阖户谓之坤，辟户谓之乾，一阖一辟谓之变，往来不穷谓之通。见乃谓之象，形乃谓之器，制而用之谓之法，利用出入，民咸用之谓之神。

【译文】所以，关上门就叫作坤，打开门就叫作乾，一关一开的过程就叫作变，往来交替没有穷尽就叫作通。能够被看见就叫作象，有具体的形态就叫作器，制定出来让人可以使用叫作法，因为（户）有利于出入，民众都用它，所以才称之为"神"。

【解读】这一段是以"户"为喻，形象生动地解释了有关《易》理与应用的相关概念。

因为在《易》中，以乾坤象征阴阳，因此自然界中的阴阳变化，在《易》中就是乾坤的变化。但是乾坤如何能够象征阴阳，如何能够展示变化，是一个难以解释的问题。于是孔子用"户"——门的开合为例，来形象地加以解释。

"阖户谓之坤"就是关上门就叫坤的意思。"户"是通行之所，因此关上门，就有静止不动的意思。同时门关闭之后，人的行动被局限在房间内的同时，其在房间内的行为方式和种类，也随即丰富了起来，因此又有静中有动、成性广业的内涵，可以代表坤。

"辟户谓之乾"就是打开门就叫乾的意思。门户打开，在人可以自由出入的同时，也就衍生出了创新的机会。所以不仅意味着动，而且也有创始"大生"的意味，可以代表乾。

"一阖一辟谓之变"就是一开一合就叫变。一开一合本身就是门户的两种不同状态,因此开合之间,具有明显可见的变化。但同时,根据上述分析,开与合实际上对应着事物的两种不同变化过程,一是在一定条件之下的丰富,一是不断地创造新的事物与变化,所以在开合之间,蕴含了全部的变化方式。因此才能够象征"变"。

"往来不穷谓之通"一句是对"变"的发展,因为在自然界中,阴阳的运动是各随天道的,但是以门户为例,就加入了人为的因素,就必须要寻找一种方式,来模拟阴阳的交替作用,所以文中的"往来"不是指人在门户间的往来穿行,如若是这个意思,就意味着门始终都是开着的了,那么也就只有阳没有阴了。"往来"在这里是指,开与合的往来,即开与合两种状态的交替变化——有开才能够产生新的变化,有合才能使新事物得以发展壮大。

"见乃谓之象,形乃谓之器,制而用之谓之法,利用出入,民咸用之谓之神。"是通过"户",来诠释《易》的实际功用。

"见乃谓之象"就是说能够被看到的,就叫象。比如门户的开合是可见的,人们在看到之后,就会产生出有关开与合的概念,这个概念就是象。

"形乃谓之器"就是说有具体形体的,就叫器。比如门户本身是有形有体的,所以才能够称之为器,器的价值是可以付诸于实践应用。

综合上述两句,可知象与器是紧密相联的,即器是象的物质基础,象是器的精神体验。具体到《易》中来,这个"象"应当是指, 作为天道的载体的卦象; 这个 "器" 应当是指, 在占筮中用来成卦的各种道具。当然随着时代的发展, "器" 的范畴是逐渐扩大的, 如祭祀时使用的种种礼器, 其作用都是相似的, 都是要让观者感受到特定的 "象", 体验到特定的精神感受。

"制而用之谓之法" 是对《易》与占的更具体地应用, 即将易理或者占筮的结果中所蕴含的道, 归纳提取出来, 使之成为可以供人仿效的 "法"。

最为核心和关键的是 "利用出入, 民咸用之谓之神" 一句, 因为这其中明显地显露出民本主义的思想特征, 即 "神" 的基础是 "民咸用之", 而 "民咸用之" 的基础是 "利用出入"。当然这是一种逆向的思维方式, 得出的结论。其正向的解读应当是: 因为 (户) 有利于出入, 民众都用它, 所以才称之为 "神"。但仔细审视就会发现, 正逆两种思维, 在 "神" 与 "民" 的关系上, 是完全一致, 因此是可以通用的。

在《易》中以阴阳莫测为 "神", 而此处却以 "利用出入, 民咸用之", 也即民众的共同选择, 作为 "神" 的标准。仿佛将在《易》中的绝大部分内容中, 都被贱视的 "民", 在这里却一下子被提升到了与圣人一致的高度。

其实这其中就蕴藏了一个智者、愚民与圣人之间的三角关系。

如果就个体而言, 智者显然比愚民高明、先进, 甚至完美得多。但是如果将愚民看作是一个整体, 那么他们所作出的抉择, 尤其是在不考虑时间限制, 即将其放置于一个较长的历史范畴内去考量的时候, 就会发现, 这些抉择几乎是与圣人, 与天道相一致的, 甚至还可能会比智者当初的选择, 更加高明睿智。其原因就在于, 愚民无智, 其选择在客观上, 只能是顺应于天道变化的, 只是由于其无智, 在对旧事物、旧习惯的扬弃上, 不如智者那样绝决果断罢了。

这就是为什么《易》中要将君王称为"圣人", 也是为什么两千多年前, 以血统优越论为基础的封建统治思想与制度, 会被以知识优越论为基础的精英统治思想与制度所代替的根本原因。

是故易有太极, 是生两仪, 两仪生四象, 四象生八卦。八卦定吉凶, 吉凶生大业。

【译文】所以变易有其本源, 于是产生出了"两仪", 两仪又生成了"四象", 四象生成了八卦。八卦就能够确定吉凶, 对吉凶的把握又会成就大业。

【解读】"易有太极, 是生两仪, 两仪生四象, 四象生八卦。"一句, 是在讲述如下图所示的, 由太极到八卦的衍生过程。

"易"是变易, "太极"就是本原, 就是一。因此"易有太极"一句的意思, 就是说变易有其本源, 是由静止不变的一, 开始的。由此可见, 虽然太极中同时包含有阴阳两种对立的要素, 但是太极所对应的, 却是一个混沌而相对静止的状态。"易"则是在太极由静到动的过程中, 衍生出来的, 开始的。

所以说"是生两仪"——于是产生出了"两仪", 两仪就是两种相对立的元素的统称, 可以是天地, 可以是男女, 也可以是阴阳等等。"是"字的作用，就是与前文形成关联，说明"两仪"本来是藏于太极之中的，是因为"易"——动、变化的出现，而被显现出来的。如下图所示：

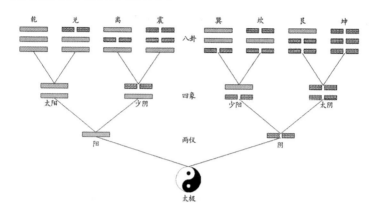

"两仪生四象，四象生八卦"方式，实际上是与太极生两仪的方式完全一致的，这就是说，每一次"生"，实际上都是"易"的结果。反之正是由于变易是客观的，不可避免的，永恒的，才导致了太极终将生出两仪，两仪也终将生出四象，四象终将生成八卦。

至八卦以后，变易的性质就发生了变化。因为八卦与无形的两仪、四象不同，八卦是代表着构成世界的八种有形的基本物质。因此变化发展到八卦，就相当于阴阳化育出了基本的物质世界，因此可以告一段落。

之后的变化，则是这八种基本物质之间，或者说由它们构成的物质世界中的不同事物之间，相互作用的结果。促成这些相互作用的，则是八卦所代表的乾健、坤顺、震动、巽入、坎陷、艮止、兑悦、离丽等八种不同的基本特性。这些相互作用的结果, 就会表现出不同的吉凶征兆。所以说 "八卦定吉凶"。

但是需要指出的是, 与 "八卦定吉凶" 相对的是, 八卦已经演化成了六十四卦, 因为八卦只是基本物质的征象, 并不能独立地产生出吉凶的影响, 只有在彼此的相互作用中, 随着变化的产生, 而引出不同的吉凶结果。

"吉凶生大业" 则是针对用易与用占而言的, 即通过吉凶的判断, 来指导行为, 最终才能成就大业。所以 "大业" 是由 "吉凶" 中产生的。其实就是又讲回到了《易》的功用与价值上。

> **是故, 法象莫大乎天地; 变通莫大乎四时; 悬象著明莫大乎日月。崇高莫大乎富贵; 备物致用, 立成器以为天下利, 莫大乎圣人; 探赜索隐, 钩深致远以定天下之吉凶, 成天下之亹亹者, 莫大乎蓍龟。**

【译文】所以, 可以取法的象, 没有比天地更大的了; 最显著的变通, 就是四季。显现得最为醒目的, 莫过是日月。最受推崇重视的就是富贵; 在完备事物供人使用, 创制器物以便利天下方面, 没有什么比圣人的作用更大。探索深奥隐秘的道理, 包纳地处深远的事物, 进而通过告示吉凶变化, 让天下人在行为上勤勉自律的手段, 没有比占筮更重要的了。

【解读】这一段是在讲述易的象与理, 在自然界和人类社会中的体现。

"法象莫大乎天地; 变通莫大乎四时; 悬象著明莫大乎

日月"三句是针对自然界而言。其中"法象莫大乎天地"是说，在自然界中可以取法的象，没有比天地更大的了。当然此中的"大"，不能仅仅理解为是体积的大小，同时也具有意义重大的意思。因为《易》取法于天地，对《易》的演进来说是一次重大的飞跃。取象于天地，标志着创易者对自然界了解程度，尤其是不同自然因素，对人类生存的影响程度的了解，有了本质性的提升。其背后则是当时生产力水平，尤其农耕技术的进步，对人们思维观念的影响。

具体地说，取象于天地说明人们已经能够认清，天与地在农耕过程中，所起的不同作用。而且据此，又衍生出了，可以解释和应对正在成熟的阶级社会内部，日渐显著的人与人之间的等级分化导致的尊卑差异。这显然是一次意义非凡，影响深远至今的飞跃。

"变通莫大乎四时"是说，在自然界中，最显著的"变通"之象，就是四时。"变通"与变易不同，具有变则通，不变则不通的含义。四时更迭是阴阳消息的直观表现，但却不是唯一的，比如昼夜交替，也可以很好解释地这一变通的过程。以四时为"大"的原因，很可能在，一方面对四时与农业之间的关系的了解有所提高，另一方面农业生产在现实生活中地位也有所提高的背景下，通过农业对人们生活的重要性，来确立和强化易理的权威性。

"悬象著明莫大乎日月"是说，日月是最为显著醒目的象，这个象既可以是阴阳之象，也可以是变通之象。

"崇高莫大乎富贵；备物致用，立成器以为天下利，莫大乎圣人；探赜索隐，钩深致远以定天下之吉凶，成天下之亹亹者，莫大乎蓍龟。"是针对人类社会而言的。

"崇高莫大乎富贵"是说，在人类社会中，最受推崇重视的就是"富贵"。这应当是进入阶级社会的人们，较之原始社会的一个全新的，而且具有震撼性的认识。说明人们，至少是创易的圣人已经意识到，对富贵的追求就是无法阻遏的"天之道""民之故"。相对于后世的许多虚伪的说辞，创易者表现出的是令人起敬的坦诚。

需要指出的是，随着时代的发展，"富贵"早已变成了一个词，但是在这里，笔者认为应当是两件事，即"富"与"贵"是既相互关联，又彼此独立的两件事。是圣人用以驾驭天下这架马车的两根缰绳。

首先，"富"是"贵"的物质基础，"贵"是"富"的精神感受，这是二者之间的关联性和统一性。由此可以推导出，无富则贵也不贵，无贵则富也不显，两个结论。这两个结论，在对国家的治理中，意义重大。"无富则贵也不贵"说明，只有通过财富，才能真正树立起价值的导向，否则希望通过单纯的精神鼓励——"贵"，是不可能构建起高尚的道德观的；"无贵则富也不显"说明，"贵"是约束"富"的有效手段。

其次，"富"可以自致——"完全"通过自己的努力而获得，"贵"则是外来的——需要以他人的认可为基础。换言之，虽然私有财产已经出现，虽然贫富差距客观存在，但是"贵"的予夺权，却是掌握在君王手中的。因此"贵"就是君王用以既不需要与民情抵触，又能够达到控御目的另一根缰绳。

比之于阴阳,则"贵"象阳,"富"象阴;比之于卦象,则"贵"象乾,"富"象坤。

"备物致用,立成器以为天下利,莫大乎圣人"是在说圣人创易的伟大,"备物致用"和"立成器",就是指创易成卦。

"探赜索隐,钩深致远以定天下之吉凶,成天下之亹亹者,莫大乎蓍龟。"是在说占筮的功用与意义。"赜"是深奥的意思,"亹"(wěi)是勤勉的意思,"蓍龟"是通过道具指代占筮。全句的意思是说,探索深奥隐秘的道理,包纳地处深远的事物,进而通过告示吉凶变化,让天下人在行为上勤勉自律的手段,没有比占筮更重要的了。由此又一次可见,先圣创易的目的,或者说《易》之为书的基本功用,不是占卜,而是统一民众的思想。

是故,天生神物,圣人执之。天地变化,圣人效之。天垂象,见吉凶,圣人象之。河出图,洛出书,圣人则之。

【译文】所以,上天生出蓍草这种神物,圣人将其拿来使用。天地之间有各种变化,圣人就效仿它们。上天显示出吉凶征象,圣人就模仿它。大河中出现河图,洛水中浮出洛书,圣人就取法于它们。

【解读】这一句是概述圣人创制《易》以及筮法的途径。

"天生神物,圣人执之。"中的"神物",是指占筮时所用的蓍草。"天地变化,圣人效之。"是说易中的变化,是圣人通过仿效天地变化而来的。"天垂象,见吉凶,圣人象之。"是说,易中的吉凶之象，是圣人比照相应的自然之象而形成的。

综合上述，这三句虽然从筮、变化、象等几个方面，言说圣人创易的方法，但归纳为一句话就是：圣人创《易》不是人为造作，而是效法天地的，因此《易》虽然是人造的，但却是与天道契合的。

至于"河出图，洛出书，圣人则之。"一句，应当是针对《易》中蕴含的数理而言的，但是由于"河出图，洛出书"两件事，自古似是而非，因此许多学者认为，这一句是后世之人添加进来的。

易有四象，所以示也。系辞焉，所以告也。定之以吉凶，所以断也。

【译文】《易》有四种基本的象，用来显示其内涵。对其进行注解，是用来告知学《易》者的。确定各种吉凶断语，是为了帮助判断。

【解读】这一句也存在与前文不能衔接的问题。

对于"易有四象，所以示也"中的"四象"，古来绝大多数学者认为，就是阴阳老少四象，对应于数字就是六七八九，固然可通。但笔者认为，介于后面有"所以示也"四字，说明此"四象"是用来传情达意的，因此也很有可能就是四种常用的，用来解读卦象的，基本"阅读方法"。比如互卦、伏卦、爻的乘承比应关系、上下卦的关系等等——仅供读者参考。

"系辞焉，所以告也。定之以吉凶，所以断也。"前文已经多次解读，内容基本相似，此处不再重复。

第十二章

易曰："自天祐之，吉无不利。"子曰："祐者助也。天之所助者，顺也；人之所助者，信也。履信思乎顺，又以尚贤也。是以自天佑之，吉无不利也。"

【译文】《易》大有上九说："自天祐之，吉无不利。"孔子解释说："祐就是帮助的意思，上天所帮助的对象，是顺于天道的人；人所帮助的对象，是有信诚的人。行为有信诚，又始终思考顺于天道，又能崇尚贤能。所以才会得到来自上天的助祐，吉祥没有任何不利。"

【解读】"自天佑之，吉无不利。"是大有上九的爻辞，所以说"易曰"。后边"子曰"的内容，就是孔子对这句爻辞的理解——不是直接的解读，而是根据爻辞进行的阐发。

相关内容，参见上经中大有上九的解读。

子曰："书不尽言，言不尽意，然则圣人之意，其不可见乎？"子曰："圣人立象以尽意，设卦以尽情伪，系辞焉以尽其言，变而通之以尽利，鼓之舞之以尽神。"

【译文】孔子说："文字不能完全表达语言所能传达的内容，语言也不能完全表达思想的内涵，既然如此，难道圣人的思想，就是不见的了吗？"孔子说："圣人通过"立象"的方式，来全面地揭示其思想，通过设立卦来全面揭示事物的真情虚伪，通过附加注解来完善语言所能传达的内容，通过实现变易而实现通顺，来保全利益，通过占筮中反复地操作，来契合于莫测的变化。"

【解读】这一段是通过孔子的自问自答，来阐释象、卦、辞等在《易》中的作用，而其核心则在于说明象的重要性。

子曰："书不尽言，言不尽意，然则圣人之意，其不可见乎？"一句是孔子的设问。"书"是文字，"言"是语言，"意"是思想内涵。"书不尽言，言不尽意"的意思就是，文字不能完全表达语言所能传达的内容——因为语言可以同时通过听觉，和视觉两种渠道来传达信息，文字所能记录的，往往只是听觉部分的内容；语言也不能完全表达思想的内涵——无形的思想，甚至是有形的事物，都具有不可见、不可知的侧面，而语言只能复述可见、可知的部分。

"然则圣人之意，其不可见乎？"是在上述客观事实的基础上，提出问题——既然如此，难道"圣人"的观点/思想，就是不见的了吗？这里的"圣人"是指创易的圣人，"圣人之意"就是圣人所要传达的天道。

子曰："圣人立象以尽意，设卦以尽情伪，系辞焉以尽其言，变而通之以尽利，鼓之舞之以尽神。"一句是对上述问题的回答。由前文就"圣人之意"的可见与否发问，可知，在后续的回答中，起首一句"圣人立象以尽意"是最为核心的内容。

"圣人立象以尽意"就是说，圣人通过"立象"的方式，解决了语言不能，文字更不能准确、全面地揭示"意"的问题。反之，就可见"象"的价值，就体现在对"意"的完全表现上，所具备的不可替代性。

由于所谓的"象"，也是可见的，也是书画于某种载体之上的，因此它在很大程度上，与文字具有很高的相似性，但是这里却明确说明，其在传递信息的能力上，与文字有着天壤之别。这只能说明一点，"象"是一种极为特殊和专业的"文字"，其所要传递的信息，很可能是大量地蕴藏于，对它的解读方式之中。

这一点可以从当前仍旧被使用的象形文字——东巴文字中得到验证。东巴文字是一种宗教文字，由纳西族的宗教领袖东巴所掌握，之所以这么说，是因为只有东巴掌握其解读方法，而且这种解读方法，也只在东巴中代代相传。所以普通人，即使能够读懂每一个东巴文字，仍旧无法将其诵读成句，更不能完整地理解其中的内涵。东巴则不仅能够诵读由东巴文写成的经卷，而且自己还可以用这些文字，行文作诗。

由此我们可以推测，所谓的"象"，很可能也是这样一种，只在少数人内部传承，只被少数人准确掌握的"专业文字"。

"设卦以尽情伪"是在说卦的作用，如果继前文而来，卦就是象的组合，因此如果将象视为一种特殊的文字，那么卦就是用这种文字写成的一个短句，或者干脆就是对某个事物的记述。所以说"设卦以尽情伪"。

"系辞焉以尽其言"一句，是在说"系辞"即加入"辞"的作用。"尽其言"就是尽其在言语——文字上的作用。前文已说"书不尽言，言不尽意"，因此"尽其言"并不是"尽其意"，所以

"辞"并不能传达全部的易理,而只能起到提示、标注的作用。这是文字在提高了所传达意义的准确性的同时,在内容涵盖范围上的必然缺失。

"变而通之以尽利"是在宏观上说《易》的功用,其中的"变而通之"是指人们根据《易》的指导,对自身的行为进行修正——"变",以达到顺天应时的目的——"通"。这是因为人们之所以会遭逢灾祸,究其根本都是因为对天道的违拗,而造成不"通"的结果,所以"变而通之"就能够逢凶化吉、转危为安。这既是创《易》的根本目的,又是《易》使人们能够顺天应时,能够趋利避害的基本作用所在。所以能够"尽利"。

最后一句"鼓之舞之以尽神"是在说占筮的作用,所谓"鼓舞"就是指占筮过程中的各种操作。所有这些操作的基本目的都是一个,就是要尽最大可能地模拟事物的变化,最大限度地将变化中的不可预测性体现出来,所以说其作用是"尽神"——穷尽阴阳变化的不测。

乾坤其易之缊邪?乾坤成列而易立乎其中矣。乾坤毁,则无以见易。易不可见,则乾坤或几乎息矣。

【译文】乾坤是易的蕴藏之地吗?乾坤一旦彼此独立出来,变易就必然出现了。如果失去了乾坤两种象,那么变易也就无法显现出来了。变易无法显现,那么乾坤也就失去了价值。

【解读】这一段是在讲述乾坤与"易"的关系。其中对"易"的理解是关键,即如果将"易"理解为是一本书——《易》,那么乾坤就是两种卦象,其作用就是衍生出《易》中的其他六十二卦;如果将"易"理解为是变易的易,那么乾坤就相当于阴阳,所体现的就是阴阳变化的规律。笔者认为,后者可以涵盖前者,前者不过是后者的表现形式,所以还是取其后者,更为合理。

"乾坤其易之缊邪?"的意思是说,乾坤是易的蕴藏之地吗?——其实是肯定,就是在说乾坤中蕴藏着易。这与太极中包含阴阳,而阴阳之间的相互作用,则隐藏着变易的必然性,是相同的。

"乾坤成列而易立乎其中矣"是说,乾坤一旦彼此独立出来——"成列",易就是必然出现了——"立乎其中矣"。之所以只有在"乾坤成列"的时候,变易才能产生,是因为乾坤象征阴阳,阴阳之间同时存在动与静两种关系——在静态时,阴阳之间表现出的是共存关系;在动态时,阴阳之间表现出的是此消彼长的关系;合在一起则是共生关系。

所以如果不能"成列"——彼此不能相对独立,那么对应的就是相对静止的状态,也就不会有变动的问题——不是不存在,而是不是主要特征。反之,一旦"成列",就意味着关注的是运动状态,此时才能产生变易——不是从无到有的创始,而是转为关注的焦点。

如果用太极来描述就是,在太极内部阴阳并非是静止不动的,但是如果仅仅将太极看作是一个整体,那么其内部的阴阳的运动,就是"混沌"。一旦将关注的焦点,深入到太极的内部,或者说将阴阳的运动,从太极中分离出来,那么就会看到阴阳之间的变易。这一点与天文观测有些类似，当人们只能粗略地遥望一个星球的时候，只能将其视为一个整体来研究，随着观察的逐渐清晰深入，该星球内部的物质之间的相互作用，才会因为被注意到，而逐渐显现出来。

　　具体到《易》中，就应当是指乾坤首尾相接，在循环罔替中呈现出来的阴阳消息的关系，以及由此产生的十二消息卦（象）所构成的六十四卦的核心框架。这也是，笔者认为坤卦，作为集中展示"阴"的属性的一卦，其爻序应当是自上而下的原因。

　　"乾坤毁，则无以见易。易不可见，则乾坤或几乎息矣。"两句讲的是，乾坤与易之间的辩证关系。"乾坤毁，则无以见易"是在说，如果失去了乾坤两种象，那么变易也就无法显现出来了。"易不可见，则乾坤或几乎息矣"是说，如果没有了变易，那么乾坤这两种象也就失去了存在的价值。

　　所谓"几乎息矣"是针对"乾坤成列"而言，即其"成列"的价值完全失去了，剩余的仅仅是其对阴阳的象征作用，而要起到这种作用，并不需要成列，混沌即可。前人有将此与既济、未济卦的终了、未尽之意相联系，有附会之嫌，故不取。

　　是故，形而上者谓之道，形而下者谓之器，化而裁之谓之变，推而行之谓之通，举而错之天下之民谓之事业。

　　【译文】所以，能够超越于"形"而存在的，比有形的事物更加抽象的，叫作道。比物质的基本形状与属性更加具体的，叫作器。不断化育和裁取的过程，叫作变。推动变化的行进，叫作通。

能够将天道推行于天下，让人民来使用，叫作事业。

【解读】这段是在讲述人与易的关系，古来解读虽然大同小异，但却存在明显的谬误，究其根本就在于对"形"在这里的作用认识有所不足。

从"形而上者谓之道，形而下者谓之器"两句中，可以清晰地看到，"形"起着在"道"与"器"之间划界的作用。但是对于为什么要以"形"为界，却始终少有明示。所谓"形"最直接的理解就是形状、形态，不难理解，对于纯粹的自然界来说，"形"是没有意义的———块方形的石头，和一块圆形的石头，对于自然界的物质交换来说，是没有任何影响的，因此"形"的价值，必须以能够感知到"形"的差异和意义为前提。而能够对"形"形成感知的，只有人类（或者至少是具有思维能力的动物），因此以"形"为界，就是以人为界，以人的感知能力为界。

能够被人直观感受到的，就是有形，否则即为无形。由此，我们可以将"形"的内涵拓展为两个方面：一是可见之形状，二是可感之属性。以此为基础，再来理解此段文字，就会发现更深刻的内涵，也会作出更合理的解读。

"形而上者谓之道"的意思是说，能够超越于"形"而存在的，比有形的事物史加抽象的，叫作道。这一句的解读，与前人基本无异。但随后一句就会产生较大的不同。

"形而下者谓之器"的意思是说，比"形"——物质的基本形状与属性更加具体的，叫作器。笔者认为，"器"实际上就是指"形"的功用。换言之，"器"体现"道"的方式，并不仅仅是通过其形制，而更主要的是通过其功用。因为"器"是由"形"

而来的,因此在拥有了"形"的形状特征的同时,也具备了"形"的属性特征。比如金属与木材有不同的"形",由二者所成之"器",不仅在形状上各有特征,更重要的是在属性上存在差异。如果就"道"而言,内在的属性,可能要比外在的形状,蕴藏有更多的"道"。

所以古人认为,"器"中蕴含的"道",主要是通过形状表现出来的观点,是不可取的。比之于《易》,则是象为形,易理为道,卦为器。

"化而裁之谓之变"中,"化"是化育,对应的是阳刚的永恒之动,即前文所说的"继之者善也";"裁"是相对与"化"而言的,是取法、效法与生成的过程,对应于阴柔在与"化"不同的方向上,以不同的方式进行的动,即前文所说的"成之者性也"。

"裁"具有两种基本含义,一是自然演进中的临界点,即所谓在量变的过程中,间隔出现的发生质变的节点;二是人为的裁决,即是人为的主动取法自然的行为。在此之外,比照于现代的物理知识,和后文中的"推"字,"裁"还有另外一重隐秘而重要的意义,那就是"裁"是促成质变,即文中之"变"的必要条件。在物理学中,就是一个"外来扰动"问题,即在许多变化过程中,虽然"量变"已经达到了极致,但是如果没有外力的干扰,质变很可能是永远都不会发生的。就像数学中的极限问题一样,可以无限逼近,但永远达不到等于,更不能形成超越。

因此古人说"化而裁之谓之变",至少说明其在懵懂中,已经认识到了"裁"——人为的干预,在促成变化的过程中的重要性。这可能就是所谓,战争对文明演进的促进作用吧——没有战争或者生存竞争的压力,一个文明往往是没有进化动力与动机的。

"推而行之谓之通"中的"推",更加明显地突出了人为因素,在促成变化中的重要性。按照"穷则变,变则通"的观点可知,"通"是"变"的延续和结果,具体到文中就是"行"。在自然界中,一切事物都是无知无欲的,因此其一切变化都是顺随天道的,也就不存在需要人为推动的问题。但是在人类社会中不同,人的欲望各有不同,人的才智也各有不同,由此导致的结果就是,对同一个问题的认识,无论是水平还是结论,都有可能存在巨大差异。但是对天道的顺应,同时又包含有对"时"的顺应,即要顺应时代发展的需要,要与时俱进,否则就会因为时不我待,而被时代抛弃。所以,不能任由拖延等待的发生,这就需要圣人出面,来裁定变的发生,推动变的通行。这就是"英雄"对历史的价值所在。

由此又可见,"变"与"裁"属阳,"通"与"推"属阴。

"举而错之天下之民谓之事业"就是将其——变通之道,应用于引领天下民众,就叫作事业。是对上文的总结,同时也点明,这一段文字主要是针对人类社会而言的。

是故,夫象,圣人有以见天下之赜,而拟诸其形容,象其物宜,是故谓之象。圣人有以见天下之动,而观其会通,以行其典礼,系辞焉,以断其吉凶,是故谓之爻。

【译文】所以，象是圣人为了展现天下最为深邃的道理，将其摹画成具体的形象，来象征特定事物的产物，所以叫作象。圣人为了展现天下的各种变动，而观察其汇聚通畅，然后再确定行为的规范，附注上言辞以评断吉凶，所以称之为爻。

【解读】此一段内容的解读，已散见于前文，读者可自行比照参考，此处不再重复。

极天下之赜者，存乎卦。鼓天下之动者，存乎辞。化而裁之，存乎变。推而行之，存乎通。神而明之，存乎其人。默而成之，不言而信，存乎德行。

【译文】能够穷极包纳天下一切深奥道理的，是卦象。能够鼓动天下人行动的，是所系之辞。能够在化育中进行裁决的，是变易。能够推动而使之发展的，就通顺。能够昭示易理的，是人。能够默默不语就能成就事业，能够不用言语就能获得信任的，是人的德行。

【解读】这一段仍旧是在讲述易与人的关系，从行为上看，与前一段有所相似，所不同的是，前一段着重于从哲理上分析，这一段着重于从应用上说明。

"极天下之赜者，存乎卦。鼓天下之动者，存乎辞。"两句，是在讲《易》的两个主要构成要件——卦与辞的在实际应用中的价值。即"卦"是用以穷极包纳天下一切深奥的道理的。此处的"卦"就是卦象，就是象；"辞"是用来鼓动天下人行动的——因为只有系辞，才能使天下人明辨吉凶，进而才能影响他们的行动。

"化而裁之，存乎变。推而行之，存乎通。"两句与前文基本相同，只是更加倾向于应用和主动而已。即因为有"变通"的存在，出于对"变通"的需要，而要在"化"的过程中，施以"裁"；在"行"之前或过程中，施以"推"。

"神而明之，存乎其人。"这是在说，对易理进行昭示、明确与推广的责任，在于人——君王。"神"在这里有推崇的意思。

"默而成之，不言而信，存乎德行。"是说，能够默默不语就能成就事业，能够不用言语就能获得信任的，是人的德行——通过学《易》养成的，顺应于天道的德行。与前一句相联系，就会发现，这一句实际上具有对前一句进一步解释的作用，即"德行"才是"神而明之"的手段/工具，这与所谓"圣人行不言之教""无为而治"，以及前文的"吉凶与民同患"等，都是相通的。强调的是一种将君、民、道，人类社会与自然世界视为一个，需要遵循同一运行法则的整体的统治思想。

在这种思想下，君与民虽然在客观上存在着尊卑关系，但是在"天"的面前，二者又是平等的。所以，君的"尊"是建立在其能够比民，更好地理解和顺应天道的基础上的，而并不意味着君可以完全地凌驾于民之上。

所以中国的所谓"天命论"认为，君王能够比民更好地理解天意，能够代表天来行使职责的时候，"天命"就归于他，否则人民就有权起来"革命"——改变"天命"的归属。

系辞传下

第一章

八卦成列，象在其中矣。因而重之，爻在其中矣。刚柔相推，变在其中矣。系辞焉而命之，动在其中矣。

【译文】八卦产生、确定下来之后，万物的征象也就在其中了。在此基础上，再行重叠，各种交错重叠就在其中了。刚爻与柔爻相互推荡，变化有序就在其中了。通过文字注解，对吉凶悔吝给出判断，则人们的行动方向就在其中了。

【解读】这一段是从八卦的角度，来讲述《易》的形成过程。

"八卦成列，象在其中矣。"中的"成列"，不是说要排成一列，而是出现、产生、确定的意思。"八卦成列"就是八卦产生、确定下来之后的意思。由于八卦既代表着八种最基本的事物，又代表着八种普遍存在于万物之中的基本性质，因此八卦的出现，就可以从宏观上象征整个物质世界，也就是自然界，所以说"象在其中矣"。需要指出的是，这个"象"是自然之象，而且也同时具有有形与无形两种属性。

此外，"八卦成列，象在其中矣"还说明了，八卦的基本作用，即对自然之象的记述与传达。由此可以看出，八卦就是《易》的基本语言单位，而这种语言的特殊之处就在于，它的"文字"是用来表象的，它的内涵则是通过象来表达的。

这就在实际上确立了，八卦才是《易》的基本构成要素的地位。

"因而重之，爻在其中矣"形象地说明了，八卦生成《易》也就是六十四卦的方式。"因而重之"就是在此（八卦）基础上，再行重叠的意思。

"爻"在这里就是交错、重叠的意思。"爻在其中矣"就是交错重叠就在其中（出现）了。交错重叠，是两个三画卦之间相互影响、相互作用的前提，因此说爻——交错重叠"在其中矣"，就是在说相互影响、相互作用出现了，发生了的意思。这就如同两个人，虽然彼此独立存在的时候，也各有其性，但毕竟不相干，也不会因为对方的存在而产生变故，只有将两个人放在一起的时候，彼此的个性才会相会影响、作用，最终产生出诸多的变故。

所以，"因而重之"表面上是将两个三画卦重叠，形成一个新卦（六画），实际上则是象征着，把两种象——两种物质、两种特性交错叠加在一起了，为彼此的相互作用创造了条件，提供了空间。而因为上下卦之间，又存在着彼与我，主动与被动的区别，所以即使是相同的两卦，叠加的次序不同，也会产生出不同的结果。

先儒多将此处的"爻"直接理解为卦爻的爻,其实是一种误区。因为"爻"的字形存在着鲜明的交错、叠加的意味,而且将其理解为卦爻,虽然表面可通,但是无疑会与前文的"重之"缺乏关联。笔者推测,将"爻"作为专指卦爻的名词来使用的习惯,应当是后世的约定俗成的结果,而非创易者的本意,即如我们现在已经习惯,将原本应当叫作"象"的内容,改称为"卦辞"一样。而其本意,很可能就是指基本卦象之间的交错叠加。

"刚柔相推,变在其中矣"中的"刚柔"就是指刚/阳爻与柔/阴爻,即"刚柔"才是在具体地说卦爻,由此也可以佐证,前文的"爻"并不是指卦爻,或者现今已经被习惯使用的"爻",更应当被叫作"画"。

回顾《系辞传上》的第十二章内容,如果我们将一卦六爻,自始至终看作一个连续的过程的话,那么就不难发现,每一爻都是对这一过程的"裁",而爻与爻之间,又是"推"的关系。所以"刚柔相推,变在其中矣"就是在说明,爻在卦中,在变化的形成与发展中,所起的作用。换句话说就是,事物的变化,是如何在《易》中得到完整体现的。

"系辞焉而命之,动在其中矣"是在讲述,《易》是如何对人——普通人发挥作用的,也就是"辞"在《易》中的作用。如前所述,"系辞"是为了将"象"这种专业语言,"翻译"成普通人能够理解的语言,因此"辞"的作用必然是与人,与《易》的实际应用有关的。"命之"就是对吉凶悔吝给出判断的意思。这里的"动"不是运动、变动的动,而是人行动的动,所以"动在其中矣"，就是人的行为就被涵盖在其中了的意思。整句话的意思就是说，通过"系辞"来明确吉凶悔吝的判断，于是人们的行为就会出于趋利避害的基本需求，而被涵盖在了《易》（理）中了。

吉凶悔吝者，生乎动者也。刚柔者，立本者也。变通者，趣时者也。

【译文】所谓的吉凶悔吝，就产生于变动之中。刚柔是事物之间关系的根本。变通就是顺应于时势的手段。

【解读】前文说"系辞焉而命之，动在其中矣"，此处又说"吉凶悔吝者，生乎动者也"说明，"吉凶悔吝"是通过"系辞焉而命之"显现出来的，但是其产生的原因，却是"动"——"生乎动"。这个"动"较之前文的"动在其中"的"动"，意义上更加宽泛，可以从两个方面来理解：

首先是从创易的角度来看，这个"动"是万事万物的变动，"生乎动"的意思就是说，卦中关于"吉凶悔吝"的断语，并非是创易者的臆想，而是根据万事万物的变动规律总结出来的。

其次是从用易的角度来看，这个"动"与"动在其中"的"动"基本一致，都是指人的行为、行动，此时"生乎动"的意思是说，最终结局的"吉凶悔吝"，取决于人的行为。这是一种非常客观的认识，因为虽然《易》将天道昭示了出来，占筮也在客观上明确了趋利避害的方向，但是每个人的认知能力和思维方式的不同，最终会导致他们对天道的理解，对方向与时机的把握都有所不同，进而导致他们在行为方式上的不同，这些差异，将决定他们，虽然面对的是同样的《易》，甚至同样的占筮结果，但最终结局却"吉凶悔吝"，各有不同。

古人在解读此句时，大多将"动"理解为是爻的变动，虽然可通。但是因为无论是爻，还是卦，甚至是易，都不过是对客观世界的模拟、摹画，所以将其视为是"吉凶悔吝"的来源，都未能真正触及问题的本质。

将任何两个事物放在一起，在去除了一切的"装饰"之后，浮现出来的最基本的关系，不过是一刚一柔，一强一弱而已。换言之，"刚柔"是区分两个事物的，最本质的特征。所以"刚柔者，立本者也"的意思就是，由于"刚柔"是事物在与其他事物相互接触、相互作用的过程中，决定自身命运的根本，因此在《易》中，也用"刚柔"爻比附之，作为成卦的根本。

但是刚柔是相对概念，而不是绝对概念，因此在创易时，需要以刚柔为本。在用易时则要讲求以刚柔的变通为本。

"变通者，趣时者也"，所谓"趣"是趋向的意思，"趣时"就是适应/顺应于"时"的意思。综合上述两句，不难发现，这两句在卦象上，实际是在讲述，爻与位的关系问题，即爻有刚柔之分，位也有刚柔之分，爻的刚柔是各爻的本质特征，位则是时的象征，"变通"而"趣时"应当是指，爻与位的相得，即所谓"居正"的问题。

如果与前文的"刚柔相推，变在其中矣"相结合，则又可以进一步看到，一卦之中各爻的组合，无论居正与否，所反映的都是"趣时"的需要。换言之，一卦之中不同爻位上的爻，是刚是柔都是由"时"决定的。再换言之，只有某种特定的六个爻与位的组合，才能完整地反映卦中所蕴含的变化规律。

吉凶者，贞胜者也。天地之道，贞观者也。日月之道，贞明者也。天下之动，贞夫一者也。

【译文】吉凶断语的作用，就是端正、确立正确的胜负观。天地之道的作用，是端正天下人的视听。日月之道的作用，是端正天下的明暗观。在前述的基础上，天下人的行动，就可以端正、统一到一个标准上来了。

【解读】这一段是在讲述《易》在构建社会行为准则、是非标准上的作用。文中的"贞"先儒通常解读为"常"，虽然经过相对曲奥的理解，也勉强可通，但是不如直接将其理解为：动词正，来得更加清晰准确。

"吉凶者，贞胜者也"的意思就是说，《易》中的吉凶断语的作用，就是端正、确立正确的胜负观。"胜"是一个世俗概念，"吉凶"则是天道的必然，所以"贞胜"的意义在于，当"小人"在某些特定的机缘条件下，即使违背了天道，仍可能会取得某些世俗概念上的成功——"胜"，此时如果不加以端正，那么在趋利的天性作用下，"小人"的行为就将成为人们争相效仿的对象，于是……

比如，某人通过制贩假酒大发其财，从世俗的角度上看，在某个特定的时间段内，与那些贩卖真酒的商人相比，他赚取了更加丰厚的利润，因此是"胜利者"。如果此时，没有一个正确的胜负观，那么必然会导致，越来越多的人开始制贩假酒。

所以，"吉凶"就是用长远的利益，来约束受利益驱使的，违背天道的短期行为。

"天地之道，贞观者也"中的"观"是"示"的意思，整句话的意思就是，天地之道的作用，是端正天下人的视听、观念，也就是将天地大道，昭示于天下的意思。"日月之道，贞明者也"是说，日月之道的作用，是端正天下的明暗观的意思。在整段中，是一句强化作用的句子。

"天下之动，贞夫一者也"是对前三句的总结，意思是说，在前述的基础上，天下人的行动，就可以端正、统一到一个标准上来了。用董仲舒的话说就是"罢黜百家独尊儒术"，用王安石的话说，就是"一道德"。用现代的话说，就是构建共同的价值观念。

夫乾确然示人易矣，夫坤隤然示人简矣。爻也者，效此者也。象也者，像此者也。爻象动乎内，吉凶见乎外，功业见乎变，圣人之情见乎辞。

【译文】乾的坚定刚健向人们昭示了"易"的道理，坤的安顺向人们昭示了"简"的道理。爻就是仿效于此的，象就是比附于此的。爻和象变动于内，吉凶就显现于外，功业体现在人们行为的变动之中，圣人的情怀，显现在所系之辞中。

【解读】"夫乾确然示人易矣，夫坤隤然示人简矣。"表面看来，与上半部分的第一章结束段的内容十分相近，但深究之下就会发现,上半部分的相关内容仅仅是说明了,乾坤具有简易之道,以及简易之道对于乾坤本身的价值所在。这两句则进一步说明了,乾坤何以有简易之道,以及乾坤是如何将简易之道,传递给学易者——"人"的。

因此,对这两句的解读,不能以乾坤为主语,而要以"乾确然"和"坤隤然"为主语,即是说乾的"确然"向人们昭示了"易"的道理,坤的"隤然"向人们昭示了"简"的道理。而不是说乾"确然"地向人们昭示了"易"的道理,坤"隤然"地向人们昭示了"简"的道理。其中"确"是坚定,是刚健的意思;"隤"(tuí)是安顺的意思。

在行文上,这两句具有承上启下的作用,即一方面给出了前文"天下之动,贞夫一者也"的依据,因为简易之道的本质,就是顺天应时,就是与天道的统一、合一,所以乾坤示人以简易之道,就是《易》最终能够使天下人的行为"贞夫一"的基础。另一方面,则将关注的焦点,重新引入了卦象之中,因为乾坤本身就是卦象。

"爻也者,效此者也。象也者,像此者也。"中的"此"应当就是简易之道,所以这两句的意思就是,"爻"是仿效乾坤所示的简易之道的,"象"是摹画、显现乾坤所示的简易之道的。

结合前文所说的"八卦成列,象在其中矣"和"因而重之,爻在其中矣"可知:

八卦之象——不仅是物象,更重要的是对应的特性,都是对乾坤所示的简易之道的摹画和显现,换言之,这些兑悦、艮止、震动等特性,都是以乾坤所示的简易之道为原则,按照某一规则, 根据卦象推导而出的。这种推导的规则, 就是 "象" 这种语言的 "语法", 是解读卦象的基本。

"爻" 所体现的交错叠加关系, 也是对乾坤所示的简易之道的仿效, 换言之爻与爻之间相互作用的结果, 也是以 "乾确然" "坤隤然", 乾易坤简为原则, 来推测判定的。由于所有的 "象" 都是通过爻画的交错叠加而形成的, 所以 "象" 的意义, 是由构成它的相互交错叠加的各爻之间, 相互作用的结果, 汇总而来的。

因此上述两句, 实际上是给后人解易, 指示了一种原则性的思维方式。

"爻象动乎内, 吉凶见乎外, 功业见乎变, 圣人之情见乎辞。" 四句是上述有关《易》的原理性内容, 衍生而来的结果, 其中 "爻象动乎内" 是过渡性语句, 主要仍是在讲《易》的原理, 意思是说, 爻在卦象之内的交错叠加, 表现出事物的变动。

"吉凶见乎外" 是说 "吉凶" 就可以表现出来了。结合前文 "爻象动乎内", 可知: "吉凶" 是 "爻象" 变动的结果, 同时 "见乎外" 又说明 "吉凶" 的价值, 是体现在卦象之外, 也就是人类社会之中的——对自然界而言, 无所谓吉凶。

"功业见乎变" 是说, (《易》的) 功业就体现在 (人们的行为的) 变化上, 这一句与 "变而通之以尽利" 基本相当, 是在讲《易》效用。

"圣人之情见乎辞" 是说, 圣人的情怀 (仁慈) 就体现在 "辞" 上, 这是因为圣人本可以通过 "象" 来学易, 而且圣人本身已经能够合于天道，因此圣人在象的基础上为《易》"系辞"，完全是为了让更多的普通人，能够了解和运用《易》，共同走上顺天应时的道路。

根据前述关于"象"是一种神职人员专用的专业语言的推测，在这句话背后隐藏的，很可能是上古时期，随着君权的稳定性的提高，导致的神权下降、君权上升的社会变革。其表现就是，神权开始向人/君权屈服，需要借助于与人/君权的合作，才能维护其地位。于是作为交换，就不得不对《易》进行注解，使君王得以分享这一智慧的结晶。

所以，所谓的"圣人"，应当是指那些合于天道的君王，在现实中可能就是指那些，得到了神权的支持的君王——神权在当时的人们的心中，仍旧是崇高的。这与后来，古今中外的君王，都要强调君权神授是一致的。

天地之大德曰生，圣人之大宝曰位。何以守位？曰仁。何以聚人？曰财。理财正辞，禁民为非，曰义。

【译文】天地的伟大德业是生化万物，圣人的重要珍宝是权位。用什么来守护权位？是仁。用什么来聚拢人群？是财。能够管理财物端正言辞，禁止人民做错误的事情的，是义。

【解读】"天地之大德曰生，圣人之大宝曰位"，两句看似严格的对应，其实真正的对应关系，仅仅存在于"天地"与"圣人"之间。"天地"是自然的代表，是天道的代表，"圣人"是人类社会的代表，是人间正道的代表，因此二者之间可以对举。

但是从人也是自然界的一个组成部分的角度来看，"圣人"不过是"天地"在人类社会中的映射和代言者，人间正道不过是天道在人类社会中的表现和应用。

所以虽然文中将"天地"与"圣人"对举，但实际上要传达的却是一种，在相互对应的基础上的递进关系。

所谓相互对应是指，文中通过将"天地"与"圣人"对举，传达圣人与天地同德的概念；所谓递进关系，则是指两句之间意义上的递进。其中"天地之大德曰生"一句是在说明什么是天地之德，即"生"，但由于圣人与天地同德，因此作为天地之德的"生"，也是圣人之德。接下来的"圣人之大宝曰位"则是在说明，圣人如何实现其好"生"之德，或者说圣人践行其德的工具/途径是什么。如文中所言就是"位"，也就是其所拥有的统治地位。由于"圣人"是"天地"在人类社会中的代言者，所以"位"也是天道在人类社会中，得以践行的工具与途径。

至于为什么在人类社会中，必须要借助于"位"才能申行天道。是因为圣人虽然与天地所行之事并不相同——天地的"生"，是化育万物，重在物质上的创始；圣人的"生"，是教化万民，重在精神上的引导。但是其基本原理都是相同的，即要通过"资始"与"资生"两种力量的配合，才能完成生生不息的演进。

所以圣人的"生"虽然仅仅是对天地之"生"的一种比附，但仍需具备相似的条件，才能最终实现。天地之"生"无需有位，是因为天地之位自然天成，圣人之"生"必须有位，是因为需要"位"，来比附天地之间的尊卑主从关系。否则原本无

"位"，人人本平的人类社会，就会因为无"位"，而无法形成尊卑关系——因为没有尊卑，而无法形成主从关系——因为没有主从之分，而无法实践其生生之德。

所以人类社会才会在某一时刻演生出了"位"的概念，即形成了阶级和社会分工的概念。也就是说所谓的"位"，归根到底就是对某一种社会分工的称谓——君王也是一种职业，"圣人"则是不过拥有统治地位，从事君王这项工作的人而已。圣人无位，就无法履行教化万民的职责，即使有天地之德，也会因为无法显现，而等同于没有，等同于不是圣人；反之，当位者不具备天地之德，也无法履行教化万民的职责，也不能因为有位而成为圣人。所以"圣人"与"位"是统一的，是天道在人间得以推行的一对充分和必要条件。

"何以守位？曰仁。"的主语是"圣人"，通过上述分析，圣人"守位"，表面看来是在守其君位，实际上则是在守"圣"，在守天地之德，在守天道得以申行于人间的机会，是在为天下之人，守自己的一份职责，是一种真正的舍己为人的被叫作"仁"的人间大爱。

由此推而广之，可以帮助我们认清一个问题，自古以来的那些或因为慷慨激昂，或因为愤世嫉俗，或因为清高逸世，而广为传颂的人物，一多半非但不是真正的"仁"人，更远未达于"圣"的境界，甚至还应当更加准确地将其设定为一群，为了自己的所谓名节，而置天下苍生于不顾，置自身职责于不顾的不仁之人。反倒是那些被淹没在历史中的，甚至带有某种"灰色"气质的人物，与"仁"的境界可能更近一些。

"何以聚人？曰财。"是在更具体地说教化人的方法。"聚人"的直译就是将人聚拢到一起，但是聚拢人群的过程，本身就是一个统一目标、统一行动，就是"贞夫一"的过程，所以"聚人"就是教化，就是圣人之"生"。

"财"可以从三个方面来理解：

首先，聚人以财，是对人性——"民之故"的客观认识，因为"财"不过是人类社会中的"食物"，因此人爱财趋利，实际上就是其作为动物时，所具有的追求食物的天性，在人类社会中的表现。

其次，在阶级社会中，对"财"的掌控，是"位"的权力体现，因此这是在圣人成功"守位"之后，所获得的可以用来聚人——教化万民的权力与工具。

最后，如果将"位"从君位，拓展到更广泛的一切社会地位，那么"位"本身也是一种"财"，是可以用来"聚人"的"财"。

"理财正辞，禁民为非，曰义。"一句是在进一步具体地讲述，如何运用"财"来"聚人"的问题。因此核心在于"理财"二字。

所谓"理财"就是管理财富，对于圣人——君王来说，就是管理天下的社会的财富，就是控御社会财富流向，用现代的话说就是，规划让各一部分人，通过什么方式，按照怎样的比例，来分配社会财富。

"正辞"是介于"理财"与"聚人"之间的环节，即是能够通过"理财"来"聚人"的原因所在。用现代的话说就是：端正社会的舆论导向。

"义"相当于"宜",就是应当、适宜的意思。在这里可以做三种理解:

一是通过"理财正辞,禁民为非"让民众懂得什么叫"义",此时侧重于"财"对民众的影响力;二是通过让民众懂得什么叫"义",来"理财正辞,禁民为非",此时侧重的"吉凶"对人的影响力——通过"吉凶"来引导人们合于天道,进而实现上述社会目的;第三是说"理财正辞,禁民为非",是圣人之"义"——恰当地履行职责的方式。

从实际的操作效果上说,第一种最为贴切;从语句的连续性上说,第二种最为贴切;第三种则是暗含于上述两种解读背后的潜台词。

第二章

古者,包牺氏之王天下也,仰则观象于天,俯则观法于地,观鸟兽之文与地之宜,近取诸身,远取诸物,于是始作八卦,以通神明之德,以类万物之情。

【译文】上古,包牺氏(伏羲)为天下共主的时候,他仰望观察天象,俯身则在大地上寻找各种规律,观察鸟兽身上的纹理,和大地的物宜,从近处着眼,就在人的身体上探求,从远处着眼,就在各种事物上探求,于是才开始创制了八卦,来通达神明的德性,来比附万物的情状。

【**解读**】这一段是从宏观上讲述了《易》的创作过程。从人类认识世界的思维方法上看,这种通过对周边事物的观察、提炼,而生成八卦这样的抽象符号,再反过来作为进一步认识事物的工具的过程,是基本可信的。

但是认为《易》或者八卦,完全是由"包牺氏"也就是伏羲一人所为,即使是将伏羲看作是当时某一个部落对其首领的专用称谓,即认定《易》或者八卦,完全是由某一部落,历经几代人所创,也是不可信的。

因此这一段内容,读者无需深究,仅作一了解即可。

作结绳而为网罟,以佃以渔,盖取诸离。

包牺氏没,神农氏作,斲木为耜,揉木为耒,耒耨之利,以教天下,盖取诸益。

日中为市,致天下之民,聚天下之货,交易而退,各得其所,盖取诸噬嗑。

神农氏没,黄帝、尧、舜氏作,通其变,使民不倦;神而化之,使民宜之。易穷则变,变则通,通则久。是以自天佑之,吉无不利。

黄帝、尧、舜,垂衣裳而天下治,盖取诸乾坤。

刳木为舟,剡木为楫,舟楫之利,以济不通、致远,以利天下,盖取诸涣。

服牛乘马,引重致远,以利天下,盖取诸随。

重门击柝,以待暴客,盖取诸豫。

断木为杵,掘地为臼,臼杵之利,万民以济,盖取诸小过。

弦木为弧，刿木为矢，弧矢之利，以威天下，盖取诸睽。

上古穴居而野处，后世圣人易之以宫室，上栋下宇，以待风雨，盖取诸大壮。

古之葬者，厚衣之以薪，葬之中野，不封不树，丧期无数，后世圣人易之以棺椁，盖取诸大过。

上古结绳而治，后世圣人易之以书契，百官以治，万民以察，盖取诸夬。

【译文】(他)结绳成网，用来渔猎，大概是取自于离卦的征象。

包牺氏衰落后，神农氏兴起，他砍削木头做成耜，揉弯木头做成耒，用耒耜的便利，来教化天下，大概取自于益卦的征象。

规定中午的时候设立集市，招来天下的民众，汇聚天下的货品，交易之后各自退去，各得其所，大概取自于噬嗑卦的征象。

神农氏衰落后，黄帝、尧、舜氏相继兴起，进一步顺通其变化，使民众不至倦怠；通过推崇和变化，使民众能够适应它。易理的精髓就是，穷竭则寻求变化，变化则会顺通，顺通则能长久。所以能够得到上天的助祐，吉祥而没有任何不利。

黄帝、尧、舜，衣裳飘垂着，就使天下得以安定，大概取自于乾坤两卦的征象。

挖空树木做成舟船，砍削木头制成船桨（桨），通过舟桨的便利，来济度不通路的地方，和到达更远的地方，来使天下受益，大概取自于涣卦的征象。

训诂牛马，来牵引重物到达远方，以使天下受益，大概取自于随卦的征象。

设置重重门禁，并敲梆巡警，以防备贼寇，大概取自于豫卦的征象。

折断木头制成杵，挖掘地面形成臼，使臼杵的便利，万民都可以利用，大概取自于小过卦的征象。

用弦将木头拉成弧形做成弓，切削木头制成箭矢，利用弓箭的用处，来威摄天下，大概取自于睽卦的征象。

上古时期，人们挖穴居住，在野外生活，后世的圣人将其变成房屋，上面有栋下面有宇，以抵御风雨，大概取自于大壮卦的征象。

古代的丧葬，用厚重的柴草包裹，埋葬在野地，即没有封土也不植树，而且下丧的期限也没有规定，后世的圣人将其改为棺椁，大概取自于大过卦的征象。

上古时代通过结绳记事来管理天下，后世的圣人改为书写和契刻，使百官以此管理政务，万民以此来稽查琐事，大概取自于夬卦的征象。

【解读】上述内容是继第一段而来，是在列举实例来佐证第一段的内容，但是在逻辑上是反向的，即将卦象作为了人们创造事物的依据，这样的现象即使有，也应当是极为罕见的，所以在整体上，是不成立的。

概而言之，《易》讲述的变易的规律、道理，其作用表现在对人的行为的指导上，而非是为手工制造业提供图纸。所以，整个第二章的内容，很可能是后人，在对《易》不甚了解的背景下，出于敬畏而加入的赞美之辞。

第三章

是故，易者象也。象也者，像也。彖者，材也。爻也者，效天下之动者也。是故，吉凶生而悔吝著也。

【译文】所以，《易》的本质就是象。象就是征象。彖就是相应的裁断。爻的作用是效仿天下的变动。所以，吉凶才能产生，悔吝等才能变得显著。

【解读】这一章是在分别阐述，《易》的不同构成要素的作用。其中"易者象也"是在说明"象"对于《易》意义，即《易》的本质就是象，或者说《易》是用象来表述其内涵的。

"象也者，像也"说明什么是"象"，"像"的本意是事物的形象，但是在这里应当是取其引申意义，即是指事物之间相互影响、相互作用的态势，只有这样才能既符合事实，又与《易》的基本特征相合。因为《易》的核心内容，是对变易之道的阐释，说的是道理，不是物件。所以用来表述《易》的"象"，其所摹画的内容，也只能是有一种道理，或者蕴藏某种道理的特定关系，而不可能是某种形而下的器物。

"彖者，材也"，"彖"是判断的意思，在这里就是指后世所说的卦辞，是对全卦的概括性描述。因此"材"应当是"裁"的通假字，是裁决判断的意思。前人将其解读为材质的说法，是说不通的。

"爻也者，效天下之动者也"的意思就是说，"爻"包括爻辞的作用，就是仿效天下的各种变动。先儒普遍认为"爻"就是指爻画而言，也就是所谓将全卦看作一个大的时代、时局，将"爻"看作这个时代、时局中的不同阶段，于是"爻"所代表的变动，实际上就是在一个大背景下的不同阶段之间的变动。这种解释固然在表面上是可通的，但是却没有回答一个至关重要的问题，即"爻"是怎样实现对变动的模拟的，换言之，"爻"何以能模拟变动。

笔者认为，还是应当将"爻"解作（象的）交错叠加，因为如果将一卦展开为十二画卦（参见《读易要例》相关内容），那么每一爻实际上都至少是两种"象"——三画卦的交错叠加的交点。这样解读，不仅可以为"爻"这个名字的由来，找到出处，而且还可以为"爻"的内涵找到源头，即是两种"象"之间相互影响相互作用的结果，或者表现。

再进一步地说，"爻"所仿效的变动，实际上就是参与相互交错叠加的"象"的变动，即"爻"也是通过"象"来仿效变易的。这样就与"易者象也"浑然一体了。

"吉凶生而悔吝著也"就是说，因为"爻"能够对变动进行模拟，体现着不同的"象"之间相互作用的结果，因此就会含有各种吉凶悔吝的内容。至于说吉凶为"生"，说悔吝为"著"，是因为一方面吉凶本身就是相对显著的，而且吉凶也是悔吝的由来或趋势，所以说"生"——产生足以。而悔吝本身就是相对微妙，吉凶并不十分明朗的状态，因此说"著"，就是说可以使之显著，能够被人们清晰认识的意思。

第四章

阳卦多阴，阴卦多阳，其故何也？阳卦奇，阴卦耦，其德行何也？阳一君而二民，君子之道也。阴二君而一民，小人之道也。

【译文】在阳卦中阴爻居多，在阴卦中阳爻居多，是什么缘故？阳卦的卦画数是奇数，阴卦的卦画数是偶数，又说明了什么特性？阳卦中一个君主两个民众，体现的是君子之道。阴卦中两个君主一个民众，体现的是小人之道。

【解读】"阳卦多阴，阴卦多阳"是说，在八卦中，除了乾坤二卦以外，阳性的卦中阴爻居多，阴性的卦中阳爻居多。这与大多数人的直觉是相左的，于是本章通过设问"其故何也？"进行解释。

"阳卦奇，阴卦耦"陈述另一个继前一句而来的事实，即阳性的卦中画数，都是奇数（五画），而阴性的卦中画数，都是偶数（四）——按照将一个阴爻视为两画计算。"其德行何也"是问这样的区别反映了什么样的德行——特性？

"阳卦奇，阴卦耦"与"阳卦多阴，阴卦多阳"，其实是一回事，都是通过爻数、画数的计算，来揭示阳卦与阴卦的差异。"故"与"德行"，也是同一件事的两种表述，都是指阳卦与阴卦的特性。

"阳一君而二民，君子之道也。阴二君而一民，小人之道也。"两句，概括了阳卦与阴卦的基本特征，即阳卦"一君而二民"是符合天道的，阴卦是"二君而一民"是不符合天道的——以阳爻为君，以阴爻为民。至于"君子之道""小人之道"则是结合人类社会观念，对是否符合天道的描述。

这一章的内容，虽然有可能是后人加入的，但是与第三章内容相结合，就会粗略地发现，为什么"象"（三画卦）之间的"爻"——交错叠加，可以产生出吉凶悔吝的结果，因为不同的卦象之间，各有君子小人之分，因此任何两"象"的交错叠加，都相当于将不同属性的人（君子、小人）置于一处，使之相互作用相互影响，最终的结果，必然是或吉或凶或悔或吝。

第五章

易曰："憧憧往来，朋从尔思。"子曰："天下何思何虑？天下同归而殊途，一致而百虑，天下何思何虑？日往则月来，月往则日来，日月相推而明生焉。寒往则暑来，暑往则寒来，寒暑相推而岁成焉。往者屈也，来者信也，屈信相感而利生焉。尺蠖之屈，以求信也。龙蛇之蛰，以存身也。精义入神，以致用也。利用安身，以崇德也。过此以往，未之或知也。穷神知化，德之盛也。"

【译文】《易》中咸卦九四说："憧憧往来，朋从尔思。"孔子解释说："天下人都在思虑什么？天下人终将从不同的途径，归于一点。又由一点出发，产生出各种思虑，天下人都在思虑什么？太阳西下则月亮升起，月亮下沉则太阳升起，日月相推而行，于是光明才会产生。严寒过去酷暑来临，酷暑过去则严寒来临，寒暑相推而行，年岁就产生了。往就是屈缩的意思，来就是伸张的意思，屈伸相互感应，则利益就产生了。尺蠖的屈缩是为了追求下一步的伸长。龙蛇在冬季的蛰伏，是为了保全生命。将精髓的义理吸纳入思想之中，是为了应用。有利于安处其身，提高其德行。除此以外，不知道还有什么。能够穷尽阴阳的莫测，通晓变化的规律，就是德行的最高境界。"

【解读】第五章是用《易》中的十一条爻辞，来具体地阐述爻对事物变化的模拟。此为第一条，"憧憧往来，朋从尔思"是咸之九四的爻辞。其基本的意思就是说，如果你心怀愿望的往来争取，那么你的朋友——与你相关的人，也一定会与你有同样的想法。即人与人之间的感应，既是相似的，又是相互的。

形象地说就是，世人经常抱怨他人对自己的不公，但实际上，人与人之间的关系就像照镜子，虽然每一面镜子的材质、品质不尽相同，但照出来的终究还是自己的影子——虽然在人对我的言行中，隐藏有诸多其个人因素，但终究还是人对我的言行，做出的反应。

"天下何思何虑？天下同归而殊途，一致而百虑，天下何思何虑？"就是在说，天下人的所思所虑都是相似的。"同归而殊途"和"一致而百虑"是从正反两个方面来说明这个问题。"同归而殊途"是从不同的途径，归于一点；"一致而百虑"是从一点发散成众多。根据前文中对"民之故"的解析可知，这个"一"应当就是"财"。

"财"是人类的"食物"，因此人类追求财富，与动物追求食物同理同德。食物是生命存在与延续的基础，因此追求食物就是追求生命的存在与延续，是对"天地之大德曰生"的践行，是天道。因此是人人共有，万物共求，天下同思同虑的焦点。

如果将显现——"来"视为出现/存在的象征，将隐伏——"往"视为逝去/消亡的象征，那么上述"往来"就可以超越生命的范畴，拓展到一切事物之中。于是孔子在接下来的内容中，将"往来"的概念，进行了拓展。

"日往则月来，月往则日来，日月相推而明生焉。寒往则暑来，暑往则寒来，寒暑相推而岁成焉。"两句是通过人们最常见的"往来"现象，说明"往来"的普遍性，和"往来"的价值所在。"日往则月来，月往则日来，日月相推而明生焉"是通过"日月"这一对最能"悬象著明"的象之间，存在的循环往复的"往来"运动，来说明"往来"的普遍性，以及往来的价值所在。"明"就是日月往来的价值。

按照常理理解，日出则明，月出则暗，因此似乎无需"日月相推""往来"，而只要红日高悬，就能产生"明"。这其间蕴藏了一个重要的内容，即"明"是一个相对概念，如果没有"暗"也就无所谓"明"，所以日月往来中，日来之"明"，是由月来之"暗"映衬出来的，是以月来之"暗"为基础的。

这与生物之间为争取食物而往来，尤其与人类之间为争取财富而往来是一致的，即人们争取的结果，或者说在人们争取的过程中，"得"这个概念才会产生。但是"得""失"都是相对概念，如果没有失，也就无所谓得，说得刻薄一些，就是未见他人之失，则自己虽有所得也不乐。这就是为什么圣人要"理财"才能"正辞"的原因，或者说是圣人"理财"的具体内容。

"寒往则暑来，暑往则寒来，寒暑相推而岁成焉。"一句与前一句基本相同，只是"岁"——四季交替，比"明"来得复杂一些而已。

"往者屈也，来者信也，屈信相感而利生焉。"一句中的"信"就是伸的意思。因此这一句既可以视为对前面"日月""寒暑"两句的总结，又可以视为是对往来的进一步拓展。因为无论"日月"还是"寒暑"之间的往来，都是建立在两个既相互关联，又相互对立的事物之上，而"屈伸"概念的出现，就将二者视为了一个整体，似乎一个的"往"——屈，是为了另一个的"来"——伸，创造条件提供空间。"日月""寒暑"的运行仅仅是天道使然，并不具备上述"主观"特征，其产生出来的也不是"利"，而仅仅是一种需要相互映衬才能出现的概念而已。

所以，"屈伸"概念的出现，只是为理解两个既相互关联，又相互对立的事物之间的"往来"，提供了一种比较直观形象的方式而已，更重要的是将"往来"从两个事物之间的运动，延伸到了单一事物的自身运动上来了。单一事物的运动，所产生的结果，也是针对自身而言的，因此才有"利"的问题。

"尺蠖之屈，以求信也。龙蛇之蛰，以存身也。"两句是通过两种人们熟悉的动物，揭示了两种不同形式的"屈伸"。"尺蠖（huò）"是一种生长在树上，行动时身体一屈一伸的虫子。"尺蠖之屈，以求信也"的意思是说，"尺蠖"的屈缩是为了追求下一步的伸长。这是从形态上的屈伸，而其产生的"利"，就是伸长，也就是向前运动。"龙蛇之蛰，以存身也"是说龙蛇在冬季的蛰伏，是为了保全生命。这是状态上屈伸，而其产生的

"利"，就是"存身"。

"存身"是生命的基础，运动是生命的意义与表现，因此这两句的意思是在强调，对个体而言，往来——屈伸的重要性。后世所谓大丈夫能屈能伸，便是由此而来。

"精义入神，以致用也。利用安身，以崇德也。"两句是对"屈伸"的进一步拓展，具有"出入"的意味。应当是针对人们对《易》的学习和应用而言的。

"精义"就是指《易》中所蕴含的天道，"入神"是指人们通过学习，将《易》中的"精义"吸纳入自己的思想之中。学习是一个艰苦而谦卑的过程，因此"精义入神"对应的是"屈"，是"入"。

"以致用也"是过渡语句，意思与"以求信也""以存身也"都是屈伸所产生的"利"，或者说都是"伸"。后续的两句，是分两个层面来具体地说明所"致"之"用"的内容。

"利用安身"是第一个层次，也是最直接的"用"；"以崇德也"是第二个层次，是在"利用安身"基础上，"精义入神"所能实现的最终结果。

这里面蕴含了一种非常质朴而客观的思想，即"崇德"是以"安身"为前提的，否则即使已经"精义入神"，也达不到"崇德"的目的（参见前文的关于"何以聚人？曰财"的解读）。用现代的话说就是，不能将国家希望寄托在民众的道德高尚上，不能将国家的命运寄托在人民的无私奉献，或者对物质的极端漠视上。形象点说就是，一旦"书生"与"穷"形成了几乎必然的关联，那么"书生"就会开始成为稀有动物。

"过此以往，未之或知也。穷神知化，德之盛也。"这一句，是对《易》中蕴藏的，通过咸之九四表现出来的"往来"之道的赞叹。说明其经过拓展之后，其可以涵盖无比广阔的内容。

"过此以往，未之或知也"一句，既是对上述屡次拓展的肯定，说明自人类情感之间的"往来"，逐步延伸至行为、状态的"屈伸"，已经将"往来"之道基本穷尽；也是对"往来"之道的赞叹，说明其是普遍存在与万事万物之中的普世规律。

"穷神知化，德之盛也"一句是对"往来"之道功用的赞叹，"穷神知化"中的"神"，与前文"入神"的"神"不同，是指阴阳不测而言的，因此"穷神知化"就是说，通过"往来"之道，可以了解事物变化中最难以把握的部分。其中的"化"就是变化，尤指变化的结果。"德之盛也"的意思说，这就是天地之德的盛大之所在。

易曰："困于石，据于蒺藜，入于其宫，不见其妻，凶。"子曰："非所困而困焉，名必辱。非所据而据焉，身必危。既辱且危，死期将至，妻其可得见邪？"

【译文】《易》中困卦六三说："困于石，据于蒺藜，入于其宫，不见其妻，凶。"孔子解释说："在不应受困的时候受困，则名节必被侮辱。占据着不应占据的位置，则自身一定有危险。既受到侮辱，又遭遇危险，说明死期将至，怎么能再见到妻子呢？"

【解读】"困于石，据于蒺藜，入于其宫，不见其妻，凶。"

困之六三的爻辞, 大致的意思是说, 六三困于上下两个阳爻之间, 有"入于其宫, 不见其妻"之象, 是将会遭逢凶祸的征兆。

"非所困而困焉, 名必辱。非所据而据焉, 身必危。"意思是说在不应受困的时候受困, 则名节必被侮辱。占据着不应占据的位置, 则自身一定有危险。从逻辑关系上说, 后一句是前一句的原因, 因此两句合在一起就是在说, 六三是因为自身的原因——占据了不该占据的地方, 导致自己身受其危, 名遭其辱。

"既辱且危, 死期将至, 妻其可得见邪?"是"困于石, 据于蒺藜"的结果, 也是对"入于其宫, 不见其妻"的解释, 意思是说因为"死期将至"了, 所以不能再见其妻, 这可能与当时的刑罚有关。但最终的目的是说明, "入于其宫, 不见其妻"一句是对"凶"险程度的描述。

详见困卦中的相关内容。

困之六三因为占据着不应占据的位置, 而导致自己在不应受困的时候受困, 进而招致凶祸加身。究其根本, 就是缺乏对往来——屈伸之道的理解和运用, 也即在不当伸的时候伸了, 在应当屈的时候未屈。

易曰:"公用射隼于高墉之上, 获之无不利。"子曰:"隼者, 禽也; 弓矢者, 器也; 射之者, 人也。君子藏器于身, 待时而动, 何不利之有! 动而不括, 是以出而有获。语成器而动者也。"

【译文】《易》中解卦上六说:"公用射隼于高墉之上, 获之无不利。"孔子解释说:"隼, 是一种飞禽。弓箭, 是一种器物。射它的，是人。君子将器物藏于身上，待机而动，能有什么不利因素！发动而毫无阻碍，因此出手即有所获。这是在说，要等到器用完备，才能发动。"

【解读】"公用射隼于高墉之上，获之无不利。"一句是解之上六的爻辞，大致的意思是说，"公"徘徊于高墙之上，准备择机射杀上六这只隼，一定能取得成功，不会有任何不利之处。

孔子对此一句进行了详细的解读，重点在于后半段，"君子藏器于身，待时而动，何不利之有！"生动地描述了君子射隼的过程，是"藏器于身，待时而动"，而不是张弓便射，这在屈伸之道中是"屈"，"尺蠖之屈，以求信也"，屈的目的是为了伸，为了伸的成功，因此才能"何不利之有！"——不会有任何不利的可能。

"动而不括，是以出而有获。"一句是在"藏器于身，待时而动"的"屈"之后的"伸"，"不括"就是没有任何阻塞、停滞的意思，这是通过前面的"屈"换来的结果。

"语成器而动者也。"一句是对整段文字，以及解之上六的总结，"成器而动"就是"成器"而后动，就是当屈则屈，先屈而后伸的意思。

子曰："小人不耻不仁，不畏不义，不见利不劝，不威不惩。小惩而大诫，此小人之福也。易曰：'履校灭趾，无咎。'此之谓也。""善不积，不足以成名；恶不积，不足以灭身。小人以小善为无益而弗为也，以小恶为无伤而弗去也，故恶积而不可掩，罪

大而不可解。易曰：'履校灭耳，凶'"。

【译文】孔子说："小人不会因为不仁而感到羞耻，也不会害怕不义，不见到利益就不会努力，不施以威严就不能惩戒，对小事的惩罚，诫阻更大的错误，这是小人的福气。《易》中噬嗑初九说：'履校灭趾，无咎'，就是这个意思。""不积累仁善的行为，不足以成就名望；不积累邪恶的行为，也不会导致生命的毁灭。小人认为小的善行没有溢出，而不去做；认为小的恶行没有伤害，而不去除，所以导致邪恶积累，终致不可掩盖，罪行严重而不可解脱。因此《易》中噬嗑上九说：'履校灭耳，凶'。"

【解读】"履校灭趾，无咎"和"履校灭耳，凶"，分别是噬嗑之初九和上九两爻的爻辞，由于笔者在这两爻上的理解，与孔子的观点有较大的出入，而且已在噬嗑卦的相关内容中，进行了详细的阐述，这里不再重复。

子曰："危者，安其位者也；亡者，保其存者也；乱者，有其治者也。是故，君子安而不忘危，存而不忘亡，治而不忘乱；是以，身安而国家可保也。易曰：'其亡其亡，系于包桑。'"

【译文】孔子说："有危险的，是那些安居其位的人；消亡的，是那些希望保全现有利益的人；发生混乱的，是那些拥有治平的人。所以，君子在安居之时，也不忘危厉。拥有的时候，也不忘消亡。在治平的时候，也不忘纷乱。因此，自身可以安处，国家可保全。所以《易》中否卦九五说：'其亡其亡，系于包桑'。"

【解读】"其亡其亡，系于包桑"是否之九五的一部爻辞，大致的意思是（整天惦记着）要灭亡了，要灭亡了，就会像系在丛生的大桑树上一样（牢固）。

孔子由此阐发出了安与危、亡与存、乱与治之间，存在着如同阴阳一样的共生互推关系。只是在文中，孔子就事论事，重点强调危由安生、亡由存生、乱由治生的关系。并由此引出了居安思危的道理。

但是文中还有一点值得关注，那就是孔子暗中说出了危由安生、亡由存生、乱由治生的原因，这就破除了危由安生、亡由存生、乱由治生的必然性。以危由安生为例，文中说"危者，安其位者也"，可见"安"在这里并不是一个名词，而是一个动词。也就是说，虽然"危由安生"，但与其说危是由"安"中自发而出，不如说是滋生于"安"于"安"的心态与行为。何谓"安"于"安"，就是固守安乐而不求变易，甚至是无视变易。所以真正导致"危"的是缺乏变易，是因为当往不往，才导致了当来不来的结果。只不过，如果不安，则无从安处其中，于是表面看来就是危由安生了。

其他的"保"和"有"意义与"安"基本相同。所以所谓的居安思危，其实就是居安而不忘、不拒变的意思。

子曰："德薄而位尊，知小而谋大，力小而任重，鲜不及矣。易曰：'鼎折足，覆公𫗧，其形渥，凶。'言其不胜任也。"

【译文】孔子说："德行浅薄却位处尊贵，才智渺小却要谋划大事，力量渺小却要担当重任，很少有不这样的。《易》中鼎卦九四说：'鼎折足，覆公餗，其形渥，凶。'是在说，不能胜任。"

【解读】"鼎折足，覆公餗，其形渥，凶。"是鼎之九四的爻辞，大致的意思是说，因为九四自身的行为不当，导致鼎倾覆，"餗"撒落一地，甚至还可能溅到了自己身上，导致自己形容龌龊，会因此招致凶祸。

孔子对此的理解是，九四的不当之处在于，自身德行浅薄，却窃据君位，智慧不足，却要谋取大用，力量微弱，却要担当大任等等一系列自不量力的行为。与前文"公用射隼于高墉之上"所体现出来的"成器而动"恰恰相反，是不当伸而伸、当屈而未屈的典型。

关于这一句的解读，笔者与孔子的观点，即在对九四的不当之处的理解上，存在一定的出入，更详细的内容，请读者参考鼎卦中的相关内容。

子曰："知几其神乎？君子上交不谄，下交不渎，其知几乎？几者，动之微，吉之先见者也。君子见几而作，不俟终日。易曰：'介于石，不终日，贞吉。'介如石焉，宁用终日，断可识矣。君子知微知彰，知柔知刚，万夫之望。"

【译文】孔子说："能够了解微小的征兆，就达到了"神"的境界？君子向上交往而不谄媚，向下交往而不轻慢，称得上能够及时地了解微小的征兆了吗？所谓的几，就是微小的变动，是吉祥的先兆。君子察觉到几而开始行动，不必整天等待。《易》中豫卦六二说：'介于石，不终日，贞吉。'犹如石头一样坚定，岂用犹豫终日，必定可以明了。君子能够既了解微小，又懂得彰显，既了解阴柔又了解刚健，必为万民所仰望。"

【**解读**】"介于石，不终日，贞吉。"是豫之六二的爻辞，大致的意思是说，站在石头上（介于事物的两端之间）犹豫，不用终日的时间，就能作出正确判断，因为能够保持贞正而获得吉祥。表现的是，人能够对事物作出及时准确的判断。

孔子对这一句的解读，可以分为四个部分：

"知几其神乎？君子上交不谄，下交不渎，其知几乎？"是对"几"——微小的征兆的意义与价值的概述。

"知几其神乎？"是一句表示肯定的，无需回答的疑问句，意思就是要说，能够了解微小的征兆，就达到了"神"——能够把握阴阳不测的境界，是在强调"几"的重要性。

"君子上交不谄，下交不渎，其知几乎？"一句是在讲"知几"在现实中的应用价值。"上交"就是向上交往，就是与权贵交往的意思，由于"上交"以恭敬为重，但是恭敬过度则容易变为谄媚，所以"上交不谄"的意思就是，能够良好地把握和控制恭敬与谄媚之间的尺度，在即将由恭敬向谄媚发展的时候，能够戛然而止。"渎"是轻慢的意思，因为"下交"就是与比自己地位低下的人交往，此时是对方来恭敬于我，因此以亲和为重，但是亲和过度就会演变为轻慢不羁，所以"下交不渎"也是对变化尺度的准确把握问题。

"其知几乎"一句，将上述对变化尺度的把握（能力），归结为对"几"的了解程度和能力。即由于能够及时地了解微小的征兆，才能在恭敬与谄媚之间，亲和与轻慢之间，准确地把握变化的尺度，做到恭敬而不谄，亲和而不渎。

"几者，动之微，吉之先见者也。君子见几而作，不俟终日。"是在对"几"进行定义，并进而引出豫之六二的爻辞。

"几者，动之微，吉之先见者也。"是对"几"的定义，意思是说，几就是微小的变动，是吉的先兆。也就是所谓的有象无形的阶段。

"君子见几而作，不俟终日。"讲的是继"吉之先见"而来的，关于"几"的应用问题。即既然"几"是吉的先兆，那么君子在认清了"几"的征兆之后开始行动，不必一定要墨守成规等待终日。这一句的另一个作用，就是与豫之六二的爻辞形成呼应，使孔子的解读与之融为一体。

"介如石焉，宁用终日，断可识矣。"是孔子对豫之六二的直接解读，由"介如石"来看，孔子是将爻辞中的"介"理解为了耿介、坚定的意思，在这个问题上，笔者的理解与之有较大的出入（详见相关解读），但是这并不影响对"几"的理解。"宁用终日，断可识矣。"的意思是，岂用犹豫终日，立刻/一定可以明了。

"君子知微知彰，知柔知刚，万夫之望。"一句是对整段文字的总结，"微"与"彰"、"刚"与"柔"代表的都是不同概念下，事物变化的两个极端，因此"知微知彰，知柔知刚"实际上就是知道变易之道，而变易之道的本质就是屈伸往来有度。所以"知微知彰，知柔知刚"也可以进一步理解为：见微知彰，见柔知刚，见往知来；知道何时当"微"当"柔"——屈，何时当

"彰"当"刚"——伸, 等等。

最后文中对一阴爻却始终强调"君子", 是因为"几"是有象无形的, 也就是说对于绝大多数人来说, "几"是不可见认不清的, 反之又是人人皆可自认为已见的。所以君子可以认为"见几""知几", 小人也同样可以认为自己"见几""知几"。但是只有具备"贞"的特性的君子, 才能合于天道, 才能真正"知微知彰, 知柔知刚", 才能真正做到"见几""知几"。而小人因为浑然心中唯一"利"字, 因此即使头脑灵光, 也始终是随利而转; 即使有所见识, 其所见所知也不过只是私利而已。

子曰: "颜氏之子, 其殆庶几乎! 有不善, 未尝不知, 知之, 未尝复行也。易曰: '不远复, 无祗悔, 元吉。'"

【译文】孔子说: "颜家的儿子, (其德行)大概很完美了! 只要有不善的行为, 未曾不自知的, 一经知道, 就未曾有再次重犯的。《易》中复卦初九说: '不远复, 无祗悔, 元吉。'"

【解读】"不远复, 无祗悔, 元吉。"是复之初九的爻辞。颜回春秋末鲁国人, 字子渊, 所以也称颜渊, 去世时年仅四十岁, 是孔子最得意的弟子, 据称也是孔子理想中的衣钵继承者, 可惜英年早逝。由于关于此段爻辞的理解, 笔者与孔子有较大的出入, 请读者参见复卦中的相关内容。

"天地絪缊, 万物化醇。男女构精, 万物化生。易曰: '三人行, 则损一人; 一人行, 则得其友。'言致一也。"

【译文】 "天地相互交融,万物才能得以变化而精纯。男女精气交合,万物才得以变化而产生。《易》中损卦六三说:'三人行,则损一人;一人行,则得其友。'是说要产生新的事物。"

【解读】 "三人行,则损一人;一人行,则得其友。"是损之六三的爻辞。先儒往往将文中"致一"理解为专一,即与"贞一"等同看待,理由是认为"天地絪缊(yīn yūn),万物化醇。男女构精,万物化生。"反映的都是二化而为一的过程。

笔者认为这是一种错误,最根本的一点就是"天地絪缊,万物化醇。男女构精,万物化生。",说的是阴阳两种属性,交融化育而产生出新的"一",而不是二者化而为一。更不能将天地、男女简单地理解为两个事物。

所以"三人行,则损一人"损掉的是同性不化的"一","一人行,则得其友"所得的是异性摧化的友。而"致一"也不是化归为一,而是化出新一。孔子在此处引用此爻,其意图应当是在强调过犹不及这个道理,在万物生化过程中的体现,进而说明往来屈伸之道,在万物生化过程中的体现——任何一种属性完全的只伸而不屈,或者只屈不伸,都会因为缺乏另一种属性的配合,而不能实现化育万物的功能。

子曰:"君子安其身而后动,易其心而后语,定其交而后求。君子修此三者故全也。危以动,则民不与也;惧以语,则民不应也;无交而求,则民不与也。莫之与,则伤之者至矣。易曰:'莫益之,或击之,立心勿恒,凶。'"

【译文】孔子说："君子应当先使自身相对安定，才能有所行动。应当先使心态处于平易，才能有所言语。应当先与人确立交情，然后才能有所索求。君子具有这三个方面的修养，所以才能全面。（反之）身处危险之中而发动行动，则民众不会追随。内心惊惧而发表言论，人民是不会应和的。没有任何交情而所求，民众是不会给予的。没有给予的人，则施加伤害的人就会出现了。所以《易》中益卦上九说：'莫益之，或击之，立心勿恒，凶。'"

【解读】"莫益之，或击之，立心勿恒，凶。"是益卦上九的爻辞。大致的意思是说，告诫上九自己，不能再增加清亢之情了，否则就会有人来击打它了，不能过于固执，否则就会有凶祸。由于爻辞是对上九的劝诫，因此如果上九采取了相应的行为，那么也是其自身的选择，或者说自己有所收敛的结果。收敛对上九来说是屈，而屈的结果，或者说目的则是"存身"，是"伸"。

所以孔子对这一句的解读，虽然是一种阐发和拓展，重点还是在强调屈伸之道，尤其是"夫欲取之必先与之"这个道理的应用。

"君子安其身而后动，易其心而后语，定其交而后求。君子修此三者故全也。危以动，则民不与也；惧以语，则民不应也；无交而求，则民不与也。莫之与，则伤之者至矣。"分为前后两个部分，蕴含个人修养与实际应用，正说和反说两个方面的内涵。

前一部分"君子安其身而后动，易其心而后语，定其交而后求。君子修此三者故全也。"是就"君子"的个人修养而言的，因此是主动的，即君子应当先使自身相对安定，才能有所行动/作为——人在不安之中，行为往往要么过于谨小慎微，要么过于亢奋冒进；应当先使心态处于平易，才能有所言语——心态不平则言语难免偏激不实；应当先与人确立交情，然后才能有所索求。

后半部分"危以动，则民不与也；惧以语，则民不应也；无交而求，则民不与也。莫之与，则伤之者至矣。"从应用的角度来说的，同时也提供另一种解读前半部分的方式，即将其中的"其"理解为"他们"，则屈伸之道豁然可见。

以"危以动，则民不与也"为例，"危以动，则民不与也"是反语，说明身处危险之中（可以是自身处于危险之中，也可以是用危险的手段来威胁）的时候，发动行动，则民众不会追随。对应于前半部分的正语就是"安其身而后动"，其中的"安其身"既可以是自身处于安定之中，也可以是使民众处于安全之中。归结起来，就是在民众中建立起足够的信任，让民众相信追随君子而动，能够获得安乐。因此关键在"信"，不在是"安"还是"危"。所以"安其身而后动"与兵法中的置之死地而后生并不矛盾，因为"置之死地"也是要建立起一种"信"——非生既死，无有回旋的信。

其他两句以此类推，不再赘言。

第六章

子曰："乾坤其易之门邪？乾，阳物也，坤，阴物也。阴阳合

德而刚柔有体，以体天地之撰，以通神明之德。

【译文】孔子说："乾坤就是《易》的门户吧？乾是阳的象征，坤是阴的象征。分别与阴阳的特征相合，而通过刚柔两种形式体现出来。以展现天地的造化，通达变化莫测的变易特性。

【解读】"乾坤其易之门邪？"是一句表示肯定的疑问句，意思就是说乾坤就是《易》的门户。"门"是出入之所，因此以"易之门"来喻乾坤，说明乾坤对《易》的作用是双向：首先是通过乾坤的变易交错，最终形成了六十四卦之象，形成了《易》，即《易》之象由乾坤而来；二是《易》所蕴含的天地变易之道，最终是通过乾坤变易交错，最终展现在了世人面前，即《易》之理由乾坤而出。

"乾，阳物也，坤，阴物也。阴阳合德而刚柔有体，以体天地之撰，以通神明之德。"几句是在具体地解释，乾坤何以能成为"易之门"。

"乾，阳物也，坤，阴物也"两句对乾坤在《易》中的基本作用，或者说乾坤的基本取象作了定义，即乾是阳的象征，坤是阴的象征。阴阳是抽象的概念，代表着一切对立统一关系中的两个方面，《易》的基本功用和创作初衷，就是揭示、演示变易之道，而变易之道归根到底就是，两个既对立又统一的事物之间，相互作用与影响的规律，所以《易》中需要有能够代表、象征阴阳的符号，这个符号就是乾坤。

阴阳是变易的基础，乾坤是《易》模拟变易的基础。"阴阳合德而刚柔有体"一句是说，乾坤是怎样模拟阴阳的，"阴阳合德"是合于阴阳之德——特性、特征，"刚柔有体"是说通过刚柔来体现出来。这两句话分别说了两个问题，首先是对阴阳之德的模拟，是通过乾坤之象来实现的；其次是对阴阳的表现、表述，是通过刚爻和柔爻来完成的。即乾坤之象，相对完整的体现了阴阳之德，而刚柔之爻则只在交错叠加的相互作用中，代表着基于相对关系而言的阴阳（强弱、刚柔）属性。

"以体天地之撰，以通神明之德。"是乾坤的作用/功用所在，即能够体现天地的造化，能够通达变化莫测的变易特性。

"其称名也杂而不越，于稽其类，其衰世之意邪？

【译文】"其名称虽然看似杂乱，但却不虚夸不实。通过考证其类属，可以感觉到，好像是创于衰世之中。

【解读】这两句是针对乾坤所成的六十四卦而言的。

"其称名也杂而不越"是说，六十四卦的名称虽然看似杂乱，但却不"越"——虚夸不实。

"于稽其类，其衰世之意邪？"是说，通过考证其类属，或文中所用的事例，可以感觉到，带有创于衰世的意味。这主要是指，《易》中辞的语言相对保守，而且多有劝诫之辞，所用的事例，也多与危难艰险有关。

结合这后半部分的内容可知，前面的"越"字，应当是指在安乐之世容易出现的，喜悦轻松甚至夸张轻浮的心态，在言语上的流露。

"夫易，彰往而察来，微显而阐幽，开而当名辨物，正言断辞，则备矣。

【译文】"《易》的功用，是显现过往的事情，和明察未来的趋势。使细微变得明显，使幽暗得到阐示。对外可以给出正确的名目，得以准确辨识物象的意思，（对内）可以使言语（舆论）端正，使文辞（观念）决断清晰，则就完备了。

【解读】这一句是在讲述《易》的功用。

"夫易，彰往而察来"一句说明《易》有"彰往"和"察来"两大功用。所谓"彰往"就是将过往的事情显现出来。何谓过往？过往就是人们已经经历的事情。将已经经历的事情记述下来，就是将经验和教训总结记录下来的意思。这其中包含了三个方面的内容：

首先说明了《易》的产生过程和方法，即是通过对前人或自己的经验教训的总结，逐步积累而来；其次说明了《易》有记述经验教训的功用；最后，向我们揭示了，中国人执着的历史情结的由来——历史就是已经经历/发生的事情，因此中国人重视记述历史，重视从历史中寻找政治营养的习惯，很可能就起于《易》的创造。换言之，《易》虽然不是一部史书，但却开创了中国人关注历史的文化观。这一点，似乎也可以从，神权逐渐衰落后，神职人员随即变为了史官，而且史官在中国历代朝廷中，都相对于皇权具有一定的独立性，这一事实中得到些许佐证。

概而言之，"彰往"主要是卦（象）的功用。

"察来"就是可以明察未来的意思，很明显这是占筮的作用。因此综合上述两点可知，《易》的主要功用是通过卦和筮两个部分体现出来的，其中卦的作用是"彰往"，是记述和阐释规律；筮的作用是"察来"，是运用规律。

"微显而阐幽"是对"彰往而察来"的补充，意思是说能够使细微变得明显，使幽暗得到阐示。

"开而当名辨物，正言断辞，则备矣。"是对《易》的功用的更具体的说明。其中的"开而"后人多以为是衍文，但是笔者认为，更有可能是在"正言"的前面少了"合而"两字。

因为"当名辨物"就是给出正确的名目，得以准确辨识物象的意思，显然这主要是卦的功用，而且主要是对外的，是用来认识外部事物的；"正言断辞"就是使言语（舆论）端正，使文辞（观念）决断清晰，主要是筮的功用，而且主要是对内的，是用来规范个人和社会行为的。因此，如果以"开""合"与之相对，是完全成立的。

而且"则备矣"的"则"是表示因果、递进关系的连词，如果没有"开""合"二字，仅仅说"当名辨物，正言断辞"，那么"当""辨""正""断"四个使动用法的动词，怎么能与"备"形成递进关系呢？

"其称名也小，其取类也大。其旨远，其辞文。其言曲而中，其事肆而隐。因贰以济民行，以明失得之报。"

【译文】"卦的取名虽然内敛，但是所涵盖的内容却十分广泛。其表达的思想深远，但是所用的言辞却很柔和。其语言准确而适度,阐释的事物却无所不包,甚至十分隐秘。于是用作辅助,来助益人们的行为,以明确得失的报应。"

【解读】"其称名也小,其取类也大"是说卦的取名虽然内敛,但是所涵盖的事理物类却十分广泛。通过对六十四卦的解读,我们可以看到,任何一卦所阐释的道理,都是具有广泛适用性的,甚至可以根据不同的取象,解易者不同的人生经历,在主旨的基础上,不断演绎出新的规律、道理来。以至于数千年来,虽然对《易》的解读有诸多分歧争议,但是对《易》的广大,历代解易者却是公认无疑的。

"其旨远,其辞文"的意思是说,其表达的思想深远,但是所用的言辞却很柔和。古人多将"文"解释为有文采,这固然是事实,但是与"其旨远"相对,这个"文"就是应当是柔和的意思。因为人们在描述较为高深莫测的道理,或者相对玄妙的事件时,往往喜欢夸大其词,或者危言耸听,以博取关注。《易》显然与此不同。

"其言曲而中,其事肆而隐"的意思是说,《易》语言对事物/道理的描述准确而适度,而其阐释的事物却无所不包,甚至十分隐秘。其中"曲"的本意是弯曲,在这里引申为完美地结合、匹配的意思。"肆"的本意是放任,在这里引申为没有局限、无所不有的意思。

这两句是对前面几句内容的重复和总结,与前文"彰往而察来,微显而阐幽"的意思基本相当。

"因贰以济民行,以明失得之报"的意思是说,于是用作辅助,来助益人们的行为,以明确得失的报应。"贰"在这里既不是怀疑的意思，也不是指阴阳二理，而应取其本意：副、益的意思。两句讲的就是《易》的社会价值与功用——明是非，利民用。

第七章

易之兴也，其于中古乎？作易者，其有忧患乎？

【译文】《易》的创作是在中古时代吧？创易者心中有忧患之情吧？

【解读】这两句是对《易》的创作时代，及作者的推测。由于后世普遍认为《系辞传》主要出自孔子，因此上述推测就应当视为是孔子的推测，所以此间的《易》可能就是指《周易》。

"其于中古乎？"的意思是说，大概是在中古时代吧。所谓的中古时代，即对孔子来说的中古时代，后世多认为是商周交替的时代。这是有一定道理的，因为以当时的信息记述与传播手段，纵然是像孔子这样的圣贤，对历史的了解也是相当有限的，更何况自牧野之战到孔子解易，已经过去了五百多年。

"作易者，其有忧患乎？"是对《周易》的创作者的推测，既称《周易》必然是周人所创，比照历史不难发现，自有记录以来，从公刘创基于戎狄之间，到太王古公亶父被迫迁居岐山，到季历辅商被杀，再到文王被囚羑里，直至西周建立后的三监之乱，前后数百年间，始终处于强敌的压迫之下，尤其是归附殷商之后，更是险象连连，岂能没有忧患。

至于为什么只有周人创制了《周易》，不能仅仅归因于周代商而立这一简单事实上，否则就无法回答为什么只有周能代商而立这个问题。

周人能够创制《周易》，首先是以加盟、效忠，换来的分享殷商政治文明的权力，即随着周在殷商联盟中的地位的提高，文王逐步取得了参详卦象的权力和资格，为周人接触先进文明，利用先进文明创造了条件。

其次是周人较之其他方国，在吸收和运用外来文明上，具有更强烈的愿望和更强大的能力。这与文明的进化过程中，生产力与文化之间的相互影响有关。具体地说，加盟较早的方国，虽然得以接触殷商文明（包括《易》）的时间也较早，但是由于在相关节点上（接触之际），其自身的文明程度，尤其是生产力发展水平相对落后，所面对的社会问题相对简单，因此无法全面地感知到《易》的价值所在。但是周人经过长期的发展、迁徙而来，在与殷商（《易》）发生接触的时刻，其生产力水平已经达到了较高的水平，所面对的社会问题，也已经相当复杂，可以说正处于积极寻找新的理论，来化解社会矛盾的时刻，因此对《易》的价值，会有超越前人的认识，所以才能对《易》进行再创作，使之成为更符合当时时代背景的《周易》，同时也使得周人在哲学上，实现了对殷商的超越，这也应当是西周能够代商而立的根本原因之一。

换言之，如果周人未能充分地认识到《易》的作用和价值，不能主动地、充分地运用《易》，直至最终创制出新的、更先进的《易》——《周易》，那么周就不可能战胜殷商，或者即便暂时在军事上取得了胜利，也终究会被社会反弹的力量所击垮，比如强秦的覆灭。

是故，履，德之基也；谦，德之柄也；复，德之本也；恒，德之固也；损，德之修也；益，德之裕也；困，德之辨也；井，德之地也；巽，德之制也。

履，和而至；谦，尊而光；复，小而辨于物；恒，杂而不厌；损，先难而后易；益，长裕而不设；困，穷而通；井，居其所而迁；巽，称而隐。

履，以和行；谦，以制礼；复，以自知；恒，以一德；损，以远害；益，以兴利；困，以寡怨；井，以辨义；巽，以行权。

【译文】所以，履卦，是树立的基础；谦卦，是运用道德的把柄；复卦，是修养道德的根本；恒卦，讲述的是道德的巩固；损卦，讲述的是道德的修饰；益卦，讲述的是充裕道德的方法；困卦，讲述的是辨析道德的方法；井卦，是道德的处所；巽卦，讲述的是道德的规范。

履卦，是教人以和顺的方式达到目的；谦卦，是教人通过懂得尊重而广大；复卦，是教人通过细小的征兆，来辨识物类；恒卦，是教人在杂乱中守正而不厌倦；损卦，是教人先难而后易的道理；益卦，是教人如何长久充裕而不虚设；困卦，是教人如何在穷竭中守正而亨通；井卦，是教人居其所而能实惠于人；巽卦，是教人如何在颂扬中而能隐去。

履卦的道理，可以用来和顺行为；谦卦的道理，可以用来制定立法；复卦的道理，可以用来提高对自己的了解；恒卦的道理，可以用来统一道德；损卦的道理，可以用来规避危害；益卦的道理，可以用来产生利益；困卦的道理，可以用来减少怨愤；井卦的道理，可以用来辨明道义；巽卦的道理，可以用于权谋。

【解读】上述三段内容，是以履、谦、复、恒、损、益、困、井、巽九卦为例，通过揭示易卦是如何阐述怎样反躬自省、修德处患的，来逐层深入说明，为什么说"作易者，其有忧患乎？"

其间反映的内容，尤其是前两段，主要集中于个人的德行养成上，充分体现出孔子作为一个民间教育家的思维特征，故而也为后世儒者津津乐道，详加注释。虽然客观上对学《易》者有益，但是与作为帝王之书的《易》的初衷，相去较远。读者可以参考相关各卦的解读，以及前人的相关注解体会之。在此不作更多的解读。

第八章

易之为书也不可远。为道也屡迁，变动不居，周流六虚，上下无常，刚柔相易。不可为典要，唯变所适。

【译文】《易》作为一本书来说，不可须臾远离。所表现的道理，是频繁变迁的，变动不测，循环于六个位置上，上下运动无常，同时刚柔又相互变易。不能限定模式，只能适应于变化的需要。

【解读】这一段是在概括地讲述学习易、运用易的原则。

"易之为书也不可远。"一句是说，《易》作为一本书来说，不可须臾远离，要时时学习把玩。其未尽之意，当然就是易理对于人们认识世界、趋利避害的重要性。

"为道也屡迁，变动不居，周流六虚，上下无常，刚柔相易。不可为典要，唯变所适。"才是在讲述应当如何学习和运用《易》，如果对应于前文，可以概括为"不可近"，即不可执着呆板。

"为道也屡迁"可以作两方的理解：

一是《易》所表现的道理，是屡屡变迁的，这是由阳的"其动也直，其静也专"决定的，即世上任何事物，甚至包括所谓的规律，都是在不断向前发展的，因此没有任何一成不变的东西，如果有也只能是变易的永恒性本身而已。比如当初人们认为牛顿定律，概括了物体的运动特性，但是随着时代的发展，神圣的牛顿定律，变成了相对论中的一个特例，而如今曾经被惊为天人之作的《相对论》，也开始受到了怀疑和挑战。所以《易》所表现的变易之道的本质就是变易，就是"屡迁"。

二是《易》也是通过"屡迁"来变现变易之道的。这就是说，《易》象之所以能够体现变易，就在于其是变易不断的。反之，要通过《易》象来了解其背后的道理，也必须要以动态的视角去审视。这就是为什么，在解易时，不能仅就一卦的卦象静态地就事论事，就象说理，而要综合地考虑，卦变前后卦象、时势的变化，来最终作出判断的原因。

"变动不居，周流六虚，上下无常，刚柔相易。"四句是在具体地讲述，卦象是如何"屡迁"的。"六虚"就是指六个爻位，之所以说"虚"是因为爻位之上，本来是虚空的，是没有爻的。

"变动不居，周流六虚"两句说明了两个问题，首先卦象是通过，六个爻在六个位上的变动，来表现"变动不居"的变易之道的。其次说明了，卦象表现变动的基本格式是，将·个变易划分为六个阶段来描述。其中的"不居"就是"屡迁"，就是指爻在爻位上出现的不确定性，爻有阴阳之分，因此爻的不确定性，也就是阴阳不测，也就是"神"。

"上下无常，刚柔相易"说明了爻"屡迁"的方式，即是"上下无常"——上下运动的，这就为卦变的方式提供了佐证。当然，导致爻上下运动的根本原因还是，爻只有上下运动，才能与以阴阳消息为基础的"时"变化相和谐一致，即前文所说的"变化者趣时者也"。"刚柔相易"是具体针对某一爻位而言的，是"上下无常"的结果。

"不可为典要，唯变所适。"的意思是说，不能将其固化为"典要"，只能根据具体的变易而定。一旦成为"典要"，就会一成不变，至少也是不能随时而变，等于是否定了变易的永恒性，是行不通的，不可以的。

这是人们思维与行动中，最容易犯的一个错误，因为人或者一切生命体为了实现对环境的适应，都曾经付出了巨大的代价，因此这种适应其实就是一种既得利益，所以人的本性是惧怕变易的，尤其是惧怕其结果的不确定性，因为这样将损害其既得利益，被迫置身于新的危险之中。所以，人们会不由自主的，希望将某种经验或者教训固化下来，作为日后行为的模板，甚至这也可能是最初创《易》的目的所在，但却不是《易》在逐

渐成熟之后，所表现的内容。因为《易》的成熟过程，就是一个
与自然规律逐渐弥合的过程，在此过程中，自然规律虽然是永
恒不变的，但是时间是永动的，随着时间的延续，人们的认识
又是渐进的，所以在人的眼中，规律也只能是渐进——"屡迁"
的。

**其出入以度，外内使知惧，又明于忧患与故，无有师保，如
临父母。初率其辞而揆其方，既有典常。苟非其人，道不虚行。**

【译文】（一个深谙易理的人）其出入行作必然是审慎有度
的，无论对内对外做事都有所戒惧。既明白忧患的存在，又明白忧
患的由来，所以即使没有辅佐监护之人，也如同在父母的身边。最
初为《易》增加系辞，阐发其内涵，最终形成制度法规。如果不是恰
当的人，天道也会轻易地践行。

【解读】这一段是讲述如何用易的。"其出入以度，外内使
知惧"是说，一个深谙易理的人，其出入行作必然是审慎有度
的，无论对内对外做事都有所戒惧。这是因为深谙易理，不仅
是对天道有所了解，更重要的是知道天道不可违的道理。因此
所谓的"度"就是以天道为法度，所谓的"惧"就是对违背天道
（的后果）的畏惧。反之，小人虽然有时会做出看似洒脱无惧的
言行，其实不过是因为无知而无畏罢了。

"明于忧患与故"就是既明白忧患的存在，又明白忧患的
由来。即既知其然又知其所以然。仅仅知其然，最多可以避害，
只有既知其然又知其所以然，才能防微杜渐趋利避害。

"无有师保，如临父母"是对前两句的总结，也是对易的作用的形象描述。"师保"是辅佐监护之人的意思，较之父母对子女的关爱，要略逊一筹。"无有师保，如临父母"说明，一《易》在手，虽然没有辅佐监护之人在左右，但却像站在父母面前一样——既有敬畏之心，又有安全之感。可见《易》对人的教育与佑护的作用，是何等的重要与强大。

"初率其辞而揆其方，既有典常。"一句看似与前文的"不可为典要"矛盾，因此难以理解，其实不然，因为《易》始终是对天道的模拟，对《易》的运用，也终究是要使个人与社会的行为，能够顺应于天道，但人类社会毕竟不同于自然世界，因此必须有一个过渡手段，在二者之间建立起联系。这种手段，在《易》中就是"系辞"，在人类社会中就是建立"典常"——将易理天道转换成，人类社会中的制度法规。

前文说"不可为典要"是针对学易而言的，一旦"为典要"——思维僵化不变，则必然与易理失之交臂；这里说"既有典常"是针对用易而言的，如果不对其进行必要的固化，就无从推广普及。这与坤道的"成性""广生"是相似的。

"苟非其人，道不虚行。"说明了一个客观的道理，即并非所有的人，都能理解《易》、运用《易》，所以如果不是这样有资质的人，那么即使学《易》，也无法领悟其中的真谛，其表现就是仍旧无法通过《易》来趋利避害。换一个角度来看，就是"道不虚行"——"道"不会做毫无意义的事情，去帮助他。由此可见，《易》中称君王为圣人，对民众又有君子小人之分的原因。同时也解释了为什么有的人虽然占筮，却不灵验的原因。如果要做一区分的话，这两句应当主要是针对，占筮的运用而言的。

第九章

易之为书也，原始要终，以为质也。六爻相杂，唯其时物也。其初难知，其上易知，本末也。初辞拟之，卒成之终。

【译文】《易》作为一本书，始终是以推原其始，探索其终为根本的。卦中的六爻相互错杂，所体现的不过是"时"的变化而已。初爻相对来说是难以解读的，上爻则相对来说，比较容易理解，原因是初爻是初始上爻是结局。一旦将初爻的"辞"拟定了，最终就一定会形成一卦终了。

【解读】第九章主要是在言说爻在《易》中的作用。

"易之为书也，原始要终，以为质也。"的意思是说，《易》作为一本书，始终是以推原其始，探索其终为根本的。前文早已明示，《易》是对天道的摹画，体现的是万物之间的变易之理，这些原本都应当是无始无终，是永恒的。而"始终"却是有始有终，是对时间与空间的限定，因此既言"始终"，其对象就不可能是易理天道，而应当是指某一具体的变易过程。对应于《易》中，就是具体的某一卦。所以先儒有将"质"解读为体，也是可通的。

《易》中的任何一卦，虽然内涵丰富，但是总的来说，不过是对某种具体的变易过程的摹画，所以必须有明确的起始与终结的限定。因为无论是起始还是终结,都是变易的关键时刻,形象地说都是质变(开始)发生的时刻,也是人们最需要加以了解和把握的时刻,因此必须要"原始要终"。

再进一步地说,卦中的每一爻,又何尝不是某个特定阶段的始终呢?——既是前一爻之终,又是后一爻之始。所以"六爻相杂,唯其时物也"的意思不过是说,卦中的六爻相互错杂,所体现的不过是"时"的变化而已。

"其初难知,其上易知,本末也。"三句具体到初与上这两个最特殊的爻上,意思是说初爻相对来说是难以解读的,上爻则相对来说,比较容易理解,原因是初爻是"本"上爻是"末"。"末"是由"本"发展而来,因此在积累了自初至五的变化之后,上爻所对应的"结局",往往已经相对明晰,因此是容易判断的。

"初辞拟之,卒成之终。"继上一句而来,意思是说一旦将初爻的"辞"拟定了,最终就一定会形成一卦终了的上爻的爻辞。由于"辞"本身就是对象的注解,因此"系辞"的过程可以被视为是最早的,对卦象解读的过程。所以这句话实际上揭示了解易的基本原则,即首先要对"初"——初爻,一卦的起始,作出准确的判断。

无论在任何卦象中,初爻只有或阴或阳两种可能,加上与其相邻的二爻的变化,也不过四种可能,所以对初爻的解读,决然不会是针对其自身的变化而言的,只能是针对卦象的变化,也就是针对卦变而言的。因此,上述对初爻,对一卦起始的判断,实际上就是,对卦象的由来,对卦变前后时势的判断。而所谓"初辞拟之"更准确地说，就是要确定某一卦，具体所言的是何种变易，想要/能够解决的是什么问题。

只有这样才是真正的把握住变易的脉络，才能做到"原其始"，"要其终"。

若夫杂物撰德，辨是与非，则非其中爻不备。噫亦要存亡吉凶则居可知矣。知者观其彖辞则思过半矣。

【译文】充分地展示各种事物的征象，揭示各种特性，辨别是非曲直，则没有中间四爻，就不可能完备。在此基础上，再来探究吉凶存亡，就容易知道了。对于智者来说，则通过研究其卦辞、爻辞，就可以将变易之道了解过半了。

【解读】前一段最终阐述了初上两爻在卦中的作用，及其各自的特点。这一段是将中间四爻作为一个整体，来讲述其在卦中的作用。

虽然，初上两爻因为标注着一卦的始终，对变易所涉及的范畴起着界定作用，而显得尤为重要。但是初爻之时，变易方起而未显著成熟，上爻之时，变易已老而将去，因此都不能完整地显现出特定变易的具体特征。形象地说就是，初上两爻虽然界定了变易的范畴，但同时自身也有一半不在变易之内。

所以真正完全归属与卦象/变易之中的，反倒是表面看来相对不重要的中间四爻。所以这一段起始就说"若夫杂物撰德，辨是与非，则非其中爻不备。"其中"杂物"就是杂陈物象；"撰德"就是转述特征。因此这一句的意思就是说，如果要考虑充分地展示各种事物/变化的征象，揭示各种特性，辨别是非曲直，则没有中间四爻，就不可能完备。

这是因为，如果说初上两爻对应的是，一始一终两个质变时刻的话，那么中间的四爻反映的就是，变易过程中量变的节点。虽然不如质变来得显著，但是由于更加常见，而更显实用。所以忽略了它们，对变易的理解，就不可能完备。

"噫亦要存亡吉凶则居可知矣。知者观其彖辞则思过半矣。"两句带有对卦与爻的赞美之意，意思是说，在前面对初上以及中间四爻都进行了系辞解读的基础上，再来探究吉凶存亡，就居然可知了。对于智者来说，则通过研究其卦辞、爻辞，就可以对卦象所要传达的变易之道，有过半的理解了。由此可见，上述关于爻的内容，非但不仅仅是针对爻象而言的，而且更加侧重于爻辞。

二与四同功而异位，其善不同，二多誉，四多惧。近也柔之为道不利，远者其要无咎，其用柔中也。三与五同功而异位，三多凶，五多功，贵贱之等也。其柔危，其刚胜邪？

【译文】二和四有相同的特征，但是位置不同，所以倾向不同，二位通常多有赞誉之意，四位则多有危惧之感。距离君位太近，作为柔位就会不利，远离君位原本就是以"无咎"为目的，所以更有利于其既柔顺又适度的德行。虽然三与五有相同的特征，但是位置不同，其中三位多有凶相，五位则多有功业，这是因为二者之间有贵贱之分的原因。阴柔则有危厉，阳刚则会略好一些。

【**解读**】这一点是进一步具体地说明，中间四爻各自不同的特性。

"二与四同功而异位，其善不同，二多誉，四多惧，近也。"中的"功"主要是针对爻位的属性而言；"位"直观的理解就是位序，如果结合后面的内容，也可以理解为是指相对五位的位置。因此"二与四同功而异位"就是说，二和四这两个爻位同为阴性，但是位序/与五位的关系不同。

"其善不同，二多誉，四多惧。"是"异位"的结果，"善"是对得失利害的泛指，"其善不同"就是结局不同。"二多誉，四多惧"的意思是说，在六十四卦的爻辞中，二爻的爻辞多有赞誉之意，而四爻的爻辞多有危惧之感。

"近也"通常被单独断出，作为对"四多惧"的解释，意思是说四爻比二爻距离五爻更近，"五"是君王之位，近君则必然多有危惧之感。虽然可通，但是随后的内容就要被断为："柔之为道，不利远者，其要无咎，其用柔中也。"，造成语句晦涩，语义矛盾。所以笔者认为应当将"近也"二字断入后半部分，形成"近也柔之为道不利，远者其要无咎，其用柔中也。"的新句，分别解释"四多惧"和"二多誉"的原因，意思是说，如果距离君位太近，作为柔/阴位就会不利，远离君位原本就是以"无咎"为目的，所以更有利于其（二位）既柔顺又适度的德行的运用。这样就因为各有所指而通顺了。

"三与五同功而异位，三多凶，五多功，贵贱之等也。"的意思是说，虽然三与五位同属阳位，但是位序不同，其中三爻的爻辞多有凶相，五爻的爻辞则多有功业，这是因为二者之间有贵贱之分的原因。即五是君位，三则是小臣之位，所以二者之间名义上有贵贱之别，在实际中，功绩多归于君王，罪责却多出自/归于小臣，因此"三多凶，五多功"。

"其柔危，其刚胜邪？"的意思是说，如果柔爻出现在三、五这两个位置上，就会有危厉，相反刚爻出现在这两个位置上，就会更加合理一些。

这一段的内容是建立在一个，相当成熟的阶级社会的思维方式之上的，其成熟度应当远远超过了，创易时代的社会、政治背景。加之《易》的创作，又是一个逐渐累积的过程，所以笔者认为这一段内容，很可能是后世之人，根据自己的理解与揣度加入的。但是从统计学的角度来看，其所提出的各爻的基本特征，的确是正确的，因此对于爻辞的理解还是有助益的。

第十章

易之为书也，广大悉备，有天道焉，有人道焉，有地道焉。兼三才而两之，故六。六者非它也，三才之道也。

【译文】《易》作为一部书内容博大而完备，其中包含有天道、人道、地道。在一卦之中包容了天地人三才，而且各以两爻来与之对应，所以六爻体现的不是别的，就是三才之道。

【解读】这一段的内容非常直白，就是在赞美《易》的博大的同时，说明六爻的象征意义。

全段的意思是说，《易》作为一部书内容博大而完备，其中包含有天道、人道、地道。在一卦之中包容了天地人三才，而且各以两爻来与之对应，所以六爻体现的不是别的，就是三才之道。

说《易》中包含天道、人道、地道，从内容上说，像是后人的攒入，但是从道理上说，却是可以接受的。因为《易》虽然摹画的是天道，是变易之道，但是功用终究还是要落实到人类社会，"人道"上；虽然天道不可违，但是人类终究是生活在大地之上，所谓"天道"也需要通过"地道"作用在人的身上。这就是说，天道中其实包含了人道和地道，人道和地道又是天道在人类社会中和大地上的表现。所以，《易》在摹画天道的同时，也就摹画了人道和地道，说其同时涵盖三才并不为过。

此外，就世界的构成而言，天地人是物质世界的三大组成部分，因此《易》既然能够"弥纶天地之道"，能够摹画万物的变易，那么就必然涵盖天地人三才。

这里的"六"也就是六爻，所指的并不是具体的卦爻，而是指爻位。即自下而上，每两爻一组，分别对应于"地""人""天"；延展到人类社会中，就是下、中、上——民、官、君三个等级。主要体现的是一种尊卑关系。

之所以要"两之"——以两爻对应于一才，是因为任何相邻的两个爻位之间，同时具备了两种《易》中的基本关系，即上下尊卑关系，和奇偶阴阳关系，加入卦爻之后，不仅可以独立展示"四象"，而且可以与卦爻形成阴阳交错的作用，形成三个，系统相对独立，内部关系完全一致，位序各不相同的子系统。就其基本关系而言，与天地人三才完全吻合，也就是可以模拟天地人三个系统之间的关系。

道有变动，故曰爻；爻有等，故曰物；物相杂，故曰文；文不当，故吉凶生焉。

【译文】变易之道是有变动，所以才叫作爻。爻各有等差，所以才能象征事物。事物相互错杂，叫作征象。征象不恰当，于是吉凶就产生了。

【解读】这一句是在补充说明，六爻是如何模拟天地，衍生吉凶的。

"道有变动，故曰爻"一句的意思是说，因为"道"——变易之道是有"变动"的，所以卦中才有爻。也就是说"爻"是用来模拟"道"的变动的，与"爻也者效天地之动者也"基本同意。

这里的"变动"应当解作"变"和"动"两字，"变"指质变，指一卦到另一卦之间（如果存在的话）的变化，"动"是量变，是一卦之内的不同阶段或形式。经历了足够的积累，又具备足够的边界条件，"变"就会发生；在积累尚未完成，条件尚不具备的时候，"动"就在持续。两者合二为一就是变动，就是变易之道。

"爻有等，故曰物"是说，因为位序的存在，导致爻（位）是有上下等差的，所以才能摹画万物。实际上就是在说，爻的位序之分，对应于万物的尊卑贵贱之别。以"有等"作为其能够摹画、象征万物的基础，说明爻所要摹画的，体现的不是万物的形态，而是彼此之间的相对关系，而这个万物之间的相对关系的核心，又是等级贵贱之分。这是当时阶级正在形成，分化正在产生的社会背景的写照，由于这种社会结构，在后世中国中，始终没有改变，因此相应的观点，也得到了逐代的加强。

"物相杂，故曰文"前文说"爻有等，故曰物"，因此这里的"物相杂"其实就是"爻相杂"，"物相杂，故曰文"就是指卦中通过各爻相互错杂排列，最终形成卦象的过程。说"物相杂"的目的，是进一步强调，爻与卦的象是具有象征意义的，是对应于天地万物的。同时也在上下文之间，起到关联作用。

"文不当，故吉凶生焉"前文说"物相杂，故曰文"，因此"文不当"就是"物相杂"不当的意思，也就是相互关联、接触的两"物"之间的关系，不正确不合理的意思。两个相互关联、接触的事物之间，关系不正确不合理，就必然会产生矛盾，产生变化，就不能共同和顺相安，就会产生吉凶各异的结局。所以说"文不当，故吉凶生焉"。

由此可见，这一段其实是描述了一个完整而严密的，卦象（易）何以能兆示吉凶的逻辑关系。

第十一章

易之兴也，其当殷之末世，周之盛德邪？当文王与纣之事邪？是故其辞危。危者使平，易者使倾，其道甚大，百物不废。惧以终始，其要无咎，此之谓易之道也。

【译文】《易》的创作是在殷商之末，周朝兴起的时候吗？是与文王与商纣之事有关吗？因此，其言辞才多有危厉。危辞能促使平安；平易的言辞难免会导致倾覆。这个道理非常重大，蕴藏于万事万物之中。忧惧之心贯穿《易》的始终，而其所要传达的主旨则是追求"无咎"，这就是《易》之道。

【解读】"是故其辞危。"是本章的核心，"易之兴也，其当殷之末世，周之盛德邪？当文王与纣之事邪？"一句是孔子对《易》——《周易》的创作经过的推测，同时也对导致"其辞危"的原因的推测。但就《周易》而言，这种推测很可能是可信的，因为在殷商时期神权尤盛，对《易》的解读很可能还是由专业的神职人员来担当的，因此即便有"系辞"的存在，其范围也很可能非常有限，比如仅仅有卦辞等等。但是作为并不掌握观象解易的技能，文化又相对落后的周人来说，要想理解《易》，大范围地，普遍地"系辞"就显得非常重要。所以如果说，我们今天看到的《周易》中的文字部分——辞，大部分是源于周人之手，应当是可信的。易道广大智者见智仁者见仁，因此对于常处忧患之中的周人，观易象而见其危，进而系以"危辞"，也属正常。

文中的后半部分，是在阐述"危"的重要性，或者说系以"危辞"的价值所在。

"危者使平，易者使倾"是概述，意思是说危辞、危难能够使人常有忧患之心，懂得谨慎敬畏，反而能得到平安；平易的言辞，容易使人行为懈怠，态度轻慢，最终难免会导致倾覆。这与前文所说的往来屈伸之道是相通的。

"其道甚大，百物不废"是总结和强化，意思是说这个道理非常重大，普遍存在/适用于万事万物之中。

"惧以终始，其要无咎，此之谓易之道也。"可作两解：一是就事理而言，意思是忧惧之心，促使/保障起始的事物/事业，最终能够走向完满的结局，最根本的追求应当是"无咎"，这就是所谓的易道；二是就《易》而言，意思是忧惧之心贯穿《易》的始终，而其所要传达的主旨则是追求"无咎"——没有过错。一言以蔽之，《易》的根本目的是教人顺于天道，为此始终要知敬畏，懂收敛。

这一段与其说是对《易》的阐发，不如说是孔子/儒家思想的宣言，因此读者不能将"其要无咎"简单地理解为，不求有功但求无过，而应当将其理解为，是没有违逆天道之咎，即天道当显当有为之时，就应当摒弃世俗的利益观，挺身应时。

第十二章

夫乾，天下之至健也，德行恒易以知险。夫坤，天下之至顺也，德行恒简以知阻。

【译文】乾代表着天下最为刚健的特性，因此其德行是永远用"易"，来应对险难。坤代表着天下最为柔顺的特性，因此其德行是永远用"简"，来应对阻碍。

【解读】这两句的意思，与《系辞传上》第一章中的"乾以易知，坤以简能"相似，但更加深入，对乾坤的简易之道的功用，也作了解释。其中较为难以理解的是"知"字，先儒多将其解释为知道、了解，但是笔者认为，应当将其解读为应对、管理。因为先圣创《易》，后人学《易》用《易》，都是以顺天应时、趋利避害为目的，所以"知道"险阻仅仅是中间过程，"应对"险阻才是终极目标。

"夫乾，天下之至健也，德行恒易以知险。"的意思是说，乾代表着天下最为刚健的特性，因此其德行是用"恒易"，来应对险难。这里面包含两部分的内容，一是乾之所以能够"恒易"，是因为它具有"天下之至健"的特性，即"至健，则所行无难，故易"；二是"恒易"的功用是"知险"——应对险难。

比之于人事，刚健不仅是勇往直前，而且还是百折不挠，在这样的精神面前，行动的方式是唯一的，行动的方向也是唯一的，即只有前进，因此虽然险难是客观存在的，但也不过与顺利一样，是前进过程中的一个环节，是通往成功之路上的一块砖而已。所以较之于瞻前顾后，畏首畏尾，其行为是"恒易"的。反之，正因为其行为"恒易"，险难反倒"不存在了"。如果用唯心的方式来理解就是，任何险难，只有被人们关注了之后才存在，否则即使有也无意义。

一言以敝之，"恒易"就是始终抓住问题的核心，始终随天道而动，不为繁杂琐碎所羁绊，无有羁绊险从何来？用现代的话说就是"发展才是硬道理"。

"夫坤，天下之至顺也，德行恒简以知阻。"的意思是说，坤代表着天下最为柔顺的特性，因此其德行是用"恒简"，来应对阻碍。同样也是说了两个方面的内容：一是坤之所以能够"恒简"，是因为它具有"天下之至顺"的特性，即"至顺，所行不繁，故简"；二是"恒简"的功用是"知阻"——应对阻碍。

比之于人事，柔顺就是内柔而外顺，而且由于内柔，所以不会因为外顺而有不适之感，以这样的态度处事，就是随时、随势、随人而动，当然"恒简"。而"阻"的产生，必然是以运动方向的对立为基础的，既然"恒简"来源于柔顺，"顺"自然就不存在对立的问题，所以以此"知阻"，则天下无"阻"。

能说诸心，能研诸侯之虑，定天下之吉凶，成天下之亹亹者。是故，变化云为，吉事有祥，象事知器，占事未来。

【译文】能够使人心喜悦，能够明晰忧虑，能够确定天下的吉凶，能够成就那些勤勉的人。无论变化言行，其吉凶都会有所兆示。通过象来摹画事物，以让观者了解其作用，通过占筮将未来显现出来。

【解读】文中"侯之"二字是衍文。"能说诸心，能研诸侯之虑，定天下之吉凶，成天下之亹亹者。"是在解说乾坤的简易之道（实际上就是《易》的）功用，意思是说，能够使人心喜悦，能够明晰忧虑，能够确定天下的吉凶，能够成就那些勤勉的人。

这实际上是为"乾以易知，坤以简能"，为乾何以能以"恒易""知险"，坤何以能以"恒简""知阻"作出了具体的解释。简单地说就是，能够为天下（人）所接受，能够对天下（人）有用。事实上，世界上任何地方的任何一种思想观念，若要在民间得到普及，必然要具备简易之道。

这就可以反过来解释，为什么所谓的邪教、虚假的宣传，能够蛊惑人心。原因就是其具备了简易之道，通过简单而直白的利益承诺，来取悦人心，消其所虑，至于后面两条，则是源于人们内心期望趋利避害的本性。

"变化云为，吉事有祥，象事知器，占事未来。"一句比较难以解读，但所说的道理却非常简单，前半句"变化云为，吉事有祥"说了一个客观事实，即无论变化言行（云是言语的意思），其吉凶（吉事如此，凶事亦然）都会有所征兆（祥是征兆的意思）。用变易之理来理解就是，任何变化都是渐进的，因此都会在最终形成吉凶之前，有所征兆。

后半句"象事知器，占事未来"说明了，《易》是如何将这个征兆显现出来的，首先是"象事知器"——通过象来摹画事物、事理，以让观者了解其间的关系与作用，然后"占事未来"——通过占筮功能将未来（征兆）显现出来。

天地设位，圣人成能，人谋鬼谋，百姓与能。八卦以象告，爻象以情言，刚柔杂居，而吉凶可见矣！

【译文】在天尊地卑的关系确立之后，圣人就能成功地创制和运用《易》。只有"人谋"尚且不足，必须再加入"鬼谋"，才能使百姓顺从于易理天道。八卦通过象来告示，爻辞和象辞来述说情势，刚爻柔爻相互错杂，吉凶由此可见。

【解读】这一段的前四句，分别是在讲述圣人和百姓，怎样才能成功地运用《易》。

"天地设位，圣人成能"的意思是说，在天尊地卑的关系确立之后，圣人就能成功地创制和运用《易》。如前文所述，天尊地卑的等级观，是构建《周易》的理论基础，和实际需求。所以"圣人成能"可以作创制和运用《易》两种解读。

其中关于创制《易》在前文中已有解释，此间不再赘言。至于为什么只有尊卑关系确立之后，圣人才能成功地运用《易》，是因为，圣人运用《易》的主要目的是，借助于《易》来引导百姓的思想与行为，因此圣人必须要与百姓有所不同，能够拥有更加崇高的地位和相应的权力，使之可以"理财正辞，禁民为非"，所以前文才有"天地之大德曰生，圣人之大宝曰位"的论述。而"位"的基础，就是尊卑关系的建立，所以只有"天地设位"，"圣人"才能"成能"。也即"天地设位"是"圣人成能"的前提条件。

同样在"人谋鬼谋，百姓与能"中，"人谋鬼谋"也是"百姓与能"的前提条件，所谓"与能"就是参与、认同、跟从的意思；"人谋"是指圣人之谋、君子之谋，即统治阶层为天下如何趋利避害而谋划；"鬼谋"是指通过占筮等活动，而引入的神权的因素。"人谋鬼谋，百姓与能"的意思就是，只有"人谋"尚且不足，必须再加入"鬼谋"，才能使百姓追随/顺从于（圣人所倡导的）易理天道。

其中"鬼谋"的作用，相当于当前的宗教、信仰等世俗政治以外的精神力量，其实际意义就是，利用人们对未知的恐惧，创造一个超越一切人的，具有无上权威的终结裁判者，以解决由于差异性不大，相似性过强而导致的，人与人之间的意见无法统一的问题。既有利于建立和维护共同的价值观，又有助于简化决策程序。由此可见,神权在人类文明初开的时候,对社会的稳定、文明的进步,还是起了许多建设性作用的。

"八卦以象告,爻彖以情言,刚柔杂居,而吉凶可见矣!"四句,又一次概括性地说明了,《易》中吉凶的产生过程。其中"爻彖"应当是指"辞",爻是爻辞,彖是卦辞。"情"是情势的意思。

变动以利言,吉凶以情迁。是故,爱恶相攻而吉凶生,远近相取而悔吝生,情伪相感而利害生。凡易之情,近而不相得则凶,或害之,悔且吝。

【译文】变动的根本目的是趋利避害,吉凶则根据情势变化而转变。所以好恶相互攻击则会产生吉凶,远近的不同导致悔吝的产生,真情与虚伪相互感应,而导致利害的产生。概而言之,《易》中的情理,相互靠近又不相合则会有凶,或者产生加害的结果,以及忧悔吝难等。

【解读】这一段是在概述《易》中吉凶悔吝的产生原理。

"变动以利言,吉凶以情迁"具有总论的作用,意思是说,变动的根本目的是趋利避害,吉凶的不同,是根据情势变化而转变的。其中"变动以利言"的意思,与"变而通之以尽利"基本相似,其原理是,《易》中通过象/爻的变动,实际上是比附于天地间万物的变动,而万物的变动是顺随于天道的,如果一定要为其加上一个人性化的目的,那就是趋利避害——"趋"顺于天道之"利","避"违逆天道之"害"。所以《易》中变动,也必然是以此为目的,以此为方向的。由此可知,在《易》中顺于天,和顺于利是统一的,因此决不能将这里的"利",误认为是市井之利,不能将"以利言"误认为是唯利是图。

"爱恶相攻而吉凶生,远近相取而悔吝生,情伪相感而利害生"三句是通过人之情,来阐释爻/象之情。"爱恶相攻而吉凶生"的意思是说,辞中的吉凶,是由于爻/象之间"爱恶相攻"不相合造成的;"远近相取而悔吝生"的意思是说,悔吝是根据与吉凶的远近关系产生的;"情伪相感而利害生"的意思是说,爻/象之间的利害关系,是通过真伪相感而产生的。

之所以说,这仅仅是从原理上,说明了吉凶悔吝的由来。是因为,一方面此三句完全是借用了常见的人情关系,来阐述爻/象之间的关系,而没有从系统上,严谨地说明爻/象与吉凶悔吝之间的关联。其实如果将"象"看作是一种特殊语言的话,那么这种关联,就是语法,显然至少在孔子时代,就早已失传了,又岂是这三言两语所能说清的。所以,后人强行寻找"爱恶""远近""情伪"等所对应的爻/象,即使在一定限度内是有借鉴价值的,在整体上,也难脱牵强附会之嫌。

"凡易之情,近而不相得则凶,或害之,悔且吝。"是对上述三句的总结,是解读易、象的重要依据。核心是"近而不相得则凶"一句,这里面包含了两重信息,一是要产生吉凶关系,首先要具备"近"的条件,"近"就是将两个事物/象放在一起,就是"因而重之,爻在其中矣";二是根据相得或者不相得,来决定结局的吉凶,也就是当两个事物/象放在一起之后,根据其相互发生影响,产生作用的结果,来判断吉凶,包括悔吝。

将叛者其辞惭，中心疑者其辞枝，吉人之辞寡，躁人之辞多，诬善之人其辞游，失其守者其辞屈。

【译文】将有叛逆之心的人，其言辞必有惭愧之意。心中存有犹疑的人，其言辞必然散乱而多生枝节。有吉兆能得吉的人，其言辞一定较少。内心躁动的人，其必定多言。诬陷良善的人，其语言一定游移不定。失其值守的人，其言语一定屈缩。

【解读】这一段是讲爻的辞与情之间的关系，所用的方法，仍旧是借人情说爻情，所以文中的"人"，其实就是指爻。

"将叛者其辞惭"是说，将有叛逆之心的人，其言辞必有惭愧之意。"中心疑者其辞枝"是说，心中存有犹疑的人，其言辞必然散乱而多生枝节。"吉人之辞寡"是说，有吉兆能得吉的人，其言辞一定较少。"躁人之辞多"是说，内心躁动的人，其必定多言。"诬善之人其辞游"是说，诬陷良善的人，其语言一定游移不定。"失其守者其辞屈"是说，失其值守的人，其言语一定屈缩。

说卦传

第一章

昔者，圣人之作易也，幽赞神明而生蓍。观变於阴阳，而立卦。发挥於刚柔，而生爻。和顺於道德，而理於义。穷理尽性，以至於命。

第二章

昔者圣人之作易也，将以顺性命之理。是以，立天之道，曰阴与阳。立地之道，曰柔与刚。立人之道，曰仁与义。兼三才而两之，故易六画而成卦。分阴分阳，迭用柔刚，故易六位而成章。

第三章

天地定位，山泽通气，雷风相薄，水火不相射，八卦相错，数往者顺，知来者逆；是故，易逆数也。

第四章

雷以动之,风以散之,雨以润之,日以烜之,艮以止之,兑以说之,乾以君之,坤以藏之。

第五章

帝出乎震,齐乎巽,相见乎离,致役乎坤,说言乎兑,战乎乾,劳乎坎,成言乎艮。万物出乎震,震东方也。齐乎巽,巽东南也,齐也者,言万物之洁齐也。离也者,明也,万物皆相见,南方之卦也,圣人南面而听天下,向明而治,盖取诸此也。坤也者地也,万物皆致养焉,故曰致役乎坤。兑正秋也,万物之所说也,故曰说;言乎兑。战乎乾,乾西北之卦也,言阴阳相薄也。坎者水也,正北方之卦也,劳卦也,万物之所归也,故曰劳乎坎。艮东北之卦也,万物之所成,终而所成始也,故曰成言乎艮。

第六章

神也者,妙万物而为言者也。动万物者,莫疾乎雷;桡万物者,莫疾乎风;燥万物者,莫熯乎火;说万物者,莫说乎泽;润万物者,莫润乎水;终万物始万物者,莫盛乎艮。故水火相逮,雷风不相悖,山泽通气,然后能变化,既成万物也。

第七章

乾，健也；坤，顺也；震，动也；巽，入也；坎，陷也；离，丽也；艮，止也；兑，说也。

第八章

乾为马，坤为牛，震为龙，巽为鸡，坎为豕，离为雉，艮为狗，兑为羊。

第九章

乾为首，坤为腹，震为足，巽为股，坎为耳，离为目，艮为手，兑为口。

第十章

乾天也，故称父，坤地也，故称母；震一索而得男，故谓之长男；巽一索而得女，故谓之长女；坎再索而男，故谓之中男；离再索而得女，故谓之中女；艮三索而得男，故谓之少男；兑三索而得女，故谓之少女。

第十一章

乾为天、为圜、为君、为父、为玉、为金、为寒、为冰、为大赤、为良马、为瘠马、为驳马、为木果。

坤为地、为母、为布、为釜、为吝啬、为均、为子母牛、为大舆、为文、为众、为柄、其於地也为黑。

震为雷、为龙、为玄黄、为敷、为大涂、为长子、为决躁、为苍筤竹、为萑苇。其於马也，为善鸣、为馵足，为的颡。其於稼也，为反生。其究为健，为蕃鲜。

巽为木、为风、为长女、为绳直、为工、为白、为长、为高、为进退、为不果、为臭。其於人也，为寡发、为广颡、为多白眼、为近利市三倍。其究为躁卦。

坎为水、为沟渎、为隐伏、为矫輮、为弓轮。其於人也，为加忧、为心病、为耳痛、为血卦、为赤。其於马也，为美脊、为亟心、为下首、为薄蹄、为曳。其於舆也，为丁蹥。为通、为月、为盗。其於木也，为坚多心。

离为火、为日、为电、为中女、为甲胄、为戈兵。其於人也，为大腹，为乾卦。为鳖、为蟹、为蠃、为蚌、为龟。其於木也，为科上槁。

艮为山、为径路、为小石、为门阙、为果蓏、为阍寺、为指、为狗、为鼠、为黔喙之属。其於木也，为坚多节。

兑为泽、为少女、为巫、为口舌、为毁折、为附决。其於地也，刚卤。为妾、为羊。

序卦传

有天地，然后万物生焉。盈天地之间者，唯万物，故受之以屯；屯者盈也，屯者物之始生也。物生必蒙，故受之以蒙；蒙者蒙也，物之稚也。物稚不可不养也，故受之以需；需者饮食之道也。饮食必有讼，故受之以讼。讼必有众起，故受之以师；师者众也。众必有所比，故受之以比；比者比也。比必有所畜也，故受之以小畜。物畜然后有礼，故受之以履。履而泰，然后安，故受之以泰；泰者通也。物不可以终通，故受之以否。物不可以终否，故受之以同人。与人同者，物必归焉，故受之以大有。有大者不可以盈，故受之以谦。有大而能谦，必豫，故受之以豫。豫必有随，故受之以随。以喜随人者，必有事，故受之以蛊；蛊者事也。有事而后可大，故受之以临；临者大也。物大然后可观，故受之以观。可观而后有所合，故受之以噬嗑；嗑者合也。物不可以苟合而已，故受之以贲；贲者饰也。致饰然后亨，则尽矣，故受之以剥；剥者剥也。物不可以终尽，剥穷上反下，故受之以复。复则不妄矣，故受之以无妄。有无妄然后可畜，故受之以大畜。物畜然后可养，故受之以颐；颐者养也。不养则不可动，故受之以大过。物不可以终过，故受之以坎；坎者陷也。陷必有所丽，故受之以离；离者丽也。

有天地，然后有万物；有万物，然后有男女；有男女，然后有夫妇；有夫妇，然后有父子；有父子然后有君臣；有君臣，然后有上下；有上下，然后礼仪有所错。夫妇之道，不可以不久也，故受之以恒；恒者久也。物不可以久居其所，故受之以遯；遯者退也。物不可终遯，故受之以大壮。物不可以终壮，故受之以晋；晋者进也。进必有所伤，故受之以明夷；夷者伤也。伤於外者，必反其家，故受之以家人。家道穷必乖，故受之以睽；睽者乖也。乖必有难，故受之以蹇；蹇者难也。物不可终难，故受之以解；解者缓也。缓必有所失，故受之以损；损而不已，必益，故受之以益。益而不已，必决，故受之以夬；夬者决也。决必有所遇，故受之以姤；姤者遇也。物相遇而后聚，故受之以萃；萃者聚也。聚而上者，谓之升，故受之以升。升而不已，必困，故受之以困。困乎上者，必反下，故受之以井。井道不可不革，故受之以革。革物者莫若鼎，故受之以鼎。主器者莫若长子，故受之以震；震者动也。物不可以终动，止之，故受之以艮；艮者止也。物不可以终止，故受之以渐；渐者进也。进必有所归，故受之以归妹。得其所归者必大，故受之以丰；丰者大也。穷大者必失其居，故受之以旅。旅而无所容，故受之以巽；巽者入也。入而后说之，故受之以兑；兑者说也。说而后散之，故受之以涣；涣者离也。物不可以终离，故受之以节。节而信之，故受之以中孚。有其信者，必行之，故受之以小过。有过物者，必济，故受之既济。物不可穷也，故受之以未济终焉。

杂卦传

乾刚，坤柔，比乐，师忧。

临、观之义，或与或求。

屯见而不失其居。蒙杂而著。

震起也，艮止也；损益盛衰之始也。

大畜时也。无妄灾也。

萃聚，而升不来也。谦轻，而豫怠也。

噬嗑食也，贲无色也。

兑见，而巽伏也。

随无故也，蛊则饬也。

剥烂也，复反也。

晋昼也，明夷诛也。

井通，而困相遇也。

咸速也，恒久也。

涣离也，节止也；解缓也，蹇难也；

睽外也，家人内也；否泰反其类也。

大壮则止，遁则退也。

大有众也，同人亲也；革去故也，鼎取新也；

小过过也,中孚信也;丰多故,亲寡旅也。

离上,而坎下也。小畜寡也,履不处也。需不进也,讼不亲也。

大过颠也。姤遇也,柔遇刚也。渐女归,待男行也。颐养正也,既济定也。

归妹女之终也。未济男之穷也。夬,决也,刚决柔也,君子道长,小人道忧也。